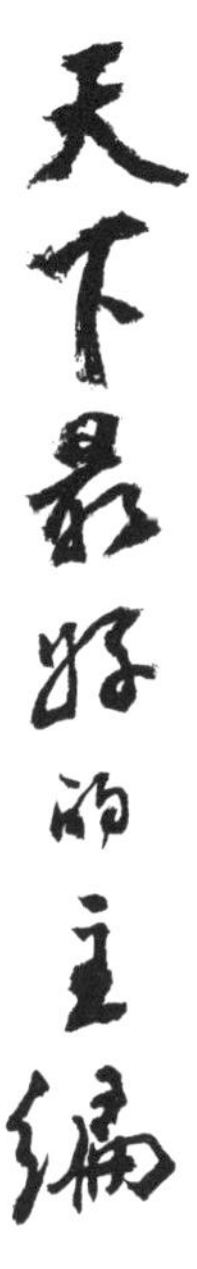
天下最好的主编

思《悦读》　挽钰泉

邵燕祥

初于“书市”识阿昌，
春草青青秋草黄。
书友朋侪情若许，
人生原不计炎凉。

书缘三十有余年，
纵有书缘一面悭。
悟得“悦读”真味永，
一年四季读书天。

幼年即知旧传谐谑童谣：
“春天不是读书天，夏日炎炎正好眠。
秋又凄凉冬又冷，收拾书包过新年。”
褚钰泉兄大张“悦读”之帜，
惠及同好，启发后来者多多，
功不可没，成俚句相挽。

乙未残腊

褚钰泉先生

天下最好的主编

褚钰泉先生纪念文集

二十一世纪出版社集团
21st Century Publishing House Group

生命的绝响

——怀念褚钰泉先生

张秋林

1月13日傍晚时分，我乘车去新五湖大酒店赴一个作者的邀约，突然接到一个陌生的电话，是褚钰泉先生的弟弟褚孝泉打来的，顿时就有一种不祥的预感，因为之前他从来没有给我打过电话——果然，他哽咽着告诉我：他的兄长已于1月9日突发心梗去世！……倏然间，如五雷轰顶，震得我目瞪口呆，泪水夺眶而出。当时只有一个念头：马上回去，把自己关在房里，一个人静静地呆着，好好地回想……

当晚十一点我发出微博：“惊悉钰泉仙逝，我顿时泪流满面。钰泉，上个月你编定四十四卷《悦读》，离别之前我们说同一句话：我们都要好好保重！你怎么猝然离我而去呢？你是我三十年至交，你用心血和智慧编出的《悦读》，是我们友谊和合作的见证，也是当下文化坚守的丰碑。”同时还转发了他不久前为我社建社三十周年纪念文集撰写的文章《〈悦读〉四十四卷》。

一夜无眠，悲痛万分。

第二天上班，我做的第一件事，就是把副总编、《悦读》责任编辑熊炽、美编徐泓叫到办公室来，商量如何安排好纪念钰泉的活动，以寄托我们的哀思。我一边说着，一边泣不成声。他们的心情也和我一样沉痛。

我们作的第一个决定，就是编辑出版《褚钰泉先生纪念文集》，在他逝世百日追思会上面世。为此又作出一个决定，在《文汇报》连续五天刊登有关纪念文集的征稿启事，同时给《悦读》的部分作者发出征稿函。我想，以这样一种方式纪念褚钰泉，才能表达出我们对这位书界“燃灯者”深深的致敬。

如我们所愿，征稿启事和征稿函一经发出，便迅即得到回馈，并引发强烈反响：《中华读书报》1月20日率先发表汪家明的纪念文章《永不再来的催稿电话》；接着1月25日《文汇读书周报》发表吴中杰的《献身精神与人文风骨——悼褚钰泉弟》，以及毕冰宾的《我们都相信来日方长，但是……》；1月31日《北京青年报》整版发表陈四益的《一代编才的爱与哀愁》；2月5日《新京报》发表韩戍的《一个人、一本书和一个时代的落幕》；2月15日，《湖北社会科学报》发表俞汝捷的《与褚钰泉先生交往杂忆》；2月23日《出版人》发表朱正的《褚钰泉、〈悦读〉和我》；2月25日，《新民晚报》发表陈贤德的《掩卷流泪思钰泉》；3月4日《南方周末》发表陈思和的《怀念褚钰泉》……可见褚钰泉先生的离世，在书界、学界和传媒界引起了多么大的反响。

我和钰泉相识于1986年，那时我刚出任江西少儿社社长不久，他主编的《文汇读书周报》正办得风生水起，是出版社新书宣传的最佳窗口。我们社里每有重点新书，《文汇读书周报》都会率先报道。

我还记得钰泉在他的“阿昌逛书市”里，对我社推出“中学生密友丛书”予以夸赞，说把握了中学生流行文化的热点；在“每周一书”栏目，又重点推介了我社的《巴金和寻找理想的孩子》、“布鲁诺与布茨系列小说”等……由于《文汇读书周报》的鼎力宣传，成立不久的江西少儿出版社在业内便声名大噪。我去上海出差，总会抽时间去报社拜访他，或者约上“书坛三剑客”其他两位，《解放日报》读书版的伊人、《新民晚报·读书乐》的米舒餐叙小酌。钰泉对出道不久的我非常关心，鼓励我一定要抓原创，建立自己的作者队伍。于是我社便与国内新锐儿童文学作家曹文轩、郑渊洁、高洪波、张之路、梅子涵等人建立了密切的合作关系。现在想来，二十一世纪出版社有今日的辉煌，从他这位“燃灯者”那里真是受益良多。

最让我难以忘怀的是，在我因那场“风波”而被解职，一度漂在上海时，他对我的悉心关照和支持。当时我在上海长寿路主持南海书店（南海出版公司在上海的分支机构）工作，钰泉时常来看望我、鼓励我。不久我总编撰的《绘画本二十五史故事精华》（福建少儿社版）出版了，他用《文汇读书周报》的版面大张旗鼓地宣传，还编发我《关于大出版的若干思考·〈大灰狼画报〉的象征意义》等文章，使我在世态炎凉中感受到真正的友谊和温暖。1994年12月，我回到二十一世纪出版社工作，他马上在《文汇读书周报》上刊发韩沪麟对我的专访《海峡两岸文化交流的使者——二十一世纪出版社副社长张秋林素描》，颇有为我“正名”的意味。

钰泉离开《文汇读书周报》主编岗位而被“休息”后，却不甘寂寞，又办起了杂志书《悦读》。我收到他寄来的《悦读》，顿时眼睛一亮，编得多好的一本读书杂志呀！不料这么好的《悦读》，仅出三期就无端地被叫停了。后来，我们谈起“无疾而终”的《悦读》，他问我可以出吗？我毫不犹豫说："当然可以！"虽然《悦读》的读者对象不是少儿，但社名既已改成"二十一世纪"，出书范围自然拓宽了，而且我又有很深的人文情结。于是，2006年，《悦读》正式落户二十一世纪社，以两三个月一卷的节奏，出版至四十四卷。每当《悦读》发稿时，钰泉都会乘高铁来南昌，待上一周，等稿子排定校改后再返沪。他一般是周二晚上八点半左右到，我会安排在食堂与他共进晚餐，约上三二好友同仁喝上几杯，聊一些书界文坛的趣事逸闻。他就住社里十五楼招待所，与我比邻。第二天上班他会准时来我办公室，给我看新一卷的目录，告诉我有哪几篇分量重的特稿，又有哪几篇饶有意味的文章，让我和他一起分享妙文佳作带来的欣悦。在南昌期间我尽量不安排出差，享受与他在一起谈书论道的日子……十年的时光就这样不知不觉地走过。这十年也正是二十一世纪出版社高速发展的十年，我们站上了世界童书出版之巅；而《悦读》历经十年修为，在书界也立起了令人瞩目的丰碑。可以说，我们共同经历了"黄金时代"。钰泉在他生命的最后十年，藉《悦读》一方天地，释放他的饱满能量，挥洒他的非凡才华，把"一本关于书的书"做到了极致。如今，钰泉驾鹤而去，《悦读》遂成他生命的绝响！

在组织《褚钰泉先生纪念文集》文稿的过程中，我以为必须有一篇厚重的文章，对四十四卷《悦读》的文化价值作出总体评价，于是特约著名评论家、《悦读》的作者李建军执笔，撰成《折芳馨兮遗所思——褚钰泉的理念与〈悦读〉的风标》。皇皇一篇万言文，《悦读》伟绩有定评。当然，在万千读书人的心中，在著书人和出书人心中，对于"燃灯者"褚钰泉和他主编的《悦读》，也早有定评了。

安息吧，钰泉兄！

《悦读》四十四卷

褚钰泉

桌上放着四十多卷《悦读》，我轻轻地舒了口气：时间过得真快，不知不觉近十年过去了。

我和秋林社长相识快三十年了，当年他的血气方刚曾引起我的共鸣，很快便成了知交。但无论如何没想到后来我会成为他们出版社的“一员”，成为他的“部下”。

还得从我离开《文汇读书周报》说起。我参与创办并主持这份报纸十六年，后来，因为有新的政策——不是中共党员不能主持媒体，就离开了这份报纸，按领导的要求“好好休息”。文汇出版社的社长，觉得我闲在那儿有点浪费，就鼓励我编一本杂志，于是就有了《悦读》。出了三卷，颇得好评。那位要我“好好休息”的领导听到反映后，大为不爽：怎么不“休息”又干起别的事来呢？立即要出版社查一下《悦读》在政治上有无问题，查了半天，没查出什么，但仍不甘心，就以技术上的一些问题，勒令停刊。这位领导的指示自然没人敢违抗。《悦读》就此夭折。

秋林社长闻讯后，特地赶到上海，鼓励我继续办下去，对我说，凭他的嗅觉，这是一本很有前途的杂志，希望我能拿到江西南昌他们的出版社去出版。我知道这是对我的支持，我也了解秋林社长有很深的人文情结，他读过不少社科人文书籍，一直希望能在这个领域有所作为。他又说，希望以《悦读》这本杂志书为契机，为二十一世纪出版社将来在人文图书出版方面的发展创造条件。

秋林社长是个雷厉风行的人，立即在上海为我安排办公室，帮我进行筹划。在我的印象中，南昌好远好远，要到南昌去出版，有些“恐惧”。秋林社长笑了，他说其实南昌到上海还是挺方便的。说服我先在南昌排印三卷，待版式和流程定型后，再到上海排版印刷。这样，我第一次来到南昌孺子桥边的二十一世纪出版社。

由于工作的关系，我到过很多出版社，可是一踏进二十一世纪出版社，就有一种特别的感觉。这儿的职工都很朴实，在工作上尽心尽力，整个团队上下协调齐心。为我拼版的小章，无论我对版面有什么要求，她都能设法满足，有时我希望推倒重拼，她也从无怨言。加班加点对她来说是家常便饭。到哪儿去找这样好的职工？第一卷出版后，我就决定今后继续拿到南昌来出版，这样既保证质量，工作也顺畅。从此每逢付印前我都会来一次南昌，就这样，至今《悦读》编了四十四卷，我就从上海至南昌来回四十四次。累计差不多在南昌住了一年时间。南昌真成为我的第二故乡。

在秋林社长的领导下，心情是很舒畅的。时间久了，我才体会到，为什么这个社有这样高的凝聚力。秋林社长处处为下面的人着想，第一卷出版时，他要把我的名字署在封面上，开始我不同意。我从不喜欢亮自己的名字，主持《文汇读书周报》十几年，我的名字在这份报纸上亮得最少，还不及编辑部一位管杂事的干事。我对他说：还是写你的名字吧！但秋林执意要写我的名字。他说：“这样，如果以后出了什么事，我可以帮你顶！”一个“顶”字，使我十分感动。我在传媒干了几十年，从未听到一位领导说出了问题愿意为下面“顶”。在《文汇报》工作时，只记得报社的最高领导对我说过：“千万不能出问题啊，出了问题不仅你自己倒霉，还会连累报社，连累我们。”听得我脊骨都起了凉意。有一个愿意为部下“顶”的领导，下面怎么会不拼命干呢？难怪在这家出版社许多人都有一种“士为知己者死”的情结。与一些编辑和职工接触，我感受到秋林社长在群众中的威望。第一卷出版时，我提出了一个要求：制作一张带丝带的书签。后来制作部门来找我，说这书签要一张张手工做，很麻烦，时间这么仓促，要制作两万张，有困难。我撒了一个谎，对他说，这是社长的要求。那人听后说：“社长的要求，我们再困难也要完成！”转身就走。这张书签后来成了《悦读》的一道风景，由于美术编辑徐泓的精心设计，很受读者欢迎。文化老人杨苡多次到编辑部来索取。

秋林社长很善于组织各种营销活动，《悦读》创办后，他便提出要在北京、上海等地举办作者、读者座谈会。我讷于言辞，不善交际，对这类活动热情不高。一拖再拖，到出版第三十卷时，秋林社长说不能再拖了，一定要在北京开一个。没想到，开会的那天，北京一些著名的学者和出版人济济一堂，资中筠、陈铁健、蓝英年、王学泰、王得后、陈四益、董秀玉、汪家明……都作了热情洋溢的发言，表示“非常敬佩《悦读》这本杂志书的文化坚守”，并对秋林社长表示致敬，他们说，张社长的出版眼光和经营智慧都非常突出，如今能把一部分精力放在《悦读》上，是很难能可贵的。这些专家学者过去对二十一世纪出版社并不了解，如今通过《悦读》，他们知道有这样一个优秀的出版社。——这也是秋林社长出版《悦读》的一个初衷，他希望通过《悦读》使二十一世纪出版社在文化界发挥更大影响，为今后让二十一世纪出版社的触角伸向更广领域创造条件。事实确也如此，后来一些著名的学者慕名而来，把自己的书稿送交二十一世纪出版社出版。

寒往暑来，《悦读》一卷卷地出版，不知不觉出版了四十余卷。

编完了第四十四卷《悦读》，在离开南昌的前一个晚上，我来到了秋林社长的办公室。这儿来过无数次了，这是我见过的最忙碌的办公室，只要秋林社长不外出，从早到晚，总是川流不息，或开会、或研究工作、或会客、或走进走出要求签署文件，即使在假期，也总能在这儿见到秋林社长的身影。从我第一次进这办公室，至今已有近十年了，外观没什么大变化，只是增添了不少奖杯、奖牌，以及中央首长视察的一些照片。那天晚上，我俩静静地坐着。窗外滕王阁斑斓的灯火，倒映在抚河中，显得变幻莫测，勾引起许多往事的回忆。我们曾在这儿商讨工作、促膝谈心、广议天下事，秋林社长甚至还给我谈起自己的隐私……想到再过半个月，他就要搬离这间办公室，我不免一丝怅意掠过心头。今后在这个办公室，再也没有这样谈话的机会了！或许秋林社长也有这样的同感，我们俩默默地相视无语，最后，说出了同一句话：我们都要好好保重！

还有半个月这间办公室就要更换主人了，心中不觉泛起一个问号，秋林社长在出版界出于其类、拔乎其萃，如果继续让他干下去，二十一世纪出版社肯定能创造出更多的辉煌和奇迹。可是，我们的制度不允许他这样做。制度要求对业务干部也如同行政干部一样管理，三年一个任期，到年龄就退休。须知，有时一本好书要在市场上闪闪发光，起码得三五载时间。二十一世纪出版社为什么历久不衰，永葆青春？有人总结出两个原因：一是秋林社长个人的德才；二是因为他连续在这个社当了三十年社长，使社的发展得以有连续性。此话是有一定的道理的。当我与秋林社长握手告别时，突然想到，制度不允许他再在这儿任社长，可是，对这样一个充满活力、积聚了三十年经验的出版社社长，制度能让他就此俯首回家养花弄草、颐养晚年了吗？难道他的活力和经验不会再去创造另一个奇迹？在这改革开放的年代，什么可能都存在。让我们拭目以待吧！

《悦读》第四十四卷“卷首语”

褚钰泉

什么样的文章称得上好文章？有人认为，获过奖、受到领导表扬的就是好文章。其实这看法并不完全。如今评奖名目繁多，日后检点一下，能有多少获奖的作品和获奖者，使人经久难忘？有些应景之作，时过境迁，没人再记得了。更有甚者，那些随波逐流、趋炎附势的文字，多年后再读，还会被人当作笑谈。真正的好文章、好著作，是要经受得起时间的考验。刚发表时，或许还有争议，还得承受种种压力，可是，岁月让它发出熠熠的光芒，读者的口碑使之长久留在我们的记忆中。

陈铁健先生的一些文章和著作就属于这样一类作品。本卷刊登的陈铁健先生学术素描，介绍他对瞿秋白等现代史上的人物和事件的研究，读者可从中体察到一位勇于探究、敢于还历史本来面目的学者是如何艰辛和不易；没有对历史负责的精神，不敢于担当，怎能拨开迷雾见到云天！

人类的发展史告诉我们：任何失忆的民族都是没有希望的民族。

忘掉自己的历史、对自己的历史充满误解，这于一个民族、国家是很可悲的。历史学家不能为读者讲述真实的历史，帮助他们了解自己的过去，这是最大的失职。改革开放以来，随着一些禁锢的破除，人们对一些历史事件和人物的认识，愈来愈接近历史的本真。读者不由惊呼：原来历史上的一些人物和事件，与我们从上世纪五六十年代教科书上了解到的大相径庭。这是包括陈铁健先生在内的许许多多历史学者努力的成果，也是我们时代在进步的一个标记。

然而，这方面的任务还很艰巨，对历史采取虚无主义态度的人，他们还会掩盖真相，随意诠释，动辄给一些讲真话的文章和著作扣上帽子、贴上标签。其实这些人很愚蠢，历史的潮流滚滚向前，谁又能阻挡得住呢？

目　录

悦读："生命的开花"

速写褚钰泉

折芳馨兮遗所思

悦读：『生命的开花』

奥地利作家茨威格说过：“书是进入世界的入口。”世界是美丽的，也是混沌的。只有书本才能让你置身其间，克服时间和空间的局限，真正辨别世界的真谛。

——选自褚钰泉主编《悦读》“卷首语”

而今再无褚钰泉

资中筠

新年伊始，刚收到《悦读》第四十四卷，还没有来得及细读，忽然传来褚钰泉猝归道山的噩耗，我为之震惊，不敢相信，也不能接受。黯然神伤久之。

方今各界有许多名人，有名至实归者，有名不副实者，更不用说，还有的是欺世盗名者。而老褚却是相反，他的名气远远够不上他实际的贡献和价值。与他相识多年，由编者和作者的关系成为相熟的朋友。不在一个城市，来往并不密切，但是我每到上海，都少不了晤谈。从《文汇读书周报》到《悦读》，我对他办刊的理念、眼光、能力和水平都很钦佩，陈乐民在世时也有同感。老褚离开《文汇读书周报》，我们感到惋惜，听说他遇到一些不愉快的挫折，离开了原来的系统。但是是金子总要发光，也许也是“塞翁失马”，不久他又办起《悦读》，办得风生水起，成为有口皆碑的一份好刊物，我们为之欣喜。但是这一切，我都没有给予特殊的关注，好像有了老褚，自然就会有一份好刊物。如今斯人遽逝，蓦然回首，才意识到他长年默默地耕耘的精神和贡献是多么不寻常，多么难能可贵。

编辑工作是为人作嫁，而作为一份杂志的主编，则需要有自己的主见。汪家明先生写褚钰泉的文章中概括他作为优秀的编辑的几句话："立意高远、视野宽阔、待人诚恳、做事认真"，我深有同感。汪与褚交往时间长，工作关系多，了解的事迹也比较丰富，我的体验主要从《悦读》而来。这是老褚最后的心血结晶，也是他的精神寄托。这份杂志自己定位是以历史为主，兼及其他。实际上内容涵盖面极广，经济、国际、文学、文化，古今中外都有。作为编者，自己不大写文章，但是在约稿取舍之间表现出知识渊博、慧眼独具，才有那样的判断力。可以说老褚办《悦读》，充分利用了作为媒体人、出版人和读书人的丰富经验和资源，同时也集中体现了这几个方面的优良特质。

我从《悦读》中还看到老褚的胆识和智慧。他为人做事都很低调，从不张扬，这份杂志领域宽广、长短自如、兼容并包，可以说是在方今的言论环境中达到的最大公约数。但是在貌似多元、庞杂之中有一以贯之的理念，有的体现在简短的"卷首语"中，更多体现在选稿和排版中。就以最后三卷为例，第四十二卷第一篇是陈铁健写李新的文章，第四十三卷第一篇是《不能忘记顾准》，第四十四期第一篇又是别人写陈铁健的文章，这些都有深意在焉。"卷首语"中专门提到刊登这篇文章的立意：

> 读者可以从中体察到一位勇于探究、敢于还历史本来面目的学者是如何艰辛和不易；没有对历史负责的精神，不敢于担当，怎能拨开迷雾见到云天！
>
> 人类的发展史告诉我们：任何失忆的民族都是没有希

望的民族。忘掉自己的历史、对自己的历史充满误解，这于一个民族、国家是很可悲的。历史学家不能为读者讲述真实的历史，帮助他们了解自己的过去，这是最大的失职。改革开放以来，随着一些禁锢的破除，人们对一些历史事件和人物的认识，愈来愈接近历史的本真。读者不由惊呼：原来历史上的一些人物和事件，与我们从上世纪五六十年代教科书上了解到的大相径庭。这是包括陈铁健先生在内的许许多多历史学者努力的成果，也是我们时代在进步的一个标记。

然而，这方面的任务还是很艰巨，对历史采取虚无主义态度的人，他们还会掩盖真相，随意诠释，动辄给一些讲真话的文章和著作扣上帽子、贴上标签。其实这些人很愚蠢，历史的潮流滚滚向前，谁又能阻挡得住呢？

这段话掷地有声，明白无误地表明了对历史的态度，以及对方今满天飞的“历史虚无主义”帽子针锋相对的回应。“任何失忆的民族都是没有希望的民族”，一针见血！

第四十四卷还有不少有分量的文章，如关于“乌托邦”、东欧剧变的过程、话皇帝，等等，还有关于“西路军”的与传统说法迥异的情节。这些，在媒体人“自律”日严的今天，愈见其光芒和锋芒。这样鲜明的观点、犀利的文字好像与老褚平时朴实平和、语不惊人的形象不相称。他自己也没有发表过长篇大论的文章或讲话。一切都体现在刊物之中。桃李无言，下自成蹊。所以在汪文对老褚作为优秀编辑的几点概括之外，我还要加上：坚韧不拔的追求、过人的勇气、担当和智慧。

我无意对《悦读》详细评点，白纸黑字俱在，读者当有公论。它的茁壮成长、存续至今，说明在同样逼仄的空间，外加风霜雨雪之中，还是可以开出壮丽的花朵，缺的是有智慧而又有献身精神的园丁。我常说，对治国而言，必须提倡法治，但是一个个具体的小单位，往往靠的是“人治”，一个关键人物的离去或置换，足以影响整个事业的方向，或存亡。《悦读》几乎是老褚一个人主持的杂志，其得以面世，还在于“二十一世纪出版社”提供了一个平台，而这又有赖于张秋林社长之力。前些时听说张社长面临退休，老褚就要准备再找另一家可以接纳《悦读》的出版社了。不意就在这节骨眼上，他自己抛下这些烦恼走了。时耶？命耶？

书至此，想到一件小事：《悦读》创办以后，刊登过我的稿件，而出了几卷之后，一直没有登过陈乐民的文章。老褚也想向陈约稿，而他表达的方式却与众不同，他没有直接说，希望陈先生给我们写点东西，而是说：“《悦读》至今还没有发过陈先生的稿子，是我的组稿无能。”这样的委婉，这样的谦恭，是继承了老一辈读书人的礼数和教养，给我留下深刻印象。当然陈乐民是很乐意给《悦读》供稿的，可惜不久病情恶化，终至不起。不过，乐民去世后，老褚还是从我处拿到了乐民致湖南朱尚同老先生的长信，其中谈对马克思学说和“马克思主义”的看法，是从未见于他发表过的文章的，连同原信手迹刊于《悦读》第三十卷，算是了却一桩双方的心愿。

大凡失去了的才觉得宝贵，老褚永远离我们而去了，才更加深切地体会到这样的“人才难得”。而今再无褚钰泉，人亡政息，《悦读》第四十四卷真的将成为天鹅的绝唱？惜哉！痛哉！呜呼哀哉！

天下最好的主编走了

——痛悼褚钰泉先生

陈铁健

一

2016年元月13日，晚上七点三十六分，徐坚忠电告：元月9日，褚钰泉先生因心脏病突发，未及抢救，在上海寓所逝世。我的第一反应："天下最好的主编走了！《悦读》不再，已成绝响。"先是，元月8日上午十点，接钰泉短信："铁健先生，你在哪里？新的一卷《悦读》刚出，我想快递给你，让你先睹为快。钰泉。"我复函告他，已从海南回京。元月10日中午，收到钰泉从上海快递来的《悦读》第四十四卷。钰泉附信说：

铁健先生：你好！

新一卷《悦读》已印出，为让你先睹为快，特快递三册，照片也一并奉上。请收。

非常感谢您的支持！

祝

好！

钰　泉

钰泉每次寄刊、或收到我寄去的文稿，他都会及时回复，周到细心，亲力亲为，让人非常放心舒心。这一次，我收到刊物后，于10日下午三点，发短信给他，未见复。第二天，我又发信给他，仍未见复。以为他忙，未以为意。谁知，彼此早已是天人两隔。14日，我给坚忠发短信，有句“乘风归去也，天外醉流霞”，祈愿钰泉在天上也会和他在地上一样，射出霞光一样的风采。此刻，我之悲痛，不下于黎澍、李新诸公辞世时的哀伤。于是，我想起李新师1989年冬黎公、陈旭麓师、李宗一兄辞世一周年时，所写悼亡诗：

世间多少不平事，最痛好人命不长；
我欲问天天不语，从来天道最荒唐。

李新师谓天道之义颇广泛，人道、官道、君道、治道，皆含其内；官道多半与人道相隔离，天下好官实在不多。李新师怒骂的当属无良不公之官道，寓有深义焉。

钰泉生前也遭遇不公。“不是某党党员，不能主持媒体”，这不知是哪家良法？钰泉无党派背景，故创办《文汇读书周报》，取得佳绩，好评如潮时，竟被这违宪的良法夺去周报主持之位。钰泉了无怨言，改办《悦读》，又将被逐，遂转投张秋林先生主持的二十一世纪出版社。秋林钰泉之遇，真如伯乐遇千里马，相识相知，终成至交。《悦读》得救，风生水起，以迄于终卷，成为当代书刊文化之林一座巍然伫立的丰碑。《文汇读书周报》后继有人，守定钰泉办报宗旨，办得有声有色，至今不衰。钰泉在九泉之下，可以瞑目安息了。

二

我与钰泉相见很晚。2011 年 10 月 7 日，收到他第一封信。

铁健先生，您好！

很冒昧给您写信。我是陈旭麓先生的女婿，岳父生前多次在我面前提起您，他对您的才华和文章很赏识。可惜这许多年来，一直未能有机会见到您。

我曾创办并主持了《文汇读书周报》十五六年，后来被告知“不是共产党员，不能主持媒体”，便从周报退了下来。退休后，我编了一本《悦读》，每两个月左右出版一卷，如今已出了二十多卷，现送上最近两卷，盼能得到您的指教。

《悦读》的内容比较广泛，书的前三分之二是原创的文章，后三分之一为书摘，以期介绍新书并增添阅读的兴趣。先生如有兴趣，我今后可按卷寄上，请先生告知邮寄的确切地址。

我的联系方式如下：（略）

祝

好！

褚钰泉上　10 月 7 日

这封信，把我带到五十年前的忆境。那时，陈旭麓先生与李新师一道在北京东厂胡同原黎元洪大德堂东山上借屋编写四卷本《中国革命史》。东山上五六间平房，作为李新、陈旭麓、孙思白、蔡尚思、彭明诸公的工作室兼卧室，黎元洪当年的总统机密会客厅八角亭，则是编书组的办公室。成书时，我正在编书组进修，半年后做研究生，一直睡在八角亭，不时拜读旭麓师文论。1972 年秋，范老《中国近代史》修订稿成，我随钱宏、王来棣到宁、沪、苏、杭拜访近代史专家征求意见。在沪停留近旬，多由旭麓先生陪同，到复旦、华东师大等校座谈交流。“文革”结束，学术活动渐多，与他会面机会也多。几乎每过沪上，他都邀至府上，畅谈后飨以美食，照例全由其长女陈林林回家主厨。其时，尚不知孝顺贤惠美丽且厨艺高超的林林，就是钰泉夫人。

2011 年 11 月下旬，我到华东师大参加“思勉学术奖”讲评会，择日与钰泉见面。他盛情邀赴淮海路与陕西南路交汇的一家上海餐馆就餐。中高身材，微胖，额宽面阔，头发灰白，一脸笑容，气色很好。一见如故，相见恨晚，都不善谈的彼此，却谈兴甚浓，畅叙良久。临走，钰泉约我写《李新与中华民国史》和《晚年宋庆龄》。我答应了，却迟迟未写，直到去年夏秋才写好《李新与中华民国史》，他立即刊于《悦读》第四十二卷。此后，钰泉来信中，两次问我写《晚年宋庆龄》情况。正待动笔，钰泉已逝，成为我遗恨终生的歉疚。

2013 年—2014 年，为避京城恶浊空气，我到海南山区小住半年。书刊贫乏，读物甚少。钰泉请二十一世纪出版社寄赠《悦读》创刊号至第二十一卷（我是从 2011 年开始获赠第二十二卷，以前的二十一卷未看过），成为我在海南的第一批藏书。我与钰泉交往四载，见过两次面，为《悦读》写长短文六篇，内中包括别刊所约，又违约退回的两篇，都是揭露真相的“敏感”文字。送给钰泉时，尚犹豫再三，怕给他添麻烦。他回信劝我不用担心，足证他真正有强固自信，比起那些口说自信，实则极不自信的口头自信者，真是天壤之别。

三

身为主编，钰泉数十年为他人做嫁衣裳，自撰书文少见。实则他主持的《文汇读书周报》和《悦读》，就是他的大块文章。钰泉逝后，我常在静夜灯下捧读他的来信，逐篇细读出自他手笔的《悦读》“卷首语”，真切体味钰泉的广阔视野和现世关怀。

——（刊发虞非子《卢新华的“泥牛”及其变形》一文）不单是为了弄清事实的真相，而是想借此提醒大家：如今的传记、自述有不少是随意编造，错漏百出。即使是党史、国史上涉及某些事件注水掺假现象也并不鲜见。试想，当代人都弄不清楚当代的事，后人又怎能获知历史的原貌呢？一个没有记忆的民族，是没有希望的民族，一个没有历史的民族是没有未来的民族。

（第三十一卷，2013 年）

——赵瑜的报告文学《马家军调查》，十六年前发表时被删去的一章，写的是兴奋剂使“马家军”这一支被亿万中国人引以为豪的运动队，倾刻间如沙城倒塌的经过。一部历史，就是一面镜子。虚假、作伪，只能是对历史的亵渎！揭开面纱，还历史于本来面目，从中吸取经验教训，才能真正做到以史鉴今，以史资政，以史励人。

（第四十卷，2015 年）

——（**有作者来信反映，马恩列斯毛的全集、文集、选集及联共（布）党史，市、区图书馆、高校及个人，免费赠送却无人收纳。此事令人感慨万千**）如今有些人，常以“马列主义者”自居，在他们眼中这也“右”了，那也“偏”了。明明是一些还原历史，阐明真理的文章，他们可以嗅出异样的味道。其实这些人的“马列主义”只是过去教科书和语录本中的几句教条。须知，马克思、恩格斯一贯认为，理论是发展的，不是靠背得烂熟并机械地加以重复的教条。就拿对社会主义的看法来说，马克思、恩格斯从早期到晚年的论述就有不少的变化。如果今天再以自己背得出几句“马列”的话，来看待当今生活，来指责别人，那一定会闹笑话的。从这个意义上说，真应该把马克思主义的一些著作仔细地读一读。

（第四十二卷，2015 年）

——（**介绍《孔子遭殃》一文**）孔子可谓是命运多舛，两千多年来未安稳过，一忽儿被捧为至高无上的“圣人”，一忽儿又被掘地三尺，穷追猛打。“文革”中，孔庙、孔林、孔府都遭到毁灭性的破坏。如今举国上下都在强调传承文化传统，孔子作为偶像，顿时身价百倍，一些地方甚至要青少年身着“汉服”，对孔子像三叩九拜。想当年挖孔子墓的，不少就是同样年轻的青少年。青少年是长知识的时期，容易被误导，与其让他们盲目跪拜，不如让他们了解这段历史，懂得不了解历史不独立思考，不了解文化传统就会作出有悖于历史文化的荒唐事。叩拜是继承不了文化传统的，谁能担保若干年后那些曾穿过“汉服”的青少年，不再去孔庙、孔林、孔府大闹一番呢？

（第四十一卷，2015 年）

——（本卷“特别关注”栏目，刊出留守儿童现状资料）孩子的素质、文化修养、为人风范，将决定社会未来的走向和发展，如今有六千一百万留守儿童，不少人仍在贫困线下挣扎，现实生活难以培养他们良好道德品质和生活习惯……极易形成孤独、冷漠、焦虑，甚至抑郁的人格特质。据调查，其中百分之七十的孩子存在心理健康问题。心理专家又说，孩提时代形成的这些问题，将影响他们未来的成长，甚至一生。而另一部分孩子，正在接受最优越、最昂贵的教育……他们大都非常自我，“金钱万能”的观念已烙上他们的大脑，很多人不知感恩惜福。

试想，若干年后，这两类人长大了，成为我们社会的主体，他们之间难以弥合的文化差距、贫富悬殊，将对我们的社会产生怎样的影响？或许这是杞人忧天，但孩子的教育确实应该引起足够重视了，不要等到若干年再慨叹当年对这一“问题”重视不够，那就悔之晚矣！这些年，这样的感叹我们听得还少吗？！

（第四十三卷，2015 年）

这些深入浅出的议论，虽无惊人之语，却是真知灼见，忽略不得的。不过，这种明明白白的道理，未必能入有司之耳，更难说能够打动他们，采取有效措施了。

2013 年 3 月 3 日，《悦读》座谈会上，许多令人心仪的学者高度评价《悦读》说真话，写真事，持真理，是品位高洁，富有思想，多姿多彩，兼容并蓄，雅俗共赏，人脉良好的刊物。钰泉在第三十四卷“卷首语”中写道，“开拓视野，寻求真谛，是学者专家们对《悦读》办刊宗旨的建设性定位”，“也正是编者梦寐以求的境界”。每读及此，钰泉那谦和、朴实、聪慧、微笑的印象，一双总在寻觅真知的目光，似乎就在眼前，由近及远，凝成不朽的雕像。

2016 年元月 24 日改定于京南亦庄水东书屋

怀 钰 泉

陈四益

接到朋友发来褚钰泉君去世的微信，我不相信。

去年几次到上海，都未能同他见面，不是他忙，就是我不闲。有时碰上他家楼上漏水，要“抢救”那些要紧的书籍；有时因他亲属有丧，忙于料理，但总觉得他精力饱满，言谈爽利，心想来日方长，所以只是相约“下回”，绝没想到他会骤然撒手人寰，终成永诀。

同钰泉相识是在五十年前。他在复旦中文系读书，我则已经毕业留校任教。那年，学校师生都奉命参加上海郊县农村的“四清”运动。我和他都到了奉贤县胡桥公社的秀才大队。大队工作组长是市委党校哲学教研室主任，一位温和沉静的女性。大队共有十三个小队，钰泉所在的第八小队和我所在的十三小队相邻。我所在的小队，十几户人家，队长是全队最贫困的一户。土改时，他把家中门板献出替工作队搭台宣讲，十多年过去，依旧穷得连门板也没装上，靠一件露着棉花的破袄，系一根草绳过冬，真个是一贫如洗，“夜不闭户”。看着心里已不是滋味，还用得着去追查他的“四不清”？

但那时，查不出队干部的问题，也有很大压力。工作队开会，听到别的队查出了多少问题，如何发动社员算账；别的大队如何开展阶级斗争，查出了多少“四不清”的账目，我那里寂无声息，心里总犯嘀咕。工作组长似乎也有些不大放心，所以特地来小队参加了一次社员大会。及至听完社员发言，她笑了，说群众发动得不错，有没有问题还是要实事求是。而钰泉所在的小队，工作组长是位司法干部，不免查办凌厉，用了些威吓的手段，以致小队会计恐惧无奈，一根绳索了结了自己的性命。那位组长立被调离，一时无人接替，便叫我兼着照顾八队的工作。钰泉和我就在这样的时刻相识。他同另一位女同学都不是张扬蹈厉的人，因为学生参加“四清”，是来接受贫下中农再教育，所以，对先前的那些做法，口虽不言，心实非之，但也无可奈何。好在那时，农村“四清”已经有了新的政策，说重点是整党内走资本主义道路的当权派。这当然是方向的转换，但究竟转换到哪里也看不明白，不过一个生产小队，乃至一个大队，有什么当权派可整？又能走出怎样的资本主义道路？并不明白。我们一同做了一段安抚善后工作，学校师生就奉命回校了。

回校之后，虽在同一个系，但我已被调去教留学生汉语，同钰泉的交往就很少了。

再度聚首，已到“文革”发轫之初，钰泉已经毕业，分配在《文汇报》文艺组当编辑，我则因为先前参加校方组织的“大批判”写作，后又参加了报社组织的写作小组，同他又有了较多的接触。他仍旧还是那样沉稳，寡言少语，待人诚恳。几十年后，何满子先生曾用“镇定温婉”四字点评我的文风，这四个字形容当年钰泉给我的印象，倒是十分切合。在那个飞扬跋扈的时代，能够保持“镇定温婉”，实属不易。

只是不久,“文革”急风暴雨之势已成,先前的批判成了“假批判,真包庇”,学校党委已被“砸烂”,文字的批判已经化为拳头乃至棍棒的“批判”——即所谓“满街红绿走旌旗”了。我无法融入“造反”的狂潮,自然也就被“造反”的狂潮卷倒,在经历了挨批、挨斗、审查、“干校再教育”之后,终于又说要“复课闹革命”了。但“曾经沧海”的我,料知“复课”后的凶险,早已无心“闹革命”了。既然审查已经结束,干校“再教育”也已经过,便以“两地分居”为由,索性告别上海,到湖南一个山沟里的工厂当“老师傅”去了。

一晃就是十多年。待到重与钰泉见面,我已在国家通讯社任职,钰泉则没有挪动,一直在《文汇报》工作。但那时他已离开文艺部,创办了一份以读书为主要内容的周报——《文汇读书周报》。我曾有一些短文寄给他,承他不弃,都刊发了,听说反响还不错。又因为我同丁聪先生在《读书》杂志上开了一个专栏,图文并举,用浅近文言写了一系列寓言体的杂感,他希望我在《文汇读书周报》上也开一个专栏,也要图文并举。为了不同《读书》相重,这个专栏以“诗画话”为栏名,直白为文,对一些社会文化现象作简短的批评,文后用几句打油作结,丁聪先生也答允作图。那时我也在做编辑,又是周刊,编务繁忙,但因钰泉诚意催促,倒也挤出了不少文字,虽然因此也少睡了许多觉。

那时是读书如饥似渴的时代,一北一南两个读书类报刊,办得都相当出色,能在这两个报刊上写文章,甚觉舒畅。两处的编辑都有共同的特点,就是他们同作者都友好、亲切。《读书》杂志每月都有读书日,作者读者,少长咸集,随意聚谈,编辑则穿梭于作者读者之中。谈笑间,编辑组稿,听取意见,交流设想,都轻松完成。若到上海,钰泉也常邀到《文汇读书周报》编辑部小坐,气氛也大抵如此。

钰泉是一个想做事的人。他能文，但几乎把精力都放在办报和办刊上了。上海那时有两位领导人都酷好读书。一位是曾任上海市长的汪道涵，另一位则是担任宣传部长的著名学者王元化。钰泉同他们都很熟，他们对钰泉办的《文汇读书周报》也很关心。如果是一个想弄个一官半职或找个合适位置的人，这样的“人脉”，岂非难得？但钰泉是个只想做事不想做“官”的人，所以，他同他们谈的只是书，约的只是稿，此外不涉私事。即便在处境不顺的时候，他也从不利用这些方便，保持着一个文化人的正直与尊严。而对另一境况的前领导或朋友、作者，他又绝不势利，相敬如初。他最看不起那些顺风转舵，一遇利益便像川剧变脸那样说变就变、反复无常的小人。正因为这样，他同我的友情哪怕多年不通音信，也能够始终如一，亦所谓君子之交淡如水吧。

记得那年为了《读书》上我的一篇不赞成大捧《四库全书》和大印《四库存目丛书》的短文，惹得季羡林先生不快，一夜之间写了两封信，都在《读书》上发表。对季先生疾言厉色的批评我并不认同，便给沈昌文先生打电话，准备回答季先生的指责。我说，季先生写了两封信，我只回复一封行不行？昌文先生似很为难，说：我们还有两套书是季先生在主编呀。我知道这是托词，其实他只是不愿再为此事在刊物上开笔阵詈了。后来，我那些短文结集为《瞎操心》出版时，写了一篇后记，对季先生的指责作了回答，但未能将我对《四库全书》看法的理由详加说明，总觉是个遗憾，于是，又写了《四库四记》一文。这篇两万余字的长文，回溯了《四库全书》办理的过程，“搜书记厉”、“焚书记烈”、“删书记酷”、“编书记疏”，描述了所谓编纂“四库全书”的伟大“文化工程”，实在是中国一场史无前例的文化浩劫，并详述了我不赞成盲目吹捧《四库全书》的理由。文章写成后，我寄给钰泉，请他看看。因为文字太长，那时周报记得只有四开八版，容量有限，原不曾想能在《文汇读书周报》发表。但钰泉读后立即告我愿意全文发表，每期一版，分三期连载。做出这个决定，对他并不是件易事。一边是名满天下、被称为国学大师的北大名教授，另一边只是写些杂感、并无学术专著也无教授头衔的中年人。发表这篇文章，就意味着卷入一场纷争。但他并不犹豫。他编报办刊，总是这样的风格，如果觉得文章无味，则惜“版”如金；如果觉得文章有味则不惜篇幅。只论立论如何，不论名气地位。

此文刊发后不久，在季羡林先生寿诞之期，我意外地接到了他发出的邀请。电话中传达这邀请的说：季先生交代，一定要通知到陈四益先生。我不知道季先生是否读到了这篇文章，但他的邀请，传达了他的善意，也保持着一位严肃学者对学术论争应有的风范。因此，我猜想他是看到了。在他寿诞之期，我去了北大，坐在寿星桌前的有好几位长者。贺寿之人甚多，围着寿星们祝寿，极为繁忙，不便上前打扰。好在人到为敬，表达了我对季羡林先生一生成就的敬重，虽然我不同意他对《四库全书》的看法。

多少年后，见到章培恒老师，他说，“很喜欢你那篇关于《四库全书》的文章”。但若不是钰泉一力促成，此文的发表恐怕不会这样顺利，或许还会有一番周折。办报办刊的人，能有识力不易，有胆力更难。钰泉可谓兼而得之，所以我说他是编辑大才。

不知为什么，《文汇读书周报》编得风生水起，在全国颇享盛名时，他忽然告诉我，他要“退休”了。他比我小，未到六十，退休之言从何谈起！但他不愿多谈，我想或有难言之隐，也便不问。

后来他寄来一本《悦读》，由文汇出版社编印，这才知道他又开始了新的工作。《悦读》一问世，我在北京便听到许多好评，不仅来自读书界，也来自一些领导部门的领导干部。

工作有了新的定位，我为他高兴。《悦读》出版周期虽长，但容量大于《周报》。人们常常赞扬作者，却很少赞赏编者，这是很不公平的。如果说作者是一位厨师，可以炒出一味佳肴，那么编者就是厨师长或是主厨，他要呈现的是搭配得宜，色泽可人，令人拍案叫绝的满桌佳肴。他要知道每位厨师的绝艺，也要知道每道菜肴的特色，还要知道整桌菜肴的总体效果，更要知道客人的品位与嗜好。钰泉就是一位能干的厨师长。他善于把一本期刊，在整体上编得有声有色，有主有从，呈现出一桌精神大餐，就连刊物的几则补白也平添了不少趣味。

不料，《悦读》才出了几期，又被停刊了。怪了，我每期都读，并未发现内容有何不妥，更谈不到有必须停刊的事端。我也曾打听过，主管部门似并未有过这样的指令，其中缘故也就难于揣度了。

随着刊物的停办，钰泉进入了退休者队伍。这时，江西二十一世纪出版社的社长张秋林找到钰泉，觉得这样一本好刊物就此停掉，太过可惜。希望他把未竟的事继续做下去，于是，就有了此后四十四卷由二十一世纪出版社出版的《悦读》。

我说过，钰泉是个编辑大才，但他只知做事，不善周旋，遇到难处的人事，便只好隐忍或是绕开，可偏偏我们身处的环境，最难处的就是这些事。碰到张秋林，是钰泉的大幸。这位社长也是个干事的人，他只问需要什么帮助，放心地让钰泉决定稿件的弃取，版面的安排。亦所谓用人不疑，疑人不用。记得上个世纪七八十年代之交，邓小平对科研人员说，领导要做好服务，当好后勤，让科研人员能够全心全意地投入科研业务。他就愿当这个后勤部长。张秋林好像也是打的这个主意。他需要的是好编辑，但好编辑的工作条件，要由他来帮助解决。因此，钰泉这一段，是心情最舒畅的时间，十年之间，一千三百余万字稿件，从他手中流泻而出，化为四十四卷《悦读》。

在我的印象里，钰泉是敏于事而讷于言的。按说，对于编辑，这并不算是优长。但奇怪的是，虽不是谈锋甚健的他，同作者却总有着良好的关系。我想，这原因就在于他的诚恳。他约稿，很少点题作文，总是问："最近有什么文章吗？"若说写了一篇什么，他便会说："寄给我看看好吗？"看过之后，他很快就会回复，准备放在哪一期刊发。如果他有什么意见，也会同你商量能否做一点修改，但永远是一种友好的商讨，让你无法拒绝。如果你有不同想法，他会很尊重作者的想法而得到一种双方都满意的方案。因此同他交流总有一种愉悦之感，而且，他会为重点稿件的登场，安排相互照应的其他稿件，让重点有呼应、有烘托，更为突出。这也是他总能同许多名家保持长期联系的缘故。

《悦读》体现了钰泉作为编辑的追求。前面的重点稿件与专栏稿件不谈，即以每期刊物后半部近百页的《书海巡游》，就可以看出编者的心力。要从浩瀚的书海中选出那些确有价值，可以扩展视野，增广见闻，回溯历史，走近前贤，乃至增加谈助的内容，编者不知要花费几倍乃至几十倍的阅读精力，才能使读者真正得到"悦读"。《悦读》体现了他的追求，他的品位，他也由此进入了古稀之年。

他想休息一下，或休息一下之后，再做点什么喜欢的事情。我们相约等他歇息下来，今年春夏，应友人之约一起到苏北走走；也相约等到无事一身轻时，老朋友们还可以一起聚聚，都是七八十岁的人了，回首往事，也是人生一乐。可没想到，在他编完四十四卷，回到上海不久，便这样骤然离去了。

上个世纪五六十年代，有人慨叹做编辑是“为他人作嫁衣裳”，为此受到了严厉批判。其实，这确实是编辑工作的实情：“苦恨年年压金线，为他人作嫁衣裳。”我们常常只记得新嫁娘的光鲜、美丽，却低看了为她人作嫁衣的编辑的美丽与辛劳。像钰泉这样的编辑，真应该得到更多的尊重和爱惜。

人才难得，编才难得啊！

他的胆识，我们始终未忘

巢　峰

寒冬季节，阳光格外软绵无力。2016年1月15日，我约徐庆凯、虞仰超、秦振庭等人叙旧。期间，朱志凌告知我们《文汇读书周报》老主编褚钰泉同志突然去世的消息。听闻此言，大家突然一惊，他年龄不算太大，真有点不敢相信。此时，我不禁回忆起与褚钰泉同志相识、相知、相交，共同为弘扬中国辞书界正义的往事。

1993年起对王同亿主编的《语言大典》等一系列词典的集体性批评，是中国辞书界、出版界的一件大事。率先披露此事的正是褚钰泉同志主政下的《文汇读书周报》，由此引起了中国社会各界的广泛注意。在此之前，中国辞书学会认为，对辞书界出现像《语言大典》这样的辞书十分值得研究，并应予批评。《辞书研究》多次刊发文章和研究专论。

1993年5月15日，《文汇读书周报》以头版头条首先披露了徐庆凯同志批评《语言大典》的消息；5月22日又刊发消息，说上海地区读者纷纷来电来信抨击《语言大典》谬种流传；8月7日更是提出“王同亿现象”的概念，用以概括王同亿制作王氏词典以及与其类似的现象。当时的《文汇读书周报》有力地配合中国辞书学会引领了这一次集体性批评，对于我国辞书事业的健康发展乃至我国社会主义精神文明建设都有广泛而深刻的意义，老主编褚钰泉功不可没。

此事的由来是：褚钰泉主编决定《文汇读书周报》要加强和出版社的联系，他规定记者要跑出版社。记者张青来到上海辞书出版社，接待他的是当时的总编办公室副主任秦振庭。秦介绍了出版社的若干图书，透露了年底前将召开中国辞书学会成立大会，会上将提议开展辞书评论，特别是针对辞书编纂在繁荣背后隐藏的种种坏现象，譬如王同亿制作的《语言大典》抄袭剽窃的证据。在张记者报告褚主编后，主编立即要求记者到辞书出版社作进一步采访。徐庆凯副总编辑接待并详细介绍了情况，促成了5月15日《〈语言大典〉竟是“谬误大全”》的报道，率先披露了徐庆凯即将在《辞书研究》杂志1993年第三期发表的专论《如此词典匪夷所思——评〈语言大典〉》的部分要点。

我们知道，钰泉主编这个“率先”是有风险的。此时国内的一些重要媒体都在为王同亿的《语言大典》发文章，他们还借助人民大会堂开新闻发布会造势。因为此前吹捧王同亿和《语言大典》的报道很多，如以整个头版的篇幅发表《没有军衔的将领》一文，以惊人的措词褒扬王同亿及其主编的《语言大典》，说王是“文化界家喻户晓的名人”、“超人”、“奇人”、“著作等身”、“超韦伯斯特”，说《语言大典》是“换代性产品”、“当代中国辞书之最”、“竖起了一块里程碑”等。有的机关报也是吹捧有加。在《语言大典》被公开揭露为“谬误大全”之后不久，1993年6月8日，《北京日报》以通栏篇幅发表记者专访《背辞典编辞典的奇人王同亿》，开头的第一句话就是："新华社记者杨飞一个电话打来：'你忙吗，推荐一个人，他新编了《现代汉语大词典》……这可是汉语词典的换代性产品，你去采访他，不会让你失望……'"当时，我们十分担心，此事会在某种干预下遭受夭折。8 月 7 日，《文汇读书周报》以第五版整版的篇幅刊发了张青、紫裴文章《"著作等身"之后》。然而始料未及的是——《文汇读书周报》记者的报道发布后，在上海地区产生了强烈的反响。于是《文汇读书周报》在 5 月 22 日又发表了《杜绝"谬种"——〈语言大典〉令人愤慨之极》的连续报道。《报刊文摘》《语言文字报》《钱江晚报》，以及《团结报》、上海人民广播电台、北京人民广播电台也纷纷作了报道，当时在上海电视台《今日印象》当记者的黎瑞刚还专程赴京采访。

紧接着，中国社会科学院语言研究所、商务印书馆状告王同亿和海南出版社抄袭侵权，上海辞书出版社、四川人民出版社等状告王同亿及海南出版社抄袭侵权。褚钰泉同志主持的《文汇读书周报》均在第一时间作了报道。

后来，《文汇读书周报》的忠实读者于光远先生读了徐庆凯等人的文章后，认为批评得还不够，亲自查了《语言大典》中"数字一到九十九"的释文，将发现的问题写了长达四千多字的文章《值得重视的一个消极文化现象》。于老说："谁也想不到世界上会有人编出这样的'辞典'，也想不到这样的辞典能够出版，并且被大肆吹捧，得到很大的鼓励。"他指出："这不是这个人或者那个人的问题，而是一个社会风气的问题。"《求是》杂志社的李下（瓜田）也在《光明日报》上发表了《无知却有胆快去编辞典》的檄文："让我纳闷的是，这么大的出版物，出了这么多问题，开了这么大的玩笑，怎么会出笼呢？要知道，像这么严肃的大型工具书，一般要经过多少人把关啊！都睡着了？”各地报刊和杂志陆续发表了数百篇文章，至此，由中国辞书学会组织的对《语言大典》和“王同亿现象”的学术批评，在《文汇读书周报》和钰泉同志的全力支持下得以吹响了号角。

当时，我们十分佩服钰泉同志的胆量，特别是《文汇读书周报》的《“著作等身”之后》那篇文章中的很多语句、用词很有分量，如：“对一部大型工具书的评判需要时间，随着时间的推移，不同的声音又再度响起”，“王同亿接连被告，其结果自待法院来裁决；然而围绕着王同亿及其词典所发生的一切——这里不妨称之为‘王同亿现象’——却更为令人深思”，“对此，大众传播媒介当审视自身，学术界也当就批评的喑哑自我反省——为了读者，也为了文化；不只是针对王同亿，还应针对‘王同亿现象’”。观点鲜明，文字老练而犀利。在彼此交往熟悉之后，钰泉同志还把《解放日报》《新民晚报》读书版编辑房延军（伊人）、曹正文（米舒）等介绍给我们出版社，在这两家报纸也发表了多篇批评文章。有一次，我问褚主编，这些击节赞叹的话语是如何写出来的，他告诉我们策划的经过：因为初稿出来后并不满意，于是调集了另一位记者徐坚忠（紫裴），最后是他定的稿并决定整版刊发。他有点神秘地说，这位记者笔法很好，看问题更有深度。当褚钰泉同志离开主编岗位后，他给辞书社同志发函，感谢出版社对他工作的支持，出版社的同志也感谢钰泉先生，在拜访他时谈及往事，钰泉同志只是淡淡地说：“应该的。”话语很简单，他的态度很淡定，我们却始终未忘。钰泉同志就是这么一位低调而极富正义感的好朋友。

钰泉同志不幸驾鹤西去，很是悲哀。哲人其萎，共志哀悼。值得宽慰的是，钰泉同志始终如一地关注着这一事情的发展和变化，坚持着在做“应该的”事儿。新世纪初，王同亿又出来折腾了，继续胡编乱造了几本“词典”。2004年8月3日，《文汇读书周报》又重新发表秦振庭的文章《九十年代：群起而评“王同亿现象”》，又一次站在了批评的前列。

我是《文汇读书周报》的忠诚读者，也蒙钰泉同志和《文汇读书周报》后任诸位主编不弃，我也愿意把自己的一些文字交由《文汇读书周报》发表，我晚年的新作《辞书记失——一百四十三个是与非》，更是在《文汇读书周报》上率先连载后集结成书。在此类互动之中，我们同声相应，同气相求，都是寄希望于端正学风、严肃创编新的词典，为我国辞书事业的健康发展乃至我国社会主义精神文明建设作出积极的贡献。

钰泉、《悦读》和我

朱　正

收到二十一世纪出版社寄来的特快专递，报告褚钰泉兄去世的噩耗，不禁大吃一惊。就在两个月之前我们还通过信，他说他正在准备第四十四卷，要我把《解“解密”之二》的改定稿发过去。岂不是还在完全正常地工作吗，怎么说走就走了呢。我突然失去一位交往多年的老友，真感到悲哀。他比我年轻许多，真不应该现在就走啊。

我回想起许多往事。

很久以前我就和钰泉兄有交往了。那时他在编《文汇读书周报》，我间或投一点稿。也就是编者和投稿者的关系吧。一天他来信约我为他正在筹备创刊的《悦读》写稿。我寄去《左右辩》这一篇，就刊登在文汇出版社2003年5月出版的《悦读》第二辑上。这一辑卷首《编者的话》说：“《悦读》第一辑出版之后，受到广大爱书者的欢迎。上海季风书园第一周便上了畅销书榜；一些新华书店的销售情况也十分可喜，上架不几天便已售罄。消息传来，令人鼓舞。”

一炮打响，可以感觉到钰泉兄兴奋的心情。

可是又出了一辑之后就不见续出了。我觉得这样一本作者阵容整齐也受到读者欢迎的刊物，不出了未免有点可惜。对于出版社来说，在一本畅销书上面免费刊登本版新书的广告，也是一件很合算的事情，真不知道为什么要停刊。

这三年里不知道钰泉兄作了多少努力，《悦读》于2006年9月改在南昌二十一世纪出版社重新出版了。他寄来了第一卷新书，同时出了个题目命我作文。那时2005年版的《鲁迅全集》刚出版不久，就要我谈谈这一部新书的事情。他提出：自己写也可以，用答访者问的形式也可以。没有谁访问我，我就自己写了。在修订《鲁迅全集》的时候，我做的是第六卷，我就写了《谈谈〈鲁迅全集〉第六卷》寄去交了卷。

从这时起，《悦读》的出版正常了，隔那么久出一卷。我也不时寄稿子去。

在《悦读》第七卷刊出的《〈查泰莱夫人的情人〉和我》，是钰泉兄出题目让我写的。先是在第五卷上发表了国内研究劳伦斯的学者黑马写的《劳伦斯作品传入中国：阴差阳错的历程》一文，其中说到“1986年是我国的劳伦斯翻译出版史上最重要的一年，这一年在老出版家钟叔河先生的推动下，饶述一1936年的《查泰莱夫人的情人》译本在湖南再版”，于是钰泉兄就约我这个当事人写这一篇了。我想，这在我的经历中是一件不大不小的事情，也是出版史上一件不大不小的史料，于是把这事的始末细细写出，包括钟叔河兄如何推动，我又如何应对，都写了出来。后来我将这篇增补了一些材料拿到《新文学史料》2009年第一期又发表了一次。当年经手处理此事的国家出版局局长宋木文看到了我的这篇文章之后，写了《回顾〈查泰莱夫人的情人〉一书的出版》一文，透露出了一些高层在处理此事时候的情况。宋木文的《回顾〈查泰莱夫人的情人〉一书的出版》一文后来也在《悦读》发表了。

我的《“史人”“妄人”曹聚仁》这篇书评，发在《悦读》第十卷上。这篇书评的来历是这样的：吴中杰教授听说我没有看到过曹聚仁的《鲁迅评传》，就把他的一本复本送给了我。我看了。书中那些触目皆是的硬伤真令我吃惊。曹聚仁说别人“不懂得史学，不善剪裁，不会组织，所以糟得不成样子”。我看这话正好拿来评论他自己。我就写了这篇颇长的书评发给钰泉兄。他看了，建议我不要写明书的版本情况。他一说，我就立刻明白了这个道理：这是一家出过不少好书的很有声望的出版社，这一回不过是翻印了一本香港的出版物而已。批评这本书，不必牵连到这一家出版社。我佩服他考虑事情比我周到，当然照此办理。后来我把这一篇编入集子，也是照此办理的。

2009年8月23日钰泉兄来信：

朱正先生：你好！

前一阵由于自己不小心，膝盖出了些问题，新的一卷《悦读》拖延了下来，最近，膝盖已痊愈，我下周一便要赶到南昌去拼版。这卷先刊登写冯的那篇，我个别字作了些改动，现送上，请过目。如要联系，可用手机、短信或Email。

祝

好！

钰泉上

他说的“写冯的那篇”是指《冯亦代之悔》。冯亦代在他的日记《悔余日录》里记了他被划为“右派”分子之后被某机关招募，到章伯钧家中去作卧底的事情，我读了颇有感触，就写了这一篇。钰泉兄处理这篇稿子的时候，“我个别字作了些改动，现送上，请过目”，我看了，他改动之处不多，可是改得很好，真是文章高手。我当然完全同意并且感谢。这一篇就刊登在《悦读》第十三卷上。后来人民文学出版社编选年度散文选，在《2009散文》里收了这一篇。

后来有朋友谈起我这篇文章，有的认为冯亦代这件事超出了一个正直的人的底线。我以为不必这样看，后来我在2013年10月10日《南方周末》上发表《冯亦代徐铸成卧底异同论》一文，说：

> 我看了这些书，反省自己：在我当“右派”分子的二十二年里面，如果有某机关来招募，我会应募吗？如果说，要我填表参加某一个组织，我或者会觉得兹事体大，恐怕不敢轻易答应。幸好那时我连一个高档人士也不认识，按照情报机关的标准，毫无利用价值，还没有列入招募对象的资格。不过如果这时领导上只是对我说：“这是对你的考验，看你能否打消顾虑，为党做些工作。”我想我也不免会接受这个考验，去做些这一类的事情吧。不要忘记，我们曾经生活在一个这样的时代，整天接受的都是那种把是非善恶标准完全颠倒过来的说教，那种像催眠术一样的说教，这时我能够清醒地主宰自己的行为吗？推己及人，我以为对于做过这些事的徐铸成，甚至对于陷得更深的冯亦代，都不要深责。

我喜欢给《悦读》投稿，有一个原因，就是短稿容易找到发表的地方，稿子长了，报纸副刊容纳不下，就大都寄给钰泉兄了。比如我写的《鲁迅的三个美国朋友》这篇，写鲁迅和伊罗生、斯沫特莱以及斯诺的交往，引用了不少共产国际的档案资料，文章就长了。钰泉兄回信说：

朱正先生：你好！

我刚从南昌回来，每次拼版、定稿前我都去一下，这样放心些。第十四卷《悦读》不日就可付印，此卷有你的大作，书出版后，我即会寄上。

传来的文章看了，内容很好，我准备采用，只是篇幅太长了些（有一万五千多字），如能略作些压缩就更好了。

祝

好！

钰　泉

我也想到过这样长《悦读》也难以容纳，可是没法删，于是只好节取《鲁迅的美国朋友伊罗生》这一部分发给他，还是有八千多字。他把它在第十五卷刊出了。

看他信中写的“每次拼版、定稿前我都去一下，这样放心些”，可以看出他这一位主编的责任心。这也就是为什么《悦读》能够团结这样多的作者、得到这样多的读者的原因。

他信中所说的第十四卷《悦读》“有你的大作”，是指《再说一点〈傅斯年全集〉的缺陷》。我说：

我写过一篇《谈谈〈傅斯年全集〉书信卷的缺陷》，刊登在《博览群书》2007 年 4 月号上面。当时我想，有不少书信是根据手书原件编入书中，字迹潦草，不易辨认，才出了那么多错误吧。其他各卷所收“大多是作者已经出版过的著作，想来那里边的错字、破句会要少得多吧”。

我在那篇文章里就是这样说的，我真是这样希望的。当我翻阅了《傅斯年全集》其他几卷的部分内容之后，还是发现其中存在的问题不少，值得再写一篇文章供出版者、主编者和购买了此书的读者参考。后来花城出版社约我为《大家小集》编选《傅斯年集》，就把这一篇拿去作“后记”了。

《悦读》第二十卷上有我的《李普同志送给我的书》一文。这是我为了纪念李普同志去世写的。这篇文章可以从许多角度来写。我选择这个角度，也是想保存一点出版史资料。我全文照引他写给责任编辑的那一封长信，就清楚表明出版行业是如何运作的了。

我在《悦读》上发表的文章应该不止这一些，一时找不齐旧刊，就只说这些吧。

钰泉兄 2008 年 11 月 27 日的来信说：“上次得以在沪与你相见，十分高兴。”这一次聚会，我也印象深刻。那是我和妻子到了上海，钰泉兄在一家高档酒店宴请我们。这以后我再到上海，就不敢惊动他了。这样我也就失去了若干次可以见面的机会，现在想来又颇有一点追悔了。

不知道《悦读》第四十四卷是不是印出来了。如果上面刊出了我的那一篇，那就是我们最后一次合作了。

钰泉兄，从此别了。

钰泉先生埋在我心里

王得后

“死者倘不埋在活人的心中，那就真真死掉了。”

——鲁　迅

我只见过褚钰泉先生一面，那是二十一世纪出版社为他主编的《悦读》在北京开座谈会，纪念已出版三十卷。在如今，也算是阶段性胜利了。自然，还一并征求意见。褚先生相貌、身材、衣着、言谈、风度，都不显眼，但令人亲近。为了答谢他的辛劳，陈四益先生、蓝英年先生我们几个餐叙了一次。大家说过什么，了无记忆，情状却宛如昨日，依旧清爽愉快。

我认识褚先生很晚很晚。是四益先生推介的，和他主编的《悦读》一起。告诉我有合适的稿子可以送给他看看。我自然开心。一个写点东西的人，倘写好后无处可发，是郁闷的；有时乃至感到愤懑。反过来，我想那些创作旺盛，自诩“著作等身”的作者，恐怕也是写了就有地方可以发表的缘故。这，即使鲁迅，尽管创作并不等身，也难免的。他曾说：“我先编集一九二八至二九年的文字，篇数少得很，但除了五六回在北平上海的讲演，原就没有记录外，别的也仿佛并无散失。我记得起来了，这两年正是我极少写稿，没处投稿的时期……自己编着的《语丝》，实乃无权，不单是有所顾忌（详见卷末《我和〈语丝〉的始终》），至于别处，则我的文章一向是被‘挤’才有的，而目下正在‘剿’，我投进去干什么呢。”

不记得哪一年了——我对于数字的记忆，实在惭愧得难以启齿，或者混乱，或者缺如。一个几乎可以无话不谈的曾经计划学数理的四十岁的小朋友，聊天时每涉及数字，必立即匡正我，我也不加辩护，默认大概总是自己的误记——总之，四益先生鼓励我不久，我就奉呈一篇小文给褚先生也就是《悦读》了。很快，不是第二天，就是第三天、第四天，总之，很快，回信就来了。褚先生非常客气。除了编者和作者之间因稿件往来的客气话以外，更认真谈起彼此的治学。这可是罕见的！在我八十有余的生涯中，只幸遇一个，也已经交往三十年的令我佩服得五体投地的一个。只有“这一个”。而褚先生，第一次就坦承他自己也喜欢鲁迅。和我同调种种。这时候，他一点客套也没有了。

褚先生没有主编的架子，而大有新文学新文化时期编辑的“古风”：对作者有信必复，而且神速。和鲁迅编《莽原》，编《语丝》，编《朝华》，编《奔流》的风格相似。这是很温暖的事情，很踏实的事情。如今是别一种“新常态”了，刊物的编辑，来约稿的时候，火急火燎地催问；一旦稿子到手，连个短信或简短的电邮都不回。让你念兹在兹，郁闷而又郁闷。我于是往往用鲁迅遗嘱的第六条来宽解自己：“别人应许给你的事物，不可当真。”

褚先生审稿，认真而细致；一段引文，一个错字都会来信质疑，讨论，希望复核。但绝不自作主张，自己一改了之。这令我很感动。由于马齿徒增，对新技术不求甚解不知所措；电脑书写，常常敲出错字，令编者莫名其妙。尤其是同音不同调的单字和双音词。褚先生真是不厌其烦，同情地理解与包涵我这个两眼昏花力不从心的老糊涂。

不仅仅文字上的技术问题。对于文章的命意、观点、思想尤其重视。褚先生熟稔规矩，精通宽严，知生知死，毫无“中国之君子，明于礼义而陋于知人心”的劣根性。我喜欢梳理鲁迅的言论。有人指责鲁迅思想的“短板”是不谈“民主”。我专门写了三篇鲁迅谈“专制”的短文。两篇直接谈“专制”，一篇谈“鲁迅为什么不想做皇帝”。——有人是攻击过鲁迅想做“文坛皇帝”，乃至就是“文坛皇帝”的。——鲁迅谈“专制”的话，是精辟而深邃的。如：“我想：暴君的专制使人们变成冷嘲，愚民的专制使人们变成死相。大家渐渐死下去，而自己反以为卫道有效，这才渐近于正经的活人。世上如果还有真要活下去的人们，就先该敢说，敢笑，敢哭，敢怒，敢骂，敢打，在这可诅咒的地方击退了可诅咒的时代！”鲁迅生于晚清，死于大陆时期的民国，都是“专制”，这种切身的感受，深刻的剖析，中肯的呐喊，是宝贵的思想资源，梳理一下有什么妨碍呢？有的刊物，而且是长期和我往来的，向来“微笑服务”的，却一言不发一而再地把它们给枪毙了。我不甘心，也不服气，送给褚先生审查，他认为无妨，发表了。结果还不是天下太平！《悦读》也依然生气勃勃，令读者悦而读之。

我看：褚先生是个平凡的知识者，不平凡的编辑，尤其是主编。我很感念他。他主编《悦读》，一个年过六旬而到古稀的长者，往来上海南昌之间，不论寒暑，不辞辛苦，一次又一次，一卷又一卷，为什么？在默默哀悼钰泉先生的时候，我想起鲁迅谈中国知识分子的一段话，说是：“由历史所指示，凡有改革，最初，总是觉悟的智识者的任务。但这些智识者，却必须有研究，能思索，有决断，而且有毅力。他也用权，却不是骗人，他利导，却并非迎合。他不看轻自己，以为是大家的戏子，也不看轻别人，当作自己的喽罗。他只是大众中的一个人，我想，这才可以做大众的事业。”是的，《悦读》这样的刊物，无疑是大众的事业，褚先生无疑是一个觉醒的知识者。

褚先生走了，起死不能，回天无力，那么，再见，褚先生，您先走好！

2016 年 1 月 24 日星期日

献身精神与文人风骨

——悼褚钰泉弟

吴中杰

午后打开手机浏览微信，看到《开卷》杂志子聪兄转发来一条信息，说是“惊闻褚钰泉先生五天前在沪逝世”，而且特别说明，他是《文汇读书周报》前主编和《悦读 MOOK》的现主编。我看了大吃一惊。前几时我们联系过，还好好的，没听说有什么病啊，怎么一下子就走了呢？颇疑消息有误，赶快打电话问在沪的贺圣遂，打了几次都没打通，于是改为发微信向北京的陈四益求证，很快就得到回信，说：“他前些日觉得心脏不适，去医院预约了检查，不料未到检查日便突发心梗。生前交代不举行任何仪式。我起初也怀疑误传，后得证实。可惜，才七十二岁。难得的编辑大才。”这样看来，噩耗竟是真的了。我感到很难过，我们多年交往的情景，便一一浮现在眼前。

钰泉是1961年进复旦大学中文系读书的，刚好，我在外文系和新闻系教了几班文学课之后，也从那年开始担任本系一年级的课程，兼做班主任。这样，就与他们班同学接触得较多。当时，正是“大跃进”之后政策调整时期，政治环境相对比较宽松，学生对教师还比较友好，我在他们班交了不少朋友。后来阶级斗争这根弦愈绷愈紧，师生关系又逐渐紧张起来，我这个只会跟学生聊闲天，不懂做思想工作的班主任，也就调离了。但这个班级有许多同学却一直与我保持友好关系，褚钰泉就是其中之一。

他们班本该在1966年毕业。但是，“文化大革命”开始了，一切正常工作都停顿下来，毕业分配也延迟了一年。钰泉分配到《文汇报》文艺部做记者。这是一个敏感的岗位，而我那时在全市受到批斗，是一个敏感人物。他却不避嫌疑，仍旧与我保持联系。“文革”结束，我平反之后，第一篇亮相之作，也是他为我发表的。这篇文章写得并不好，但当时能发表，却对我有着特殊的意义。

“文革”结束之后，大概是在上个世纪八十年代初吧。七七届的郦国义也分配到《文汇报》文艺部，他们二人想办一份《文汇读书周报》，发来通知，邀我去开会。刚好那天学校有事，我本不想去参加的，不料钰泉却跑来面邀，说文汇老总马达对这事还很犹豫，你一定要去说服他。我只好向系里请假前往。好在马达这个人很通达，听取学界人士的意见之后，也就拍板敲定了。这种大报办子报之事，在当时还是新生事物。《文汇读书周报》开始是郦国义和褚钰泉共同主持，后来郦国义调到《文学报》去做总编，褚钰泉就单独挑起担子，把这份报纸办下去，使它成为有全国影响的读书类报纸。

钰泉退休之后，一度成为出版界抢手人物。据我所知，有好几家出版社请他去编刊物。但他想办一份能体现自己编辑理念的自主刊物，于是用以书代刊的方式编了几期，却被迫停止了。接着，就被二十一世纪出版社请去编《悦读MOOK》，还是以书代刊，但是编下去了。这份刊物编得很有特色，受到读者的欢迎。只是他每期要从上海跑到南昌去处理出版事宜，也够吃力的了。他身体突然垮下来，不知是否与此有关？

由于这一报一刊办得出色，钰泉在业界很有名气。他的确是一个难得的编辑大才。不过我更看重的是他的独立品格。有两件事我非常赞赏：一是对下台上司的态度——他刚到报社时，文艺部一位负责人很看重他，培养他，后来，形势起了大变化，这位领导下台了，但钰泉仍很尊重她，办报办刊都想着她，不避嫌疑，请她协助工作，而且为她提供发表文章的机会；另一件事是，他在“文革”中曾帮助过一个学生，这位学生后来成了高官也没有忘记他，曾带信找他，想与他保持联系，但他始终没有回应。当我问及此事时，他说，人家现在地位那么高了，我迎上去做什么？我只想编好自己的刊物！

钰泉在复旦这几年书没有白读，他保持了老辈知识分子的风骨！

执着的读书人

——忆褚君钰泉

林 东 海

“速效救心丸必须随身带，以防万一！”多年前，褚君钰泉来京，在洗尘席上，不才话及心脏偶有不适，胸、背、牙时或隐隐作疼，褚君立马警觉地睁大眼睛，像下命令似地劝我严加防范。心想这老弟或许因久病而成了良医！近日当仙逝的噩耗传来，不禁为之一震，岂料他居然死于心肌梗死！真是防不胜防，让人不能不相信所谓死生有命的垂训。

在复旦大学中文系，他是我小而又小的小师弟，我研究生毕业了，他还在本科低年级读书，所以不相认识。他毕业后，分配到上海《文汇报》工作，从事关于读书的宣传报道，少不了同读书人打交道。其先在《文汇报》开辟了“书亭”专栏，接着又拓展为“读书与出版”专刊，后来更进一步创办了一份小报，即《文汇读书周报》。这份小报，办得有声有色，读者面扩大了，工作量加大了，不断开拓稿源，壮大写作队伍。很自然地想起在北京的我这位老大哥，不时向我拉稿子。而我的基本工作就是编书，或者写书，很少为报纸写稿子，常常让他失望。我的《太白游踪探胜》出版后，宋红女史写了一篇书评，转到他手里，很快就在小报发表了。他又问我手头有什么文章，我说有人约写回忆与学界师友交往的几篇文章，他说都交给他；于是那组记俞平伯、赵景深和启功等先生的文章，便陆续在《文汇读书周报》上刊登，读者反映还可以，那时人文社总编管士光建议我把想写的都写出来，由人文社出版，这才有了十年前出版的那本《文林廿八宿——师友风谊》。倘若没有褚君的击鼓催花，也就没有后来的结果，所以我至今犹感念其功之不可没。

读书是提高人生素养的第一要务，所以宋代文豪苏东坡说“读书万卷始通神”，又说“腹有诗书气自华”。南宋经学家郑耕老说得更切实：“立身以力学为先，力学以读书为本。”文化最繁盛的宋朝深知读书的重要，因而力劝子孙后代多读书。读书也就成了我们中华民族的一个优良文化传统。然而，与欧美各国相较，最近几十年，我们的读书风气，端的大不如人。按人均读书量作对比，我们实在差得太多了。游历了欧美之后，我有了更深切的感受，真是不知“读书之乐何处寻”（翁森《四时读书乐》）了。也许，褚君钰泉同样有感于此，所以抓住读书这一根本性的要务，经之营之，办成了在知识界颇有影响的一份颇有特色的读书报。这份报纸，对于改变中华已经淡化了的读书风气，无疑起了相当大的作用，褚君也全力以赴，决心把工作做得更好。……然而后来却无端地被“边缘”，甚至被迫提前“休息”。春秋战国时期，举贤任能是士人所追求的用人之道，即《离骚》之所谓“举贤才而授能兮，循绳墨而不颇”。然而在人治的集权体制下，这是很难兑现的。只要浏览一下《资治通鉴》，便会知道没有一个朝代可以做到；看到的是不少贤能被弃置，或者被陷害。所以当褚君在电话里告知他不再主持《文汇读书周报》的编辑工作，还说我那组回忆师友的文章还有两三篇没登，并表示抱歉；惊诧之余，我明白了老弟真是“功高了”，于是劝他听其自然，保重身体为要。这老弟十分执着，并不就此收摊歇业，善罢甘休，又在文汇出版社鼓捣一份刊物，叫《悦读》，只办了三期，便给停掉了。这时他已年届花甲，旋即办理退休了。

退休并非人生的终结，对于文化人来说，反而是开拓事业的新阶段，往往退而不休。褚君决定与江西二十一世纪出版社合作，受聘主编一个以书代刊的不定期杂志，刊名仍用“悦读”，其后加上英文拼合字“MOOK”，是MAGAZINE加BOOK，意即杂志书。这本《悦读MOOK》经近十年的经营，共出版四十四卷，业绩十分壮观。为了体现他办刊的特色，从组稿、审稿到编稿，基本上是他独力完成，甚至好多人的稿费，也是由他自己发出。我是个编书匠，深知此中的甘苦和劳累，有一次通电话，问他怎么连稿费也要亲自发送？他说一些熟人，还是自己发了放心。我说没有助手帮忙，一个人编辑一个刊物，太累啦，他说有帮手。其实，基本上是他一个人在折腾，我十分佩服他的敬业精神。因而想起多年前社会上流行的一句话：中国的知识分子，价廉物美，经久耐用！褚君老弟就是例证。

老弟经常打电话来向我要稿，他编的是一种特定的文化刊物，我知道他要的是哪一类型的稿子，可我思考的多半是学术性比较强的问题，写出来的文章对不上口径，譬如我写的《“南”“风”辨说》，考证春秋战国时期，“南”如何演变成“风”；又如我写的《从“礼”到“经”——诗三百演化轨迹初探》，是探索《诗三百》从礼、乐、教到经的演化过程，都是学术性较强的长文章，一般文化刊物很难容纳，自然无法交给他。刊物编了四十四卷，我只给过他五篇文章，文章虽然较长，但还算对口，所以他都照登了。严文井老社长要我为冰心所集龚自珍诗的八首绝句作注，绝句和注文已刊登在《当代》杂志上，而我记述师友风谊的文章中，那篇《护花使者——记冰心老人》尚未在报刊登载过，所以当他催稿时，就交给了他，便在第二卷发表了。二十一世纪之初，学界的学术风气变得相当浮躁，于丹因开讲《论语》而火爆，博士们纷纷指摘于丹的硬伤，似乎没有注意到社会风气的转变：学术淡化了，娱乐加强了。卡拉 OK 之后是相声、小品，再就是二人转，为了提升文化品位，推出了传统的“说书”，由央视开辟“百家讲坛”栏目。一些教授乃至学者，包括于丹，都成了说书人，是可喜而又可悲的一种现象。为此我写了一篇《于丹现象探微》的长文章，褚君叫我发给他，老弟把文章的题目改为《转型期的文化心态——从于丹现象说起》，很快就在《悦读 MOOK》第六卷刊登出来，还特地打来电话，说：“老兄是钻研故纸堆的老古董，没想到对一些社会问题看得这么透彻！”我告诉他，我所关心的，还是学术问题，觉得我们的学术总是在怪圈里打转，一部文学史居然可以管用五六十年，多可悲！他希望我就学术界的不良风气和现象写一篇文章，发表自己的意见。写这样的文章，就越过我的人生定位了，自然不敢应承下来。我的《文林廿八宿——师友风谊》出版后，读者反映说有关钱锺书先生的文章太短了，和文化昆仑不相适应。原先想把钱先生给我的信件刊登出来就行了，在“钱学热”风行之时，我无需太多议论。读者大概想知道我对钱先生是怎么看的，于是我补写了一万多字的文章《写在人生边上——补记钱锺书先生》，褚君把这一篇文章编在《悦读 MOOK》第九卷发表，后来收入《增订文林廿八宿——师友风谊》中，也算向读者作了个交代。黄永玉的弟弟黄永厚，是一位很有个性的画家，爱喝酒，陈四益同学有时拉我一块到他家喝酒，有时又一块参加聚会喝酒。我很欣赏他的个性，便写了一篇文章《画坛怪杰——黄永厚其人其画试说》。黄永厚和陈四益的文画合作，是褚君钰泉所编《悦读 MOOK》的专栏，我也就把这一篇文章交给褚君。不久，褚君编在《悦读 MOOK》第十一卷发表了。永厚先生看了高兴地说："老弟这篇文章，在我们行内要十几万元，可我没请你写！"我说："是我自己要写的，只要您高兴就行，不要钱！"平常挤不出时间为刊物撰稿，总忙着自己的事。为纪念辛亥革命，我和宋红女史花一百天编著了一本《南社诗选》，书的前言又是交给褚君，他又编在《悦读 MOOK》第二十四卷发表了，题目是《血钟英响　志士悲歌——南社诗选前言》，文章对清诗到南社诸君的诗作，作了概括性的评述。文章最后落款注明"辛卯春节草于京华 HILTON1006"，为此褚君还特地来电话询问英文的意思是什么，我告诉他，就是希尔顿酒店，春节在酒店赶写出来的。因怕读者看不明白，他就把起草的时间地点删掉了。他编辑《悦读 MOOK》近十年，共四十四卷，我只给了他这么五篇文章，肯定让他很失望，然而他的执着，让我不能不佩服，不时来电要稿子，我告诉他，我忙于考察李白游踪已经五六年了，顾不上写文章。他马上说，就写一篇梳理游踪考察的综合性文章；我只好答应了，然而事过多年，一直未暇顾及，成了永远无法还清的文债。只能向着天国道一声："老弟，抱歉啦！"

褚君钰泉是一位非常执着的读书人，也是读书人的忠实朋友，他一生的工作就是为读书人开拓眼界，引领航路。自己虽然不"著书"，但时或提笔"立说"。在编辑《文汇读书周报》时，他自己辟了个"阿昌逛书市"的栏目，对书市的行情有所评述；在编辑《悦读 MOOK》时，他撰写的"卷首语"，都是即时即事之作，很有针对性，而且敢于畅所欲言。然而，真正体现他的人格风范和文化品位的，还是他所编辑的报刊。他有鲜明的个性，有独立的人格，有执着的追求，有敬业的精神。这一切都灌注到他所编辑的《文汇读书周报》和《悦读MOOK》，一报一刊，不是追求某种宣传效果，而是展现时代的文化精神。所以从“书亭”到“读书与出版”到《文汇读书周报》到《悦读MOOK》，逐渐形成自己的报刊品格和文化定位，从而形成一支颇有素养的写作队伍，同时在文化领域形成相当广泛的一个读者圈，圈内的人都爱看爱读。因为这一报一刊里，给你的不是不读也能知道的那种人云亦云的说教，而是能让你增见识，长知识，知道很多过去并不明白的真实人物和真实事件，对于历史的判断，也就更为准确，更加切实。说到底，褚君之务实，意在求真，即追求真相、真情和真理。这一报一刊发表的许多文章，把历史尘封的事件和人物，还其本来面目，展示历史真相，重新审视，重新认识；这一报一刊发表的许多文章，记述历史和现实人物，都写得有血有肉，不是工具，不是符号，而是很有真情实感、富于真趣的人；这一报一刊发表的许多文章，不是在配合某种政治宣传，也不为过去不合理的定性所约束，对于曾经被扭曲的人事，重新认识，尽可能作出合理的解释，追求真理。说真话，并非出自巴金的提倡，而是我们中华文化的优良传统，然而在一切以政治为中心的现当代，说真话却显得如此艰难，这是我们民族的悲哀！褚君一生从报到刊，执着地读书，执着地求真，并非想实现什么掀天揭地的大事业，说穿了，只是想说真话而已。呜呼！

2016.1.26. 于京华清风馆

清雅　高尚　辉光

——感怀褚钰泉先生

陈光磊

褚钰泉先生走了。这个消息对于我实在太过突然。我还有他约写的一篇文章尚未交稿。悲痛之情与愧疚之意相交织，我心里很是难过！

我和钰泉是复旦中文系的先后同学，我先于他三个年级，不过，在校时未曾相识。后来，他作为《文汇报》文艺版的编辑向我（还有胡奇光兄）约稿，谈文学的语言艺术问题，彼此就交往相熟了。他温文尔雅，真诚谦和。文汇报社在圆明园路时，我多次往访，与他在《文汇读书周报》编辑部他的办公室相叙。或者向他推介有关语言方面论著的书讯或简评；或是去交稿，聊天，谈见闻。有两次，谈得时间久了，他还请我在文汇报社食堂就餐。他居然知道我爱吃鱼，就点了清蒸带鱼，同时还特地点了木须肉，他说这是他们报社食堂的特色菜。他笑着热情地招待我吃饭的情景，在我的记忆里永远是这么清晰。后来，文汇报报社乔迁到威海路文新大厦，他还打电话邀我去玩。记得，那是星期四的一个下午，他陪我观光文新大楼，又请我到顶楼咖吧喝茶谈天。说到尊师重道一类社会文化的话题时，我们都相与共鸣。而最让我想不到的是，他告诉我他将会离开《文汇读书周报》主编的职位，因为他不是党员。现在回想起来他居然有时间约我“玩”，想“休闲”却又不是那么舒心，原因大概在于此吧。

我退休以后，有一段时间同他疏于音问。前两年，在陈四益兄一部大著的上海地区新书发布座谈会上，与钰泉相逢，大家非常高兴。后来，就通了几次电话，寄他所主编的《悦读》给我，并嘱我写点文章给他。过了一段时间，应命寄去一篇庆贺周有光先生一百零八岁华诞的文章《学术独立　思想自由——学习周有光先生的文化精神》，这是我应邀到周老家乡常州市庆祝先生茶寿参加“周有光与中国语文现代化”学术研讨会上的发言稿。刊发后他又电话给我，嘱我写点纪念望老（陈望道先生）的文章。作为望老的学生，我当然责无旁贷。写什么好呢？他给我出了个题目，写望老与《辞海》修订编纂的事。可见，他关注的和思考的面是那么多元，眼光那么独特。这个题目的确是有意义的。我说一定写，但恐怕一时是写不好的。他说，没有关系，不设时限，什么时候写好什么时候交稿。我没有压力，反倒疏懒了，直到上个月我理理材料计划动笔，还跟一位朋友谈起了此事。不料噩耗传来，我的悔与愧，真是无论用多少话语也说不尽了！

钰泉先生具有编辑大才，是位编辑大家。他敬业精进，有自己的办刊理念和主张，上不跟风，下不媚俗。他所创刊和主编了十六年的《文汇读书周报》与所主编十年的《悦读》，为读书界、知识界打造了两座文化高地。这一报一刊都很具社会声望，他自然也就受到大家的钦佩。而他自己的为人处事却是那么低调而平淡。的确，在钰泉身上平淡而见清雅，平淡而见高尚，平淡而见辉光。淡泊明志，宁静致远，这就是他一生办刊和办刊一生的风格和品性。

作者的知心朋友

——怀念褚钰泉先生

杜书瀛

经常有微信联系或随时上网的朋友大概早已得到褚钰泉先生去世的信息，但我获知这一噩耗较晚，是在他驾鹤西行二十二天之后——2016 年 1 月 31 日上午，打开刚刚送来的《北京青年报》，翻到第十一版，突然一幅半身画像和旁边一个熟悉的名字“褚钰泉”闯入眼帘，立即预感大事不好；细读文字，果然：褚钰泉，著名报刊编辑人，2016 年 1 月 9 日因突发心脏病逝世，享年七十二岁。

一块石头堵在心口，不意间“哎呀”了一声，把我老伴儿吓了一跳。我告知她原委：我所最敬重的一位好编辑褚钰泉先生走了！她知道，“褚钰泉先生”是近两年我在她耳边常常提到并且总是忍不住加以称赞和表示感谢的一个名字。

其实我与钰泉先生这位从业五十来年的资深编辑，结识不过两年多，并且只是电子邮件和电话往来，至今未曾谋面；但是短短时间里他给我的印象极佳，最初的几封电子书信就让我感到亲切，后来两年间三十来封电子书信和几个电话，更使我感到他是作者的知心朋友。

这段友情，搭桥者乃是我的老友邵燕祥先生。

人年纪大了好怀旧。我过了七十岁之后，一方面积习难改仍然做点美学研究，另一方面文人“多愁善感”的毛病凸显出来，常常写些类似“乡愁”的文章，写了，又忍不住发给朋友，特别是当今顶尖的杂文家邵燕祥，几乎每篇都请他指教。不曾想，有些文章居然得到他谬赏。2013年下半年，我把怀念师友的一组小文发给燕祥，有一天他忽然来信：“老杜：好文章，早就该写了。拿到什么地方发一下？比如《文汇报》的‘笔会’版，给他们的潘向黎发去吧，她是写《太平军》那位复旦潘旭澜教授（已故）的女儿。”可是，阴差阳错，潘向黎他们那里换了新的电子邮箱，没有接通。不久，燕祥又提出新的建议：“老杜：你好！建议你把除已寄发给《文汇报》潘向黎的那篇以外，已写出的师长印象集中一下，加个总题，寄发给上海的褚钰泉兄。他多年前原在《文汇读书周报》，现在替江西的一家出版社（叫未来出版社？），编一个用书号发行的丛刊，名《悦读》，已有数年，在读书界颇获赞誉。我已向他打了招呼，他表示欢迎你寄稿去。他的信箱是：（略）。另件转上他给我的复信。”褚钰泉先生的信是这样的：

燕祥先生：您好！

谢谢你的关心，杜先生的作品过去拜读过，他的文章当然是《悦读》求之不得的，请他电邮给我。新的一卷《悦读》上周就已给你寄出，不知是否收到？

天气渐寒，请多多保重。

钰泉上

我立即给钰泉先生发了电子信：

褚钰泉先生，你好！

经燕祥先生介绍，有幸得以结识先生。燕祥已转来你给他的信和你的电子邮址，谢谢你的热情关照。

先发给你三篇小稿《吴晓铃先生二三事》《许觉民同志》《青年才俊张晖》，请指正。这是我正撰写的一本书《逝者如斯夫——我的学术生涯》中的几篇。以后有合适的稿子，一定奉上。

杜书瀛

2013 年 12 月 21 日

由此开始，褚钰泉先生把我的一些小文陆续在《悦读》上刊登出来，并把刊物寄给我。

读了他寄来的《悦读》，我眼前一亮：好刊物！里边的文章贴近老百姓的心坎儿，说出老百姓多少年想说而没有说出来的话。这样的编辑有大思维。有大思维的编辑是大编辑。《悦读》这样的刊物非大编辑编不出来。我立即回信说，《悦读》的这些文章，我几乎篇篇都读，篇篇都喜欢。

我还从朋友那里知道，褚钰泉 1967 年毕业于复旦大学中文系，到《文汇报》工作。他所创办和主编的《文汇读书周报》，当年曾是上海乃至全国最著名的读书文化园地之一，吸引众多作者和读者，真个是“群贤毕至，少长咸集”，受到上至汪道涵、王元化等高官和著名文化人士，下至平民百姓的热烈欢迎和参与，发行十数万份，经久不衰。退休后，应二十一世纪出版社之邀，主编《悦读MOOK》。近十年间编辑《悦读MOOK》四十四卷，计一千三百余万字，深受读者喜爱。上世纪八十年代初，他在《文汇报》创办的“读书与出版”专刊，还曾受到中宣部关注，为此专门发了一个“加强书评工作”的文件赞扬该专刊。

这样，我与钰泉先生成了朋友。

我在前面信中说到的拙稿《逝者如斯夫——我的学术生涯》，钰泉先生立即以职业编辑家的眼光给予高度关注，并以非同寻常的热心迅速推荐给二十一世纪出版社张秋林社长。

他在写给我的信中说：

书瀛先生：你好！

谢谢你的鼓励。先生的文章我经常拜读，只是无缘结识，这次能刊登先生的大作，很为高兴。先生的新著（杜按：指拙稿《我的学术生涯》），读了目录，就觉得这是一本非常有价值的书。二十一世纪出版社能出这样的著作，是他们的幸运。下周我要为新一卷《悦读》的出版去南昌，我这个人从小养成事必躬亲的习惯，拼版时喜欢自己“指挥”。到时我会与他们社长谈你这本书，估计问题不大。

再联系！

祝

好！

钰　泉

2014年2月28日

使我尤为感动的是，拙著出版事宜，前前后后几乎都是钰泉先生替我联系、操办，完全当作了他自己的事情。这期间，寄书稿也曾出现过小问题，他比我还急：“书瀛先生：你好！信悉，前些日子仅收到你的目录，未见书稿，是否邮路出了问题。‘自序’可以缓一些。你尽快把内容介绍发我，因要补办手续。”有时他在外地出差，随时告诉我：“书瀛先生：你好！出版社已决定出版你的著作，并会与你签订合同。现我人在外地，宾馆中用电脑不方便，余言待一二天后回上海后再叙。请谅。”回沪后立即把详情告诉我：“书瀛先生：你好！出版社张秋林社长已同意出版你的大作，他们愿意以一万册、百分之十的版税与你签订出版合同。（自然，开印不一定一万册，根据销售情况再不断加印，如将来超过一万册，再补版税）。他希望你把稿件传来。另外出版社选题都要报批，今年上半年的选题都定了，因此需要去补批，他请你写一则此书的内容介绍，以便立即去补手续。望能尽快给我。”因为我要赶着去美国探亲，希望在出国前与出版社早点儿签订合同。他询问出版社后又及时把情况告诉我：“书瀛先生：你好！信悉，我已与张秋林社长联系了。因为出版社年内要出版的书的选题都已上报，新增的书的选题要重新批，因而耽搁了一些时日。他说几天内就会和你签订合同。有什么事尽管来信。”

这样热心和知心的编辑到哪里去找？

我屡屡把钰泉先生的热心帮助讲给家人，我老伴儿对钰泉先生赞不绝口，称他不仅是好编辑，而且是做人的楷模。

蒙著名出版家张秋林先生不弃，经该社文史编辑部主任张明先生之手，拙著不久面世，受到学界朋友欢迎；尤其是我的同事、学生和老同学，不断“吹捧”。半年前，钰泉先生来电话，提到《我的学术生涯》虽已出版，但他还没有看到原书。我立刻问清他在上海的地址，快递给他。他在电话中热情邀请我到上海时去他家做客。电话最后还重重地加上几句："千万要来！一言为定！不可食言！"

但是，没有等到见面的这一天，他匆匆走了，岂不痛哉！

今天张明先生来电话，说到为褚钰泉先生出纪念文集的事儿，我当即满口答应——其实，昨天（1 月 31 日）一得知钰泉先生去世噩耗，我老伴儿就说："你应该为褚钰泉先生写篇文章。"

这样的文章我当然要写，一种发自内心的冲动要我必须写。

褚钰泉先生，我怀念你，感谢你！

2016 年 2 月 1 日于北京安华桥寓所

我与《悦读》的不解之缘

述 弢

惊闻钰泉兄猝然离世的不幸消息，我的第一感觉是难以置信。怎么可能呢？前几天我同他通话时还好好的，活蹦乱跳的一个人，哪能说走就走？他和他的《悦读》，在我的生活中已经是不可或缺，我是既离不开钰泉兄、也离不开他主编的《悦读》啊！

然而无情的现实是：钰泉兄的的确确离开了这个世界，我再也没有机会同他隔空电话交谈了……

敝人命运多舛，确切地说是“生不逢时”。未及弱冠即“光荣加冕”，成了“不齿于人类的狗屎堆”。前半生就没过上几天安生日子。好不容易熬到“云开日出”的艳阳天，却已是人到中年，时日无多。因此，我给自己的回忆文字加的标题是“哭泣的青春”。

我之所以不自量力地“舞文弄墨”，很不识相地往写作者的队伍里凑，全都是因为那不堪回首的前半生。“躬逢盛世复加冕，弱冠未及已出圈。终日悔罪终有罪，可怜少年成老年。”这便是鄙人前半生的生活写照。细心的读者可能已经猜到：鄙人是个右派分子。

在“黑五类”——“地富反坏右”中屈居末席。这种人是不遭人待见的，一般情况下都是对你敬而远之。

蒙钰泉兄不弃，在他接手《悦读》之后，本人还在《悦读》上先后发表了三篇文章，分别是：《你单纯得像一条清澈见底的河流——哭巧珍》（第十八卷）、《雅科夫列夫的绝唱——雅科夫列夫〈雾霭〉一书摘要》（第二十六卷）和《从雅科夫列夫向科尔总统索要“战争赔款”说起》（第二十九卷）。

愿钰泉兄在天堂里好生安息！

忆褚君

郭启宏

与褚钰泉君相识，乃经由陈四益兄的介绍。四益兄巨眼识人，尤其是文学之士，我深信不疑。他告诉我，褚君长期主编《文汇读书周报》。我对这个周报颇为欣赏，也曾零星发过小玩艺儿。是时，钰泉君正在筹办《悦读》，大约处广揽博招之秋，很快来电约稿，彼此心仪之际，爽然一拍即合。

鄙人天生散漫，做事没个长性，写过一二短章之后，也就懒惰下来，每为自家开脱，在下之本行是作剧，散文随笔之什无非业余也者，纵有萤火虫屁股般闪烁，也无多大亮儿，写不写两可，懒得费力伤神……当此际，钰泉兄适时来电，他没有催稿，更没有定什么“口径”，或寄书刊，或通声气，甚或聊几句闲篇，于是乎我重又搜索枯肠，纸田墨稼，闭户仰梁。我其实应该感谢褚君，是他文心雅趣之“方略”，教我挤出几许文字。

有一年，我所在北京人艺赴沪演出，声势似乎不小，剧目中有我作剧的《知己》，我邀请褚君夫妇前来观剧，甫毕，当夜，钰泉兄即来电话约我吃饭，我虽然生在潮汕美食之乡，对沪上本帮菜也蛮有兴趣。虽不是荒江野老，也可冒称二三素心人，谈谈话剧、文学、报章杂志，乃至时下见闻，皆能增长学问。菜未上桌，褚君取出一大册剪贴材料，四四方方，整整齐齐，原来是这些天来上海报刊对《知己》一剧的报道、评论，包括广告。我登时感动了，我不认为这是一个老编辑的行事习性，而是饱含着素心人的浓浓情愫，岂水陆八珍所能比拟！我谢了褚君夫妇，我说我对自家资料的搜集热一阵冷一阵，近来也渐渐乏了，褚君说你在北京，沪上资料我们信手拈来，你可就费事了，淡淡片言，即荡开笔墨。无须客套，诚如《左传》所云，“大隧之外，其乐也泄泄！”

说着话，服务员端上一盘冷菜——泥螺，我很兴奋，久违了，这小东西！我说，潮汕的泥螺从前是寻常物，便宜，作咸菜吃，下白粥最爽，可没有上海泥螺那特有的微甘，偏宜佐酒，唉，如今潮汕泥螺也难得一见了，听说是海水污染闹的。我信口海说山侃，褚君夫妇却记在心里，不久以后，我家餐桌上多了一样稀罕物——宁波出产、上海购买的小东西泥螺。啊，说起来是前些年的事儿，想起来又似乎遥远了，盖因人天邈隔、两界殊方。

褚君钰泉，我有时候也称他褚先生。自然是尊称，只是朋友之间本无须那样郑重其事的，我之称其为褚先生，其实别有含义。

在古人那里，褚先生亦作楮先生，褚与楮同音（chu 上声），楮为造纸原料，因拟人而戏称纸为褚先生、楮先生。典出唐人韩愈《毛颖传》：“颖与绛人陈玄、弘农陶泓及会稽褚先生友善。”宋人文珦《野老》诗：“交游木上座，疏阔楮先生。”说钰泉先生是纸，诚然是洁白的纸，洁白如先生之为人。钰泉先生办刊物，品质超高，见解尤为独特，亦如纸上着落美文、妙文、雄文、至文、梦笔生花七彩文！钰泉褚先生便是肇域内的文房四宝。

哭钰泉

王学泰

前年冬天到上海讲课，住在浦东党校，没有跟钰泉联系，待讲完课乘“高铁”回京的途中打电话向他致意。钰泉在电话中责备我说：“为什么昨天或前天不来电话呢？我们也见一面啊！”我说：“钰泉，我不熟悉上海地理方位，时间又很仓促，没能来得及去看你。”“谁要你来看我？我家的地址不好找。我身体比你好，可以去看你啊！”“老褚，我也担心你来。浦东党校离市区太远。前些年你来看我，走的时候，送你到地铁站，才知道党校地理位置的偏僻，乘公车很难，我们都老了，都是七十来岁的人了，你一个人晚上回家我也不放心。何况，那次是春天，现在已经是寒风凛冽的季节了！”“我比你小两岁，身体又比你强，喜欢一个人跑路，每年一个人都要跑好几次南昌。真的，我们年纪都这么大了，还能见几次面？所以有机会就要见见，聊聊……”前几天接到郑雷先生来电话：“褚先生去世了！”“哪位褚先生？”我惶遽且不知所云。郑雷语气肯定地说：“是上海《文汇读书周报》的褚钰泉！”这个消息如惊天霹雳，震惊之余，悲上心头，念及“高铁”上电话中的告别，不料竟是一语成谶……

五六年前陈四益先生来电说：“上海的褚钰泉是位好编辑，退休前主持《文汇读书周报》。虽然是一张小报，在国内的读书类报刊中可说是首屈一指。退休后老褚应江西出版社之邀创办大型、综合性刊物《悦读》，两个月一期，每期二三十万字，以随笔、杂文、评论为主，品味不低，可读性也很强。这是新上马的刊物，知道的人不多，应该支持支持。老兄适合为他们撰写文章。”这是我与《悦读》、钰泉结缘之始。此时，觉得应该写一点个人经历了，就在电话中与钰泉商量，他鼓励我说：“我们年龄差不多，但你的经历更多、更有传奇性，作为历史的教训应该写下来留给后人。”于是，一篇篇带有个人传记性的随笔通过钰泉的手在《悦读》上发表了。与此同时我还在写作《水浒识小录》，在另一本杂志上连载，为了两者不冲突，要时时与钰泉联系，询问发稿日期，以便在他发稿的二三十天前完成初稿，给他留出充裕的审读时间。一篇文字较多的传记性的随笔《监狱琐记》在《悦读》上连续刊载了。我在《监狱琐记·后记》中记录了其原委：

> 通过陈四益兄介绍得以结识上海褚钰泉先生，他办大型杂志《悦读》，期期相赠。杂志办得不错，每期收到不敢说通读，起码要读上一半。它不仅给我带来阅读的快感，也使我增长了许多知识。当读了一二十期后，逐渐升起一种吃白食之感。于是在钰泉兄的盛情邀请下，开始为《悦读》撰稿，首选题材就是酝酿了二三十年的监狱生涯。名为《鸿爪掠影》，在《悦读》上连载。

我坐过监狱，在朋友圈内是尽人皆知的，我也从不讳言此事，所以不少朋友鼓动我写这段生活经历，因为没有时间与机缘一直未能动笔。待结识钰泉、并为《悦读》撰稿后，也征求过他的意见，钰泉认为可以写，但要掌握好尺度；我也怕一些不宜于刊登的内容给编辑和《悦读》杂志招致麻烦。虽然作为亲身经历的监狱生活，记忆犹新，写起来并不难，但涉及到具体问题时还不免瞻前顾后，犹豫不决。这不仅影响了进度，也使文字缺少一气贯通的流畅。钰泉说："你写作时别有那么多的顾虑，顾虑多了影响文气，你放心大胆地写，我替你把关。"在他不断督促和帮助下，《监狱琐记》总算在半年之内写完了，而且也没有耽误《水浒识小录》的写作。后来"琐记"能在《悦读》上连载，以及由三联书店结集出版，都要归功于钰泉。

编辑工作像教师一样是一个"燃烧自己，照亮他人"的奉献性质的工作。从事编辑的朋友不是没有写作能力、没有思想，但工作性质决定了他们要用这些辅助他人完成一个个作品。这种工作如秦韬玉诗中所说："苦恨年年压金线，为他人做嫁衣裳。"（《贫女》）然而，老褚乐此而不疲，编了一辈子《文汇读书周报》，退休了又主持编辑《悦读》。从其所出版的四十四卷（一千三百万字）来看，展示了其思维开阔、广采博收的编辑风格。钰泉之所以能够既"广"且"博"，关键在于他虚怀若谷，善于吸取不同意见。记得有一段时间我每天都要到医院做针灸，为了消磨时间，就携带《悦读》，前后一两个月，共读了十多期，每期几乎是逐篇而读，并随手标注一些意见和阅读感受。后来我把这些看法都寄给钰泉，以供其参考。没想到，他一字不漏地把它们发表了出来，出乎我意料，因为其中不少是批评文字。江西二十一世纪出版社发来的讣闻高度评价钰泉的编辑工作，说他“沉静儒雅，抑物欲洪流，辟左右杂陈，砥砺前行，辑丰润之文史华章筑砌《悦读》，使之成为了当下读书人心中一座文化坚守的灯塔”，在我看来，这种评价，毫不为过。

黄山谷诗有云：“我居北海君南海，寄雁传书谢不能。桃李春风一杯酒，江湖夜雨十年灯。持家但有四立壁，治病不蕲三折肱。想得读书头已白，隔溪猿哭瘴溪藤。”（《寄黄几复》）我与钰泉也是如此，我虽多次到上海讲座，但大多也就是两天三宿，时间紧迫，所以一直没有见面的机会。我们的交流多是通过电话、电邮，达到相互了解。电话中除了谈稿子外，多是闲聊，聊聊京沪文化界趣事，交流一下外出的心得，从英国回来后，我还对他说起看“西洋景”的体会，他也很有兴趣，还问起莎士比亚故居的情况。话一投机，便忘乎所以，真有些“乐莫乐兮新相知”的感觉。

我们的首次会面是五年前的春天，地点是上海浦东党校。那次也是搞讲座，一到上海便迫不及待给钰泉打电话，电话一通，便传来十分熟悉的老褚笑声，他轻松地宣布：“今天晚上没事儿，饭后我到浦东去看你。”这次虽然是初见，但一见面，没有虚与委蛇，没有寒暄客套，仿佛多年不见的老友，促膝而谈，没有丝毫的顾忌和障碍。我听他谈自己的经历，在《文汇读书周报》工作的历练，谈编辑《悦读》的愉快和艰辛，包括长期奔走于上海和南昌之间的见闻与疲劳。钰泉还谈到了他对目前读书、出版、文化、时局的看法与忧思。这些沉重的话题，往往引起我思考。这又是一位“位卑未敢忘忧国”的人物，我心里想。近来见过许多这样的老人，但像钰泉这样真诚而恳切、又带有童心的却还不多，而且日渐稀少。

我与钰泉的深谈只有这一次（后来二十一世纪出版社在京召集

与《悦读》相关的人士座谈，与钰泉又见一面），从此我们不仅是投稿人与编辑的关系，而且成为无话不谈的朋友。古人说：“‘有白头如新，倾盖如故’。何则？知与不知也。”（西汉邹阳《狱中上书》）我与钰泉之交就可以说是“倾盖如旧”了。有的人相识数十年，甚至是“发小”，但总觉得彼此间有些障碍，难以相知，直到老也仅是“熟人”的关系。随着马齿徒长，日渐衰老，相知的老朋友也日渐其少。前几天参加一个会，因为比与会者来得早些，闲着无事，便扫视了一下座椅上的名签，认识的没有几位了，正如坡翁诗所云：“京师万事日日新，故人如故今有几？”（《送颜复兼寄王巩》）老朋友走一个少一个，钰泉的遽尔辞世，走得潇洒，然而给健在的亲朋好友们留下无穷的大悲大恸。

以书籍为生命的钰泉兄

黄 可

2016年元月10日，收到结缘五十余年的褚钰泉兄从定西路寓所寄来的二十一世纪出版社的一个大信封，里面装着他精心主编的2016年最新一卷《悦读MOOK》（第四十四卷），接着一口气读完了其中所载的《寻真无悔仗铁肩》《血床上绽放的乌托邦之花》《心在天山　身老沧州》等佳文，甚有启示。之后就打电话到钰泉兄府上，想给他拜年，并感谢他寄来新刊物，希望他将《悦读MOOK》编下去，若出至第一百卷，将是出版史上的一项辉煌业绩。可接连几天都无人接电话，猜想是他与夫人外出旅游了。1月24日，出乎意料地看到《东方早报·上海书评》载《纪念褚钰泉先生》，才惊悉钰泉兄已于1月初谢世。

书籍，可以说就是钰泉兄的生命。无论是参与创刊和主编《文汇读书周报》，还是退休后出任《书城》杂志执行编委、主编《悦读MOOK》，他都一心扑在研究书籍的出版信息和介绍各类优秀书籍给读者的工作上，引领读者融入健康的读书生活。

笔者与钰泉兄的结缘始于上个世纪六十年代后期。当时，他从复旦大学毕业分配到《文汇报》当记者，主要是采访文艺界。后来又担任《文汇报·文艺百家》版编辑，亦常来美术界走访，了解美术界情况。笔者当时在中国美术家协会上海分会负责主编会刊《上海美术通讯》，兼从事美术史论研究和美术评论。他常来美协，自然多与笔者交流和沟通，彼此真诚相待，结为挚友。他常向笔者约稿，有时他定题目，有时笔者自作选题。笔者撰稿后，经他编辑先后在《文汇报》刊发的有《描绘新中国生活的年画创作》《民间年画的门类和样式》《连环画的自编自绘是个好方法》《时事风俗画派的发源》《日本“浮世绘”大师葛饰北斋的艺术》等一系列文章。之后，1985年3月，他受命负责创刊和主编《文汇读书周报》，笔者应他约稿，有更多文章在《文汇读书周报》发表，例如《绘画创作最后画的就是画家的修养》《李叔同与〈太平洋画报〉》《徐志摩的美术缘》《香港鲁学研究者黄蒙田》《结缘丰子恺先生》，以及多期连载的《与鲁迅合影的十七位木刻青年》等等。当笔者于1994年将由台北正中书局出版的艺术随笔集《美在乡土》签赠给钰泉兄时，他立即请他的同事撰写书评《美在乡土，美在艺术》刊于《文汇读书周报》。这些，亦可谓是笔者与钰泉兄的友情体现。

值得注意的是，钰泉兄借助《文汇读书周报》平台，与有关单位合作，举办了一系列围绕着书籍的学术交流活动。例如，1993年，台湾学者、作家蒋勋先生的专著《写给大家的中国美术史》由北京生活·读书·新知三联书店出版时，钰泉兄便邀请蒋勋先生与上海的蒋孔阳、柯灵、草婴等学者、作家，在文汇报社会客室见面、交流座谈，笔者亦应邀出席。又如，《读书》杂志创刊十周年时，钰泉兄受北京三联书店委托，邀请《读书》的上海作者和读者在上海书城会议室举行座谈，回顾《读书》办刊的历程，交流《读书》对读书界的影响和感受，笔者亦应邀赴会，等等。这样的学术活动，对于促进学者、作家撰写和出版优秀著作，以及树立良好的读书风尚，都有积极作用。

尤其为人瞩目的是，钰泉兄利用《文汇读书周报》平台，多方运筹，连续十多年在上海市工人文化宫举办“文汇书展”，笔者亦总是接到请柬，出席开幕式。上海市老市长汪道涵亦是读书迷，我多次见到他出席“文汇书展”开幕式。“文汇书展”将全国各地最新出版的各类书籍汇集与读者见面，并以优惠价销售，吸引了众多爱书人前往选书购书，其场面曾盛极一时。

以书籍为生命的钰泉兄，因其为书籍操劳留下的业绩，为读书界和出版界难以忘怀，而载入文化史册。

钰泉兄，安息吧！

2016年元月26日于沪上小雅阁

悦读："生命的开花"

石钟扬

2013年经陈铁健先生推荐，我才读到褚钰泉先生主编之《悦读MOOK》，并开始为之撰稿，有相见恨晚之感。

我给的第一篇稿子为《陈独秀脱帽记》，是篇旧稿改写的。2010年7月陕西人民出版社出了我一本《"五四"三人行——一个时代的路标》，原稿有上篇"'五四'现场：思想启蒙的境界"，下篇"'五四'后劲：再造文明的努力"，外篇"'五四'情结：民主进程的史鉴"。全书主体写蔡元培、陈独秀、胡适三个人，外篇乃推论他们在1949年后的命运，寻求"五四"传统流失的历史原因。出版前未经送审，出版社就自觉地将外篇砍掉了，使全书成为断尾巴的蜻蜓。让我痛惜艰难蕴育的孩子被弄得四肢不全。阅读几卷从铁健那里获得的《悦读》，冥冥之中觉得可与之结缘。于是我将那蜻蜓的断尾巴，冒昧地寄给了褚钰泉先生，实则将一个难题推给了他。而且我只在文头上写几句话，没另给他写信，非故作傲慢，是不抱多大希望，试试而已。

没想到不久接到褚先生电话，先解释稿子从南昌的编辑部转到上海的他手中，耽搁了点时间，表示歉意；再就建议从几万字的外篇抽出关于陈独秀部分整理一下给他。文章先说毛的独秀观（从仰观到鄙视，且给了他九顶桂冠），然后说几十年来民间与官方互动，艰难地还独秀一个本来面貌。文章刚改毕，恰逢习近平 10 月 22 日《在庆祝欧美同学会成立一百周年大会上的讲话》中，说“历史不会忘记陈独秀”，陈独秀之前不带任何定语，我立即将之收入文章，并改标题为《陈独秀脱帽记》。拙稿在《悦读》与《文汇读书周报》同时刊发，立即引起较多媒体的关注。感谢主编，终让那蜻蜓残躯之一肢复活了。

在处理拙稿过程中，褚先生不仅有多次电话、短信与我沟通，还给我写了第一封信。

钟扬兄：

你好！

很高兴能与你建立联系。你的文章我打算下卷刊登，因此请在十月底前，将稿件寄我。因要送南昌打字，因此时间能充裕些，更好！

给你寄上一册最近的《悦读》，因邮局规定，书中不能夹字条，此信只能另寄。

我的地址是（略）

盼多联系！

祝

好！

钰　泉　九月二十一日

我乃科盲，不玩电脑，文皆手工劳动，害得主编先生为拙稿之敲打与核对，反复劳作。更何况杂志在上海编南昌印，他每卷要去南昌拼版。主编几乎事事亲力亲为，原以为他还是个少壮派。打自知道他乃七十老翁，不觉有负罪之心。

从 2013 年底，到 2016 年元月，两年多时间，钰泉先生连续以显著版位发了我四篇万字文。每篇文章，他都倾注了大量心血。2016 年元旦后出版的《悦读》第四十四卷以“特稿”头条发了一万六千多字的拙稿《寻真无悔仗铁肩》。他电话中与我说，文章反复看了三遍，略动棱角，没有伤筋动骨。为此，他反复征求铁健先生与我的意见。达成共识后，他加上热情洋溢且富哲理的“卷首语”，高调推出。元月 8 日，他以快递寄来样刊，让我先睹为快。有信致我。

钟扬先生，

你好！

送上样书，请收。铁健先生处我也已快递送上，让他也能先睹为快！

海南的刊物要转载，可和我联系，我可请出版社将电子文本交给他们。

谢谢你的支持！

祝

好！

钰　泉　元月 8 日

元月 8 日，星期五，本是个晴朗的日子，不料竟成了《悦读》

之末日。这天，钰泉先生除了书信，还有电话，还有短信，向我问候，并询问近日在写什么。他之约稿，与改稿一样总是以商量的口吻与作者作心灵沟通。诚如铁健先生所言，主编非常尊重作者。《悦读》的特色与魅力，都是主编与作者商量出来的。我手上正在为即将出版之《中国小说读者学片面观》写特殊的一章，《毛泽东与中国小说》，准备农历年后送之先发，而且我还憧憬着往后为《悦读》多写点什么好玩的劳什。不料，次日（9 日）那黑色的清晨，褚君钰泉先生竟以心脏病发作而逝世……我与他曾是素昧平生，成了他作者之一员也未曾谋过面，从此却阴阳两隔，天道何等无常。

从他弟子虞非子在微信上发布的图片与文字，我才第一次凝视他的形象，照片上的褚先生右手握一老式手机，手臂上挽一半旧的春秋衫，似在下班的归途，是大忙人难得的休闲形神，国字型的脸上有着儒雅的正气与坚毅的智慧；我也第一次知道他七十有二了，是退休之后在二十一世纪出版社社长张秋林支持下，独自主编了这“一本关于书的书，阅读趣味尽在其中”的《悦读》。他坚守了十年，不仅创办了一个天下悦读之杂志，而且创造了一个雅俗共赏的热词：悦读。可是，作为后台老板的张秋林社长也要退休了，《悦读》将何以生存？何况总有些不三不四之徒在挤兑着他和他的事业。不由得视读书事业为生命的钰泉先生不揪心？！他是累死的也是愁死的，这是我从虞非子文字中获得的第一印象。

铁健先生也跟帖说：天下最好的主编走了。我知道这句话里有着多少比较与故事，更是对褚主编的崇高评价与深切缅怀。铁健还将他老师李新先生 1989 年悼黎澍、陈旭麓、李宗一的诗，移祭钰泉主编：

世间多少不平事，最痛好人命不长。

我欲问天天不语，从来天道最荒唐。

代表了多少读书人的心声。

近两个月，我在微信上发了几则悼褚文字。前两天到我原居住的清江花苑（那房去年卖了，仍有师友书信寄那里），打开信箱，赫然惊现钰泉先生给我的一封信，多么熟悉的笔迹，多么熟悉的信封。回寄居地翻检，发现褚先生两年多来给我的信竟有七封之多。先生往矣，遗札犹存，情不自禁，再发微信：手捧遗札思主编，得众多师友点赞与叹惜。先生遗札（包括短信）串连起来，或可成文。然而从虞非子微信知，各方悼褚之文六十余篇计十六万多字之“生命的开花”（借用巴金名言）已编就……

于是我决定借用先生创造的“悦读”一词，将拙著命名为《悦读的艺术》，寄我对“天下最好的主编”的哀思。当我将小跋挂上朋友圈，虞非子却命我改成小文，以插进纪念文集。于是连夜改成如此模样，用照片传之。

愿先生开创的悦读时代，延绵不断。若然，则正是先生“生命的开花”，也是对先生最好的纪念。

2016 年 3 月 8 日风雨夜，于褚钰泉先生逝世两周月之际

相见恨晚

——怀念钰泉兄

范玮丽

2月1日晨，打开手机，在一片贺小年、谈小年的微信中发现这个题目："一代编才的爱与哀愁"，匆匆一览，竟是《悦读》主编褚钰泉先生逝世的消息，颇感震惊。但由于本地前夜狂风骤雨，后院自动浇水的喷头在雨中尽情喷洒，大有水淹后花园的险情，我不得不急忙打电话求助，忙着控制水势。

直到晚上，我才坐下来，在CNN报道爱荷华初选，希拉里·克林顿和桑德斯胶着难分的背景声浪中，仔细拜读了陈四益先生的《一代编才的爱与哀愁》。直到此时，我才真切地意识到，褚先生走了——匆匆地、过早地走了，心中不禁涌起深深的悲伤与惋惜。

我去国多年，孤陋寡闻，直至2010年初春才第一次听说《悦读》。当时在九旬老人杨苡先生家里，杨先生对《悦读》高度赞扬，鼓励我为《悦读》投稿。

《悦读》第十七卷刊登了我的第一篇文章，我收到了褚先生寄来的《悦读》，也从此结缘褚先生。至今记得该卷“卷首语”：“悦读，最重要的自然是读书。一本好书，读后能拓宽视野，启人智慧，给人带来愉悦之情。在经济大潮的冲击下，看书的人越来越少，做书的人越来越多……”字字句句深得我心。

我和褚先生一共只见过两面，而且第一面——2013 年二十一世纪出版社在北京举办《悦读》出版三十卷作者座谈会——只是简单的寒暄，但却感到像老朋友。我们的来往更多的是通过电邮。我称他“钰泉兄”，还曾因为称呼问题“争辩”过几次。开始他坚持称我“先生”、“老师”，让我感到很不自在；不仅因为他比我年长，而且他的学养、经历都比我丰富得多，足以做我的老师。几个“回合”之后，我们以“兄”相称。

钰泉兄给我的最初印象是谦和与认真。邮件总是及时回复；如果因为出差迟复（每一卷的排版印刷他都会去南昌亲自督战把关）则一定道歉，或者提前告知。我曾经因为个别需要删掉的词语心中不悦，钰泉兄写了长长的邮件耐心解释，读后我不仅心悦诚服，而且对许多在夹缝中求生存、在各种压力下秉持良知与原则的中国媒体人更加钦佩。我逐渐了解了褚先生被“退休”的原委，以及他为了坚持自己的办报理念，让报刊发出“自己的声音”所做的不懈努力。

因为长期旅居海外，我不曾读过褚先生一手栽培的《文汇读书周报》；对国内的书籍报刊也知之甚少；还因为“做书的人越来越多”，各种五花八门的报刊书籍充斥市场（大多是美女、明星统领封面），让我无所适从。在我回国定居的数年中，对许多刊物往往涉猎一次，便不再问津。但《悦读》却不然，一看就喜欢上了。从点缀封面的清雅绿植、扉页的中西名画，到内封和封底的木刻等等都令人赏心悦目，彰显了装帧的雅致与艺术情趣。每收到新一卷《悦读》，我都会迫不及待地先把“卷首语”读完。我发现“卷首语”不仅对该卷作了提纲挈领的导读，更有对当下社会现象一语中的的针砭；而且每卷都图文并茂，文学、历史、艺术、社会大观都囊括卷中。它让我想起上世纪八十年代曾经订阅的《读书》杂志，但比《读书》可读性更强。我曾经购买过许多《悦读》送给亲朋好友；亲友有各行各业的——行医的、经商的、从政的、搞教育的、做音乐的……他们往往都是初识《悦读》，几乎每个人都告诉过我很喜欢这本内容丰富、亦书亦刊的读物，可谓雅俗共赏。能把一本书刊办到如此水平，编辑的才华与功劳不言而喻。

我与钰泉兄第二次见面大约是一年前，我经上海返洛杉矶，与他相约在酒店见面。当天他有会议，好像在复旦，晚上才到酒店，而且冒着雨。我们相谈甚欢，像老朋友一样畅所欲言，不知不觉就过去了三个小时。虽然我们彼此通过许多邮件，思想共鸣很多，但面对面聊天尤感亲切，也更加海阔天空。这次交谈，让我第一次意识到了我们之间的“分歧”——他对国事比较乐观，而我则比较悲观。我想单就他离开体制后仍能把一份坚持“自己的声音”的刊物办得风生水起，广受好评，足以让他对未来抱有“谨慎的乐观”。

夜深了，我们的谈话仍感意犹未尽；我们相约待我下次回国时再聚首。

万万没有想到，一年不到，褚先生竟匆匆地走了。

相聚恍如隔日。然斯人已去，永远没有了下一次。

我含着泪，找出褚先生见面时送给我的第三十九、四十两卷《悦读》，翻开尚没有读过的文章……

“如果‘反右派’斗争是不可避免的一定要发生的话，一个中国知识分子最好的命运就是当一名‘右派’分子”，因为那样“就免除了写那些胡说八道的遵命文学的义务”；免除了“充当帮凶、充当打手、充当炮灰的可能”。说得何其好！

我们多么需要像《悦读》这样，挖掘掩埋的历史、开启尘封的记忆、反思一路走来的坎坷；多么需要像《悦读》这样，以独立的“自己的声音”推介图书，针砭时弊。

四十四卷《悦读》经受住了风雨，长得枝繁叶茂，是褚钰泉作为一个有才气、有远见的编辑，一个有勇气、有良知的知识人的不朽丰碑！

相见恨晚，相识甚短，怀念悠悠，记忆长存。

2016 年 2 月 16 日

Summer-like Dana Point

记忆的书签

彭小莲

《悦读》第四十四卷递送到我的信箱时，我拿着一直不敢打开。我把它放在书桌前，像供着一件圣物，《悦读》里书签上的红丝带，缠缠绵绵地从书页里撒落出来，伸出它纤细的手臂，不知道希望拥抱谁？这已是得悉主编褚钰泉先生突发心脏病去世后的第三天了。看着《悦读》就是没有勇气再阅读，它曾经给我的光亮，现在就要熄灭。似乎我还能感觉到那书的温度，可是突然间它像遭遇了一场大火，一下化为灰烬，苍白的，飘飘散散在空气里，我还想触摸一下那化为灰烬的激情，可是无力的灰烬竟然那么残酷，当我的手一下触碰到它的时候，就被灼伤了。我想，褚先生去世了，《悦读》也意味着寿终正寝。想到这里，不仅仅是对一份杂志的感情、对褚先生的感情，还夹杂了它给予我的对于知识力量的怀念。

我曾经给《悦读》投稿，然后褚先生给我回信了，他在开头称我“小莲兄”，让我颇受鼓舞，于是立刻给“钰泉兄”回信。我喜欢《悦读》，不仅因为它刊登了很多有品质的文章，更重要的是，从中能感受到一种不媚俗、认真记忆和思考的气质，而这些气质，带着强烈的生命力，没有新八股的官话。特别是它的设计，更有别于任何其他刊物。每一卷《悦读》里，都会有一枚书签，一个久违的读书工具。书签上不是世界名画，就是俄罗斯或者是十八十九世纪世界著名作家的肖像。于是，当一卷读完之后，那一枚书签，总是留在我其他的书籍里。对于这样有想象力设计的刊物，我一直以为会是一个年轻人办的，于是我当仁不让地称褚先生为“钰泉兄”。

就是这样投稿，通过邮箱传递，和钰泉兄打了数年交道。他一直很忙，从未有机会与他谋面。直到 2015 年的 7 月 24 日，才第一次见到褚先生。我们约好在上海报业大厦四十三楼咖啡厅见面。

那天走进上报大厦电梯的时候，我不知道身边就站着褚先生，因为在记忆里，我始终认定他是一个年轻人，至多是一个中年人，那实在是因为他的《悦读》给人一种活力、一种敞开的窗户的感觉，让你觉得那里透气、明亮。突然，徐坚忠走进电梯，他称褚先生为“褚老师”，我这才意识到，这就是我没大没小交往了多年的“钰泉兄”。我不知道正是他创办了《文汇读书周报》，当时也是觉得那张报纸非常好看，不知道后来怎么越来越水了，以至于再后来听说周报“退居二线”，仅仅成了《文汇报》周一的副刊。是褚先生退休离开它以后的缘故？我不知道，只知道他转而去创办的《悦读》，越办越好看。于是，我觉得自己有一份荣幸，稿子一直被他接纳，几乎从来没有删改过。

在聊天中，更让我大吃一惊的是，这竟然是本“一个人的杂志”，从组稿、审稿、校对、排版以至于到给作者发稿费，全部的工作都是褚先生一个人在处理。因为刊物由二十一世纪出版社主办，所以每出一卷，褚先生都要坐着火车，亲自去南昌作最后的编辑处理。

我简直不能想象，这时候的褚先生已经是七十多的人了，他还是那么充满了活力。

离开咖啡厅的时候，我又一次忘记了褚先生的年纪，建议他走几站路，不用换车，直接到华山路延安路上搭乘71路公交车，他大步走着，乐意地接受了我的建议。

路上，我认真地劝告他说："您不要亲自去南昌，太辛苦了。"他笑了，说："不辛苦，这是我的乐趣啊，把版面做到最后改定，看到大张大张的纸样印出来的时候，真的好开心。""每次都是这样的感觉？""每次都是这样，纸头还是热的，摸在手上，就会感受到一种温暖。"

听他说话，就像在听一个诗人吟诵。我这才明白，为什么这份《悦读》会那么吸引读者，那是因为"热爱"，从编书人内心流露出的热爱，对每一个细节的热爱，似乎让我想到民国时期的出版人，他们办刊办报的热情，他们带着理想和情感，于是这些理想和情感就直接渗透在纸张上，这样的刊物怎么会不打动我们？这已经不是我能理解的编辑，他的那份快乐，早早超越了拿工资混饭吃的境界。他还说："我其实坐着动车去，在卧铺上睡一觉，到了南昌就是休假，一卷《悦读》就完成了。隔两个月去休假一次，这是多好的安排啊。"

现在，褚先生去做一次长途的旅行，这次的休假，会很久很久，久到有一天我去寻找他，在某个地方和他相遇时，我们将再一次谈起如何给他投稿，但是不必操心删改的问题了。那时候，我真的可以大言不惭地称呼他"钰泉兄"。

我的屋子很小，书看完了，就赶紧送人，每年值得保存的也就四五本书，在这些书里，我看见都夹着《悦读》的书签，这是一个时代的印迹，一个老编辑办刊的印迹，一个人灵魂的印迹。

春节期间，看完英国作家麦克尤恩的《星期六》，作为新年礼物赠送朋友时，我特意夹上了一枚《悦读》的书签，上面是托尔斯泰的画像。我突然意识到，褚先生为我们办的《悦读》，不仅仅是一份刊物，还是一份读书的态度。这个书签就是一个见证，它让我认识到，褚先生对文字、对思考的尊重，他让我们慢慢地阅读，认真地品味，在读到某一个阶段时，应该停顿下来，在书页里夹上一枚书签，用自己的脑子，好好地再作一次判断。

褚钰泉先生一路走好，我们会继续努力学习的！

2016 年正月初三于上海

回忆钰泉兄二三事

许锦根

13日夜，突然收到上海人民广播电台原台长李尚智先生的微信，告知钰泉兄已在1月9日清晨与世长逝。我不敢相信这是真的，这次来美国前，12月19日，我们还在电话中聊了很久，谈《悦读》，谈秋林兄的下一步计划……他当时倒是不经意地说了一句："这些年，办《悦读》，很累，以后想休息一段时间。"谁知道，"一段时间"的休息，竟成了永久的安息！

对于他一手创办的《文汇读书周报》，许多报界人士已有回忆，我这里只说《悦读》，这本当今出版界的奇葩，不仅在知识界有口皆赞，就是在官员高层中，评价也极高。我亲耳听到一位中央领导同志称赞它，而两位现职的正部级官员更是不约而同告诉我，这是他们"飞机上唯一的读物"。

我和钰泉兄相识很早，1978年2月3日，《文汇报》在显著位置发表我撰写的文艺评论《深刻的揭露　犀利的批判》，评短篇小说《班主任》。后我知道，这是刘心武这篇当时红极一时的小说在报纸上受到好评的第一篇文章，而它是当时在报社当文艺评论编辑的褚钰泉从成千上百篇读者来稿中发现的。那时我还在城市的最底层——里弄生产组工作，每天的薪水是人民币九毛。同年9月，我考取复旦大学后兴匆匆去报社看他，这是我们的第一次见面。那天只谈了几分钟，他就要上楼去拼版，他约我常常为《文汇报》写稿，并承诺说“你不要想每篇文章都会发表，但我一定每篇都认真看”。

1979年5月，我在上海文艺出版社陈先法兄处看到茅盾在全国中长篇小说座谈会上的讲话，这位当今文学巨匠竟然对上海一位名叫竹林的年轻女作者的长篇小说《生活的路》表示“很有兴趣”，我敏感到这是一个新闻，当即电话告知钰泉，他就鼓励我去采访竹林，把她介绍给读者。我在市区西边一个小阁楼里找到竹林，了解她异常艰难的创作和工作环境。一个星期后，我写的通讯《正视生活的人——记创作长篇小说〈生活的路〉女青年竹林》在《文汇报》发表。不料，此文竟然引起一场轩然大波。竹林当时所在单位领导以组织的名义向报社告状，指责报纸不应该宣传像竹林那样走“白专道路”的典型。谁也想不到这个“白专道路”的“帽子”居然在粉碎“四人帮”几年以后，还堂而皇之出现在盖有一家中共单位鲜红公章的公函上。他们还扬言要追究通讯稿的作者，也就是我的责任！报社领导有些紧张，要钰泉检查，并表示要他“严肃批评作者”。钰泉一方面在领导面前把所有的责任承担下来，对我丝毫没有责备；一方面又让我鼓励竹林，帮助她顶住单位极左势力的压力，继续创作。他说了一句话我至今还记得：“竹林的春天还没有来到，但那是挡不住的。”于是我索性把此事搞大，先后在《光明日报》和《中国青年报》等中央级的报纸上介绍竹林，最后在人民文学出版社社长韦君宜的支持下，竹林过了这一关，不但入选首届鲁迅文学院的录取名单，而且后来，这部《生活的路》一版再版，十次加印，被文艺评论界誉为“开创了知青文学的先河”，竹林也成为当今中国文坛上“知青文学第一人”。而躲在这些荣誉背后起了关键作用的，却是很少人知道、甚至竹林本人也不曾清楚的钰泉兄。

1980年夏天，一股反对思想解放运动的暗流沉渣泛起，某报在一则送高层的内参上把我参与编辑出版的全国第一家大学生杂志《大学生》，说成政治倾向有“严重资产阶级自由化的错误”，同时点名我，说我是“‘文革’中的红卫兵坏头头”。《文汇报》一位领导当即下令封杀我的文章，而当时我在该报几乎每个礼拜都有时评或文艺评论、杂文发表。钰泉很焦急地来找我，问我这些情况和个人在“文革”中的表现。我先告诉他，《大学生》杂志是在复旦大学党委书记夏征农和校长苏步青全力支持下出版的，政治上根本没有问题；而我个人的情况完全被这则内参颠倒了：我在“文革”中因反对“四人帮”而受到长达近五年的政治迫害（从1971年7月21日到1976年4月22日）。党的十一届三中全会后，中共上海市委专案复查办公室给我的复查结论是：“彻底平反，恢复名誉，做好善后工作。”这是复旦党委向我正式宣布的。钰泉听了，非常惊讶，说，那简直是彻头彻尾的颠倒是非混淆黑白！他建议我向市委领导反映，并说可以把他放进去，就说是他告诉我的。那时候，由于这则内参，许多熟悉的报社编辑都不敢告诉我这件事，想不到他竟然这样勇敢地为正义和事实挺身而出，我很感动。于是，我给当时的中共上海市委主要负责同志写信，请求他为我主持公道。两个礼拜后，我正在学校里上课，忽然发现钰泉在教室外的走廊里等我。课间休息时，他很激动地告诉我，报社已决定同意我可以用真名发表文章。他问我，身边有没有已经写就的文稿？我当即把一篇准备投往北京报纸的时事评论文章给他，他匆匆看过，说，很好，你等着看吧！第二天，当我在学校阅报栏里看到当天的《文汇报》上署我名字的文章时，眼泪顿时夺眶而出。后他告诉我，他回报社把文稿给了当时的总编辑马达，马达当即批示：明天见报。

1981 年冬天，我作为复旦大学新闻系四年级学生在《文汇报》教卫部实习。一天，报纸上对戴厚英的小说《人啊，人！》开展批判，我在食堂里看到钰泉，聊天中对这种“文革”中大字报式的批判很不以为然。几天后，他来教卫部办公室找我，说：报社决定发表一篇反批判的文章，你如有话要说，可以写，但不必用真名，因为批判的文章也没有用真名么！我当晚写出三千字的评论，发表后在国内外引起较大反响，甚至美国《纽约时报》、法国《世界报》也引用了（这是我在一位领导同志家中看到的，他把那天的《参考资料》报道此事的文章翻给我看）。外媒认为这反映了中国文坛上正在出现的一种“民主的新气象”。此事我从未对谁说起过，现在他不在了，可以把真相说出来。我也想到，那些年，他认认真真当文艺编辑，这类无名英雄的事一定不少。

上世纪九十年代我来到美国，创办了一家中文报纸和一份英文刊物，中文报纸在华人社区中很有影响，而英文刊物进入美国主流社会读者群，甚至一些西方媒体和政界人物也为我们撰写文章，而《纽约时报》《外交季刊》等主流媒体也数次转载我们的文章。就在我踌躇满志之际，一支暗箭又经过精心策划向我射来，我却浑然不知。钰泉兄在一个很偶然的场合得此消息，他一面感叹人心为何如此诡诈险恶，一面悄悄请人转告我“小心恶人！小心小人！”这又是我完全想不到的事！我愤怒之中，给国家有关部门主要领导写信为自己辩诬，结果是完全出乎那些惯于在黑暗中行事的丑类谋算之外，中央对我在外宣工作上的成绩给予高度肯定，李鹏、乔石、朱镕基、李岚清等中央几位常委分别接受我的独家采访，中央电视台和新华社、《人民日报》均予以报道。有一年，时任中央政治局委员、上海市委书记的黄菊，在衡山宾馆接见我时，对在座的几位新闻界领导说："八十年代，我很喜欢读许锦根先生发表在第一版上的那些针砭时弊的短文章。后来看不到了，一问，才知道出国了。"他此话是有意表示对我在上海工作成绩的肯定。

如今，我笃信基督，远离政治喧嚣，在境外安度晚年，过着平静的生活。但每每想起钰泉兄在我数次风浪中为我所做的，我都会激动不已。

怀念褚钰泉先生

陈思和

这些日子忙东忙西，没有上网也没有微信，人显得有些麻木。今天是周六，算是有点空了，才翻开一周来闲置着的报纸，想读点旧闻。不料在《文汇读书周报》上看到了吴中杰先生的文章《献身精神与文人风骨——悼褚钰泉弟》。竟然隔了整整一周，才知道褚钰泉先生去世了；再上网去看，知道褚钰泉先生于元月 9 日早上去世，离开今天已经整整二十天了。在现代信息社会里，我如此愚钝就像是在中世纪发生的事情，我的心情被前所未有的孤寂感所包围。现在天人永隔，即使心里有许多话想说，也是没有意义了。

褚钰泉先生长我八九岁，是我青年时期人生成长道路上的提携人之一。四十年来，他在我眼前呈现的永远是一副沉静、温和、知心的神态，他说话声音很低，即使在不开心的时候也没有高声说过话，因为声音低而且真诚，让人一见面就有了被信任的感受。我有幸结识他，是在上世纪七十年代。那时候我在卢湾区图书馆学写书评，他是《文汇报》的编辑，从一开始我就把他当成了一个可以信赖的兄长和朋友。我按照社会习惯称呼他“小褚”，直到现在还未改过口来，谁想得到我们已经不知老之将至，还没有来得及改称“老褚”，你就离我而去了。

记得当年卢湾区图书馆书评组的负责人董耀根经常对我说，他有两位姓褚的朋友，对他的工作帮助甚大。一位在当时的文化局工作，另一位就是褚钰泉先生。我是通过董耀根介绍认识他的，那时候他到《文汇报》社工作也没几年。他对卢湾区图书馆的工人书评小组非常重视，常常出现在我们举办的各种作品研讨会上。书评组好几个成员的文章都是通过他的推荐，发表在《文汇报》上。以现在的眼光来看，这些文章无非是依照那时的主流意识形态来写的，没有什么价值可言，但是对于一个普通工人或者像我这样处于社会底层几乎看不到未来希望的青年人来说，看到自己写的文字被印在报纸上，还是受到相当的鼓舞。

1978 年以前，我一直在卢湾区图书馆参加书评活动，但和褚钰泉先生还没有建立起个人间的友谊。1978 年初我考上复旦大学以后，开始单独去文汇报社走动，主要是看望褚钰泉先生。他是复旦中文系毕业的，经常以校友的身份，告诉我一些复旦中文系师长们的故事，由此我们有了一层新的关系，即校友的情分。这以后，我在《文汇报》发表文章，都是通过褚钰泉先生之手的。第一篇就是评论卢新华的《伤痕》。那时中文系师生围绕《伤痕》展开了激烈争论，1978 年 8 月 11 日，《伤痕》在《文汇报》“笔会”发表，我看到后，就把之前已经写好、并且在班级壁报上刊登过的一篇评论文章寄给了他。这是我第一次主动向《文汇报》投稿，文章在第二周 8 月 22 日就刊登了。那是整版面的讨论《伤痕》，支持的反对的意见都有，我是坚定站在《伤痕》一边的。可以说，从这篇文章起，我真正开始走上文学评论的道路，后来竟成了我一生的职业之一。他编发我的第二篇文章是评论赵本夫的短篇小说。那时我已临近毕业，他主动提出，让我写一篇文章，可以帮我发表，这样可能会对我分配工作产生好的影响。褚钰泉先生体贴人的性情可见一斑。

后来他就离开文艺评论版面，去创办《文汇读书周报》了。在报社系统里，《文汇报》是大刊，《文汇读书周报》是系列报刊，地位的主次还是很明显的。但是他把整个身心都扑到了编辑这张读书报上，为它耗尽了自己的心血。渐渐地，《文汇读书周报》就办出了品牌效应，成为知识分子喜欢阅读、也喜欢投稿的一个平台。我也曾仔细想过，我为什么会喜欢这张报纸？它的言论并不激烈，也从不惹是生非起风波，但是它在平和的态度里贯穿了一股人文的力量，说的都是正常的人话，而绝没有那些令人生厌的套话官话和废话。其次是这张报纸的基本作者队伍，从巴金、王元化起，都是德高望重的正派文人，我们愿意从这张报纸里读到这些文化名家的言论，也愿意把自己的文章发表在这张报纸上，加入以这些令人尊敬的名字为旗帜的写作行列。其三是，这张报纸有很丰富的信息量，“阿昌逛书市”是褚钰泉先生自己执笔写的专栏，他热爱图书，有空经常在书店里转悠，大量的图书信息都是从他的专栏里散发出来的。还有文摘版面，每期都有内容扎实、趣味高雅的图书文摘，非常吸引人。据说其中很多也是他自己动手编摘的。从这些栏目中可以看出他编这张报纸所下的功夫之深。他像一个勤劳刻苦的老农，日晒雨淋，专心致志地经营着一亩三分风水宝地，让这片并不广袤的土地里生长着许许多多花果菜蔬，让人赏心悦目。

一份报刊有没有人文气息，首先是主编自己的身上有没有人文精神。编辑的主体性是通过刊物的独特风格间接地来反映的。这也需要有个志同道合、有活力的团队。《文汇读书周报》最辉煌的年月里，编辑部簇拥着一些有理想有见识有活力的青年编辑，他们与褚钰泉先生一起把《文汇读书周报》视为自己的神圣事业，为之奉献了大量的聪明才智，报纸越办越生动，也越来越有好名声。北京有一份《读书》杂志，上海有一份《文汇读书周报》，成为一南一北读书界的两面风旗。但是，报纸的声誉越来越高，褚钰泉先生的情绪却没有随着报纸的声誉同步地增高，相反在我的印象里，他并不开心，总是有一些人事上的纠纷让他烦心。每次我去报社找他聊天的时候，他总会有些抱怨，或者把一些不如意的事情告诉我。他越是把这张报纸看得如生命那样重，越是不能容忍别人对报纸有任何非议；他越是看重情义，对人真诚，越是不能容忍别人对他有丝毫轻慢和虚假。在他温文尔雅的君子之道里，包含了强烈的嫉恶如仇的血性。但是，在我们一起度过的那一二十年里，社会正在迅速转型，传统伦理土崩瓦解，新的伦理又没有很好地建立起来，人的欲望、贪婪、功利、斤斤计较、权力崇拜、金钱拜物教等等丑陋的一面都恶性泛滥，一切做人的常识都被颠覆。褚钰泉先生这样的谦谦君子真是很难适应这样藏污纳垢的大势，他一定感到非常孤独。

再后来，他离开了心爱的《文汇读书周报》，着手编辑一本以书代刊的刊物《悦读 MOOK》。这本刊物起初是在上海出版的，但是并不顺利，后来遇到了张秋林先生，英雄惺惺相惜，褚钰泉先生晚年遇到了真正的知己。《悦读》在二十一世纪出版社按期出版，这是当年《文汇读书周报》的风格在延绵拓展，依然是一派文人的清流传统，晚霞绝唱。

大约是在 2014 年秋天，《悦读》出版到第三十九卷。突然收到他的来信，问我有没有收到他的《悦读》？信中写道：

“很长时间未见面了，但在媒体上不时见到兄的信息，很为兄在事业上取得的成绩高兴。我还是在编《悦读》，不知不觉已出了三十九卷了，每次拿到样书，总是最先给兄寄出。今天突然想到，这么多年来，怎么从未听兄说起收到过《悦读》，是否我的地址有误，都被遗失了。三十九卷刚寄出，地址还是用的……”

地址当然是没有错，刊物也是每一卷都按时收到的。只是我们很长时间没有机会相聚畅谈了，偶尔见面，总不外是在书店里或者在淮海路上，总是匆匆寒暄，匆匆告别，也没有机会像以前那样促膝而谈，诉说心中块垒。我知道他是突然想念朋友，才给我这么一封信的。于是，我马上与他通了电话，告诉他我不仅如期收到刊物，而且《悦读》是我最喜欢读的刊物。许多刊物，我只是大致翻阅一下，遇到有兴趣的文章才认真读，而《悦读》每卷到手，我几乎是一篇不拉地读完，饶有兴致。许多刊物，可能在我的书桌、书柜里放上一段时期，就被处理了，而《悦读》，我每卷都保存下来了。现在褚钰泉先生走了，留下四十四卷刊物，我完整地保存着，默默寄予对朋友的思念。

现在回想起来，遗憾还是有的。因为我还没有为《悦读》写过稿。晚近这十来年，我一直陷于学院体制内忙于各种杂务，稍有空暇，还得忙于完成项目、论文以及各类应酬性的文债，生活充满了热闹，却找不到闲暇的氛围和心情，写一些适合《悦读》风格的文字。褚钰泉先生每次遇到我总是嘱我写稿，我也总是漫声应着，但每每有过此念一闪，就被巨浪一般涌来的大事小事所淹没，灵感也随之消失得无影无踪。但我并不着急，总以为忙过这阵子就会空下来，闲下来，再从容写作也不迟。可是，一瞬间，我就明白，我已经永无机会再给他寄送我的文稿了。

其实，一个普通的中国知识分子对生活要求并不高，他不要求高官厚禄，也不要求名利双收，不过是想有一份能够依照自己爱好、体现自己价值的工作，他就能安安静静地为社会作出他独有的贡献。往大里说，是净化被金钱和权力毒化了的芸芸众生的灵魂，往小里说，无非是箪食瓢饮，身居陋巷，而不改其乐。

褚钰泉先生的一生，就这样平静地走完了。

2016 年元月 31 日于鱼焦了斋

褚老师，让我也称您一声“兄”吧！

黑　马

我们亦师亦友的褚钰泉老师突然病逝，才七十二岁，正值一个文人最好的时光，他一直在为出版事业呕心沥血，在把自己创办的《文汇读书周报》拉扯大后被迫离开，忍辱负重，又在张秋林社长鼎力相助下开创《悦读》的新天地，主编了四十四卷，经手一千多万字的稿件，创出了一个文化名牌，在事业的巅峰期就身不由己撒手而去，还有多少未竟的事业在等着他，可他来不及做了。谁能想到，在人的寿命预期大大延长的现在，在我们周围七十来岁的大哥大姐们都享受快乐的退休生活的时候，褚老师却默默地一个人远行了呢！对褚老师来说这就是英年早逝。错！错！错！

褚老师长我十四岁，是“文革”前的老大学生，我们读中学时有很多他这样的年轻老师，和学生们情同兄弟。所以我也自然尊重地称他老师，可他却是非常和蔼，非常平易近人，偶尔见面也是像个高中的小班主任那样亲切地待我们，每次写信都称我“冰宾兄”，令我无地自容，强烈要求他直呼姓名，但他一直那么文雅，坚持不改，所以我心目中的他一直是亦师亦友。虽然我也有七十岁的兄姐，但我还是不敢称他兄，毕竟他还是培养了我的师长，所以那声“兄”也就一直埋在心底。

从1988年开始我给《文汇读书周报》写稿，至今也快三十年了。弱冠之年我写了很多外国文学研究、翻译界的名人专访，几乎成了该报不在册的驻京专访记者，也因为有了这个令我愉快的事业，我出差到外地时也会自作主张去访问些名人，如广州的戴镏龄和厦门的杨仁敬等。那几年的访谈，其实也是我这个非重点大学毕业生在工作后拜访名师补课的绝好机会，毕竟在普通大学里能见到名师的机会还是少得可怜，更无缘被他们耳提面命，采访他们就一箭双雕，“假公济私”了。在当时的工资水平下，每篇稿费差不多是我月工资的三分之一，对我的小家也是个很好的收入补充。我后来感叹，今生不会有比这再好的一份“工”了。这得益于周报的年轻编辑对我的信赖，当然也得益于主编褚老师的宽容和扶植。回过头去看，当年那些文章真成了那些文化老人鲜见的采访录，因为这一批名人在大众文化圈里是相对边缘化的，而采访他们还需要采访者本身也是出身于外国文学研究领域的青年学者。我就有幸成了这样的人选。我曾回忆说那个青春年代里，骑车采访听讲，回来写稿，邮寄，见报，然后拿着稿费单去邮局领稿费，是我最幸福的时光。

但我没有想到的是，当褚老师开始主编《悦读》时他想到了我的专业是劳伦斯翻译和研究。那时也正值我人到中年，积累了足够的翻译经验和研究资料，正准备向更专业的方向发展，准备写长篇文化随笔。就在这个时候，几年没联系的褚老师找到了我，让我写一篇有深度的劳伦斯作品进入中国的历程的评述文章。这个契机，让我回忆、思考的洪流冲开了一条河道，开始一篇篇地踏实地写下去，因为我有信心，只要我写得好，一定能发在《悦读》上。几年间，竟然在《悦读》上发表了六篇很长的劳伦斯专文，这些成了我一本叙论劳伦斯的随笔集中的重要组成部分。

更难能可贵的是，褚老师百忙中还浏览我的博客，发现我写了些关于萧也牧的议论短文，就立即向我约稿，说我作为中青社文学室出来的编辑，一定对萧也牧更有了解，一定能写出一篇好文章来。可见褚老师平时该是怎样呕心沥血、辛苦地寻找着好的选题和作者，挖掘我们的潜能。通过写萧也牧，我认真研究了他的生平和作品，受到了一次真正的精神洗礼，写起来就如同写自己最亲密的朋友。去年我偶然发现了翻译界老前辈张友松的悲惨经历，奋笔疾书，写了长文，发给褚老师。他也是第一次知道张友松催人泪下的悲剧人生，马上就给我回信说就在最近一期发，“再不发，就没人知道张友松了”。这是他给我的最后一封电子邮件，匆忙中写下这寥寥数语，我能感受到他的大爱和大慈悲情怀，很是感动。果然这篇文章发表后就得到了报刊杂志的转载，博客和微博点击也很踊跃，很多人都写下了饱含深情的留言。

但我怎么也想不到这是与褚老师最后的交往。

我们都相信来日方长，都相信随便哪天就能在上海或北京再见聊天。前两天还看到老朋友发在微信上与褚老师在黄浦江边喝茶聊天的照片呢，感觉我也置身其中似的，可谁知道他会是这样突然离世？他一定有很多很多话没来得及说就驾鹤西去了。

幸好看到张秋林社长发出来的褚老师的绝笔短文，他终于憋了多年说出了是因为不是党员，就被下令离开周报主编的岗位回家“休息”的惨痛过往。壮年的他，这等委屈竟然隐忍十几年，何等不易！他肯定是带着更多的委屈与不平走的，也是带着这样的压抑心情，精心办杂志和培养我们的！

褚老师，您安息吧。让我第一次也是最后一次称您一声“兄”吧！

怀悼褚钰泉先生

李洁非

收到二十一世纪出版社的快件，启之，读到的竟是褚钰泉先生讣闻，全无思想准备。我平素裹足家中，几无交际，消息非常闭塞，褚先生的逝世完全是启封那一刻才突然知道。这种突然，还由于几个月前我和他最后一次邮件往还的内容。彼时，我们总有一年多不曾联系了。先是 7 月 27 日褚先生发来电邮询问近况和约稿，我立即回复，告以前年突发心梗之事；29 日，又接到他的邮件，中云：

> 刚知兄去年得了次病，颇惊，我信息不通，未能及时问候，请谅。文章一事，兄不必放在心上，身体是大事，一定要多加小心。不知发病时装了支架没有？其实这一手术如今很普遍，得这类病调养是很重要，我也有此经历。过去自己对身体并不注意，吃也随意（大多时间在食堂吃），我父母都有高血压，而我却掉以轻心，不定期服药。这都是很危险的。后来，对此注意了，特别在饮食方面，多吃

蔬菜、水果，晚上一顿基本上是小米、大米、杂粮、红枣烧的粥，多吃黑木耳。久而久之，化验的各项指标都在正常范围内，血黏度也正常了（这是血管堵塞的重要原因），所以说调养很重要，兄一定要注意。

我感到温暖，当时就想到了“同病相怜”四个字，而回邮志谢。虽然目下我尚不确切了解褚先生的逝世原因，但从邮件所述来看，想来多半还是心脑血管的问题所致。里面“化验的各项指标都在正常范围内，血黏度也正常了”两句话，当时给我印象甚深，此刻所起到的作用却是加重了我的突然感，益发地扼叹生命之无常。难道还有什么道理吗？连科学的指标也无关于生死，命运的步伐真的是太过诡秘与无情！

除了稿件上来往，我与褚先生仅一面之缘。当时我去参加《悦读》在北京开的一个座谈会，之前通邮多年，至此才得一晤，但因我很不善于交往，只是会下泛泛握谈几句便告辞而去。应该说个人关系上，我与褚先生浅如萍水。但作为作者，我给《悦读》的投稿却并不少。这当然是有原因的，最主要的便是对褚先生的品节暗存一份敬意。他过去在报界的口碑，我知之不详，但点滴耳闻已足令我心生敬慕，所以当知道他办《悦读》且得到他的约稿，我深引为荣幸。

几乎藉褚先生一人之力，《悦读》这本读物，在近年刊物类型的出版物中成为高品位标杆之一。这种高品位，并非托赖什么机构、名录之类的官样认定、体制认定，而是源于独立之思想、自由之精神，还有精谨的编辑态度和平易、求实、晓畅、活泼的文风，凡此恰恰都是当下中国学术界、著作界颇为匮乏的品质。

我虽与褚先生交浅，不过了解一个人未必需要切密，一言一行，一举手一投足，都流于资禀而足以知其心性。褚先生历来留给我的印象，一是和逊，一是身上绝无世俗气。在年龄上阅历上，他当然是前辈，奇怪的是他从来没有给我一点这样的感觉，一直只是同龄的友人的状态，那种邮件中以“兄”相称的语气，平时不过是书面上的客套而已，但在他的使用中我丝毫觉察不到那种味道，而就是由衷平易待人的心怀。更让人从他那里体会到“如沐春风”般和煦的，是他约稿及处理稿件时的态度，总是相商相询、谦诚有加。过去中国管知识分子、读书人叫“儒生”，这个“儒”字的含义与风度乃我们独有，那是世界上其他地方所不具备的文化气质和底蕴，然而现当代以来我们于兹似乎“损之又损”。在我周围，几乎全是知识分子身份的人，但能让我脑中闪现出“儒”这个字、捕捉到“儒”的气息的寥寥无几，如若有之，褚先生是少数我会想起的一个。孔子说君子当有“九思”：“视思明，听思聪，色思温，貌思恭，言思忠，事思敬，疑思问，忿思难，见得思义”，我觉得就像是在说褚先生。

悼念褚钰泉兄

李大兴

芝加哥时间1月9日深夜（北京时间1月10日下午），我收到家兄来的微信，告诉我褚钰泉兄因心脏病猝逝。想起不到两个月前，刚刚在北京读了他寄来的《悦读》，听说他对我最近文章的鼓励，久久不能入睡。第二天晚上，和他的夫人陈林林女士通了电话，得知临终的情形，其中细节，不胜唏嘘。古人云“生死亦大矣！”放下电话后，往日情景纷至沓来。

第一次见到林林姐姐，是整整半个世纪前，她去北京住在我家，我骑在她脖子上。第二次则是1978年夏天，高中统一入学考试结束后，我背起背包，戴上墨镜独自去了南方，在陈旭麓先生家里住了一个月。林林姐姐已经结婚，我第一次见到褚兄。那时他不过三十出头，穿着朴素干净，讷于言而常含笑，看上去脾气很好，也很厚道。他那时候除了读书，没有多少其他爱好，言谈举止中的书卷气，让我明白陈先生对他的欣赏。

今年1月25日是《文汇报》创刊日，也是《文汇读书周报》

试刊日、出版第一六〇〇期，编者文章里就有纪念创办人褚钰泉的文字。褚兄创办《文汇读书周报》是在1985年，那一年的春天5月，我陪同父母去上海，又一次见到他。大概是办报操劳吧，他看上去比实际年龄要大一些，有一点虚，但是话比以前多，有些干练的样子。他后来担任主编多年，编者的文章称他是“确立《文汇读书周报》品格及影响力的一代报人”。

褚兄1961年入复旦大学中文系，毕业因为“文革”而推迟，后来入《文汇报》当记者，1985年创办国内第一家读书类报纸《文汇读书周报》，退休后又去二十一世纪出版社主编《悦读》，如今已是又一个国内知名的读书品牌。

在他主编的最近一期《悦读》第四十四卷“卷首语”里，褚兄写道：

> 忘掉自己的历史、对自己的历史充满误解，这于一个民族、国家是很可悲的。历史学家不能为读者讲述真实的历史，帮助他们了解自己的过去，这是最大的失职。改革开放以来，随着一些禁锢的破除，人们对一些历史事件和人物的认识，愈来愈接近历史的本真。读者不由惊呼：原来历史上的一些人物和事件，与我们从上世纪五六十年代教科书上了解到的大相径庭。这是包括陈铁健先生在内的许许多多历史学者努力的成果，也是我们时代在进步的一个标记。
>
> 然而，这方面的任务还很艰巨，对历史采取虚无主义态度的人，他们还会掩盖真相，随意诠释，动辄给一些讲真话的文章和著作扣上帽子、贴上标签。其实这些人很愚

蠢，历史的潮流滚滚向前，谁又能阻挡得住呢？

褚兄后半生一直在做自己喜欢做的事情，工作十分勤奋，想来也了无遗憾，只是毕竟走得早了些。突闻讣报，我不禁想起二十七年前陈旭麓先生在七十岁上，著述正达高峰之时，也因为心脏病突发去世，怎能不悲从中来！今天看见陈铁健先生悼念褚兄，用的恰恰是先父李新 1989 年悼念黎澍、陈旭麓、李宗一三位先生的一阙：“世间多少不平事，最痛好人命不长；我欲问天天不语，从来天道最荒唐。”父亲的诗，我是从来不惮当面批评的。当然他也总是批评我，而我在辩论方面完全不是他的对手。不过他这一首七绝，情真意挚，感慨深远。

我在不久前的《华年一梦间》里写道，我和林林姐姐“来到位于淮海中路的顺风旋转餐厅，璀璨闪光的城市夜景徐徐移动，仿佛一场悠长的梦幻，远方有一处霓虹灯广告牌，打出‘Hi 魔都’。总有一些时刻比如这个晚上，过去与现在紧密地交织在一起，真幻莫辨。真实的，也许仅仅是顺风旋转餐厅的上海菜，味道正宗无比，提示着美妙的饮食人生。我们却在餐桌上回首：令人感慨万千的是两代交情、百年人事、各自的家庭历史。波乱起伏的岁月里，死亡的残酷、爱情的凄美，淹没在二十一世纪大都会灯红酒绿的背景里”。

那天晚上，林林姐姐告诉我她和褚兄在一起读我写的每一篇文章，让我很感动，我说我会写一篇文章给褚兄。如今褚兄已远行，我只有继续认真码字，不负他的期望，但愿他在天国读到也开心。

我同钰泉同志的相识与相交

江 树 濂

惊悉钰泉同志不幸离世，无限悲痛！

在我的印象中钰泉同志要比我小十多岁，他的仙逝，实在使人分外惋惜！

我与钰泉同志相识、相交，说来话长。1993年，在我即将离休的时候，江苏省新闻出版局的领导，突然交给我一个任务，要我负责筹备出版一本读书类刊物，定名《书与人》。这对我来说，是一次考验。因为，我在这方面毫无经验，而且平时在工作中对读书类刊物、图书虽多少有所涉猎，但没有认真研究过。我现在要参与编辑这样一本刊物，该如何下手？此时，我想起了大学同学何倩，她当时正在《文汇读书周报》工作，我就给她写信讨教，她介绍我同主编褚钰泉同志相识、相交。于是，我从认真学习他们主编的《文汇读书周报》入手，慢慢锻炼提高我编《书与人》的水平。同时，我也在他们的鼓励和引导下，开始学着写一些读书杂谈、书评等文章，直到钰泉同志离开周报的数年间，我写了大约二三十篇小文章，在该报发表。这给了我莫大的鼓舞和支持。钰泉同志退休后去主编《悦读》，我们还一直有交往，并在他主编的《悦读》上也发过三五篇不起眼的小文。近十来年，我因年老，身体又不好，虽还在读书，但已很少写稿，同钰泉同志的交往也少了。尽管我不是一个称职的作者，但每次按时收到二十一世纪出版社邮寄来的典雅、大方，内容又丰富充实的《悦读》，就感到特别亲切，同时也有一种“无功受禄”的自责。不过，新刊物到手，我就会连续几天把自己喜爱的文章读完。这真可以说是一次精神享受。

我一直在想，钰泉同志编辑这样一本大型刊物，真不知要花去多少精力和心血。因此，我非常佩服他对办好这本刊物所花去的心血和全身心倾注的精神。这本刊物到底好在什么地方，我想读者不会忘记。2013 年《悦读》出版三十卷座谈会上，二十位专家、学者的发言，从各种角度评价、赞赏《悦读》的品位以及她带给读者的文化价值,而这种文化价值即是报道座谈会的这篇文章标题所言:开拓视野，寻求真谛！这说明，人们必须通过阅读优秀的书刊，增加各方面的知识，才能开拓视野，从而通过对各种知识的吸取和比较，从中去寻求事物的真谛。诚哉斯言，这正是《悦读》带给我的切身体验。因此，我要感谢《悦读》，感谢主编钰泉同志！我想这不仅仅是我的心声，也是《悦读》广大读者的心声。现在虽说钰泉同志走了，但他为此付出近十年心血的结晶——《悦读》，一定会常留在所有读者的心田！读到《悦读》，想到《悦读》，钰泉同志虽已离我们远去，但他主编的《悦读》，为帮助我们“开拓视野，寻求真谛”的精神，仍历历如在目前，读者是难以忘记的。

我在同钰泉同志的交往中，还有另外一件事值得一记：前面我写到，我曾主编《书与人》杂志。可这本杂志在我离开没有多久，先是办刊宗旨开始改变，刊登长篇出版管理经验等文章，据说是为有人要评高级职称的需要；随后又传出这个刊物因没有经济效益而决定停刊。钰泉同志得知这一消息后，就给我打了电话，说这个刊物刚办得有些起色，停了可惜，并提出是否可由上海、江苏两家联办，成立联合编辑部，经费由上海承担，要我找单位领导争取。我当时很高兴，认为这能挽救这本刊物的命运。说实在的，那时要向国家新闻出版署申请一个刊号是很不容易的。于是我兴冲冲去找主要领导，谁知他不表态，而要我去找分管领导。他的这种态度使我感到，他对此举并不感兴趣，那我何必找新调来不久、又不相熟的分管领导呢，找了怕也难以沟通；况且我已是从工作岗位退下来多年的人了，不想再讨没趣，就打了退堂鼓。我只能哀叹这本刊物的不幸，也深感钰泉同志的厚意。现在回想，钰泉同志当时有此一举，很可能他已在设想一个庞大的计划，是不是也想把《书与人》办成像今天《悦读》这样一个大型、在全国有影响的刊物。只是我没有办成这件事，也没有同他在有关办刊宗旨等方面交换过意见。不过，他是一个有魄力、有胆识的人，真能接手办《书与人》，肯定也会像他现在办《悦读》一样，一定会有一番作为。失去这样一位对事业如此执着的同志，实在太不幸了！

我怀念他，不仅是我们相识相交，还有一段对事业相同追求的经历。当然，我不能同他相比的是，他毕竟在现实生活中，由于对事业的执着和坚守，终于成就了《悦读》，实现了他追求的理想。这可以使他在天之灵得到安慰！

钰泉同志，可以安息了！

2016年1月31日

叫我怎么相信你已走了呢？

——痛悼褚钰泉

钟桂松

老褚，您就这么走了，叫我怎么相信呢？自从你走了以后，我常常觉得这不是真的，因为就在你走的前两天，我们不是打了十多分钟的电话聊天吗？那天我听得出来，你也很高兴，说第四十四卷的《悦读》出来了，已经寄出了，还说那篇文章值得看看，我听得出来你对这一卷内的几篇文章还是很满意的。我们还说到共同认识的朋友的近况，说到一位你的作者、也是知识界一位前途无量的领导，因为我在中央党校读书时与他有过一面之缘，听到过不少关于他的德和才的传说。我问你，最近有没有联系？你说，没有联系，但一直给他寄《悦读》的；我说最近他从地方又回到首都，你说，是的。对这位作者，你没有因为他在高层而经常联系，但你又是从心底里欣赏他、喜欢他的。我们都认为，这样的知识分子在高层工作是国家之大幸！在电话里，我们相约，春暖花开时，我们在杭州相聚。那天，我放下电话，和每次与你打完电话一样，心里始终觉得暖洋洋的！谁能想到，1 月 13 日晚上九点五十四分，我收到晓平兄的短信，说你在 9 号走了，看到这个信息我怎么能够相信呢？这怎么可能呢？我立刻和晓平兄通电话，此时的晓平兄和我一样，沉浸在悲痛中，告诉我是真的。我又立刻给贺圣遂社长打电话，没有打通，估计他也和我们一样，无法接受这样的事实。我又给小齐打电话，她哽咽着跟我说，她也是刚刚得到消息；我对小齐说，怎么可能呢，前几天我们在电话里聊起你，老褚他还表扬你呢。放下电话，我的眼泪再也控制不住了。认识你二十余年来，和你交往交流，总是感到如坐春风，总是有说不完的话，即使说些不开心的往事，我们都觉得话还没有说够，还希望找个机会再聊，所以我一直盼望着下一次和你说话聊天。可是，让我万万没有想到的是，那次在电话里聊天，竟然是我们二十多年来最后一次说话。

老褚，记得二十多年前我们见面的情景吗？由黄育海兄介绍，在杭州的一家餐厅吃饭。那时你在主持《文汇读书周报》，你的同事中有一位曾经下放在我老家隔壁的一个叫高堡桥的地方，于是大家的话就多了起来。那时，我知道，你和我一样，也不喝酒，但是我非常乐意听你讲亲历的文坛往事。那些往事令我深深地为你的学问和人品所折服。我知道，你对书、对出版的情怀，一直支撑着你的追求：在编辑的位置上，默默无闻地为作者做嫁衣，无论作者是认识的还是不认识的，地位是高还是低，有名望还是没有名气，你都一视同仁。你看重的是作者的文章质量，所以在你编《文汇读书周报》时，有多少专业的、业余的作者在你的周报上发表文章；在你的朋友中，不少是国内外著名作家和学者，是德高望重的文坛前辈，也有位高权重的领导，而你从来没有在聊天中炫耀过。在和你的聊天中，我知道了什么是一个人的品格！你的情怀和正直，常常让我心存敬仰！我觉得和你、晓平兄、贺社长等几个情投意合的朋友在一起聊天说话是一种高级享受！所以，自从认识你以后，我们常常找机会见面聊天，我们不讲究场面，西湖边的郭庄，杭州的虎跑，一杯清茶，我们常常因为聊天而忘了吃饭时间。我们这样的相聚，每年总有几次，而在杭州等你们几个朋友过来相聚，成了我日常生活中的一种期待。

后来，你离开了你心爱的《文汇读书周报》。那时，你专门给每个朋友寄了一封信，通知每个朋友，把自己的通信地址详详细细告诉大家，包括邮政编码、电话号码。老褚，你知道吗？你的这一封信，一张纸，十多年来，我一直好好保存着。前天我拿出来看时，我的眼泪依然无法控制。想起二十多年来你对我的呵护和厚爱，怎叫我不心痛啊！我们几个朋友中，谁有开心事你也开心，谁有烦心事，你也常常跟着烦忧，还想方设法开导朋友。这么多年里，我的工作也变化了几次，从电视台到出版局，再到省委机关、政协的专门委员会，每一次变化，你都为我高兴，直到你走的前几天打电话时，我告诉你，我年龄到杠了，从领导岗位上退下来了，你说，太好了，这样，我们可以多聊聊天了，你也可以多写点文章了。我记得，这么多年来，你每次发表了我的文章，总是先写一个条子，第一时间用快递将刊物给我寄来，说让我先睹为快。我明白你的高情厚意，所以我把你给我的每一张便条，都完整地保存着，保存着老褚你对我的厚爱。我也知道，老褚，你编《悦读》，是你的情怀所在，也是为了朋友的事业，和你编《文汇读书周报》一样，这是你人生中值得记上的功德无量的事！你常常和我说起张秋林先生的德和才，他把二十一世纪出版社领导到全国的前列，而你为二十一世纪出版社编辑的这份《悦读》，不止是为二十一世纪出版社锦上添花，更是为我们这个国家的出版文化添上了浓墨重彩的一笔！一个人近十年来从上海到南昌来回奔波，目的就是让《悦读》在文化界知识界达到一个新高度！四十四卷，你已经走到了这样一个高度！对于辛苦和付出，你从来没有说过一个累字，而朋友张秋林一如既往的充分信任让你在劳累中感到了温暖。有一年，你陪张秋林社长来杭州，我们在西湖边的“味庄”相聚，因为有你的介绍，我和张社长秋林兄同样一见如故，当时的气氛，至今回想起来依然暖暖的。我每次收到你寄来的《悦读》，我们总要通电话聊天，聊作者和杂志上的文章。我是多么想听你说你的编辑经验和编辑故事，如今，这样的经验和故事到哪里去听呢？

老褚，去年有一次你来杭州，我们在西湖边的茶室聊了一会儿，大家就转移去杭州西边的一个地方。我因为有会议不能陪你们一起去，当时，你似乎不大想去，说了一句让我感动和温暖一辈子的话，你说，和老钟聊天还没有聊完呢，到杭州就是要和老钟聊天来的。我安慰说，明年春天再来住几天吧。但是万万没有想到，2016 年的春天里，你再也不能来杭州聊天了！老褚，你走了以后，我都不敢和晓平和贺社长打电话，说起你，我们谁都无法控制自己的眼泪。我们少了你这样的好老师、好朋友，我们感到寂寞，感到无比心痛。时间一天天过去，我们对你的思念，依然没有减少，尤其春天来了，你却永远不来了，叫我们情何以堪！老褚，你好好的，怎么就走了呢？叫我怎么相信？！老褚，有来生，我们依然做朋友，我依然尊你为老师！

哭钰泉

郝铭鉴

1 月 14 日上午接到一条短信：褚钰泉走了，不可思议！ 6 日那天，他还来参加《编辑学刊》的编委会，我还约他写《我编〈文汇读书周报〉》的回忆录，怎么没隔几天，说走就走了呢？没有一点迹象。朋友没有一点思想准备。往事如潮，心似刀割。

我们都是 1966 届毕业生，都是 1968 年分配工作，他从复旦大学到了《文汇报》，我从上海师院到了出版社。我们就是在 1968 年相识的，并且很快成为真心朋友，保持了将近半个世纪的友谊。记得第一次见面，我叫他“Chǔ 钰泉”，他吃了一惊，说：“别人都叫我 Zhū 钰泉，就你叫我 Chǔ 钰泉。你是难得一个把我的姓读对的人。”

钰泉兄爱书，视书如命。他分在报社文艺部，后来很快编读书栏目，直到后来创办、主编《文汇读书周报》。他还创办了“文汇书展”，在业界产生了深远的影响。退休以后不甘寂寞，友情主编《悦读》，继续在读书界伸展他的触角。当年他的文汇报大楼的办公室里堆满了书，墙边是书，角落是书，写字台上是书，连沙发上也是书，他就埋在书堆之中。有次我对他说：“你就不能把书理一下吗？”他说：“千万不能理！这里的每一本书都有故事。每一本书都有它应有的位置。这个秩序是不能打破的。”

钰泉兄和我每次见面，除了谈书，还是谈书。他听我几次谈到书的文字差错，便建议说：“你在周报上开个专栏吧。”后来便有了“字说”专栏，一连写了五十几篇。在此基础上，我写了一本关于错别字的书。钰泉兄见到后，立即在周报上转载了这本书的前言：《错误百出》。现在想来，我后来创办《咬文嚼字》，和钰泉兄的推动是分不开的。钰泉兄称得上是《咬文嚼字》的催生婆。

钰泉兄走了，一个毕生和书打交道的人走了。这不仅是我个人失去了一位挚友，也是中国出版界、读书界失去了一位重量级的书人。我为钰泉哭。

爱书人褚钰泉

潘振平

刚刚收到第四十四卷《悦读》，正在拜读之际，却传来主编褚钰泉先生辞世的噩耗。几天以来，不知道为什么，脑海里总会浮想起麦克阿瑟将军引用过的那句歌词：“老兵不死，只是凋零。”

与钰泉先生相识的具体日子记不清了，好像是在上世纪八十年代初。那时我在华东师范大学读研究生，师从陈旭麓教授。陈老师的女儿陈林林照顾父亲的饮食起居，经常回家做饭，女婿褚钰泉也就常常到这边来。我和茅海建负责给先生取邮件，所以几乎每天晚饭后都会去先生家。先生与来客聊天，我们学生只是旁听。钰泉先生已经是《文汇报》的编辑，印象中是个安静的人，说话不多，很沉稳儒雅的样子。

毕业后我到了北京，做出版社编辑。上个世纪八十年代中期以后，钰泉先生主编的《文汇读书周报》是每期必读的，特别是“阿昌逛书市”“读者来信”，以及书评、书讯、漫画等栏目，印象深刻，不少至今犹历历在目。办过报刊的人都知道，相比于鸿篇巨制，短评和资讯等小栏目是否吸引读者，其实最见功力。所谓“螺蛳壳里做道场”，在有限的篇幅里既要保持稳定的文化立场，又要不断创新，给人启迪与新知，难度可想而知。

钰泉先生得心应手地做着这些事情，那种把握热点的敏锐，那份从容不迫的气度，每每让我叹服。后来接触多了，才知道他的付出，常人难以企及。九十年代中期的一天，我到上海公干，去他在《文汇报》的办公室拜访，推门进去，立时惊住了！——满屋子的书，一摞摞的堆着，高的齐人头顶，矮的也到腰间。沿着一条书籍码放出的 S 型小径走到办公桌前，才在高高的书堆后见到伏案工作的主人。那天聊了些什么，已经记不清了。以后很长一段时间，只要想起钰泉先生，眼前就会浮现那间堆满书籍的办公室。

这或许就是一个爱书人的工作空间，一个爱书人与书籍朝夕相伴的缩影。我知道，就钰泉先生而言，“坐拥书城”只是一种象征，真实的内涵是爱书，懂书，读书，延伸而为天下所有喜爱读书的人士服务。真正的爱书人必定懂书，懂得书的价值在于供人阅读，传播知识，启发思想，增强内心修为，丰富精神世界。靠着图书这种载体，人类在经验传承、文化传播方面开创出前所未有的局面，极大地改变了自身的面貌和生存环境。在社会经济快速发展的今天，拥有藏书已经不像以前那样困难，出版界每年数以万计的新书（仅就人文社科类图书而言），也为满足人们的阅读提供了众多选择。然而，爱书和懂书，是否还是一门值得修炼的功夫？或者较之以前有着更加迫切的需求？

退休以后，钰泉先生依然致力于当一个“职业读书人”，创办《悦读 MOOK》，让更多人接触图书信息，进而爱书读书。MOOK 是一个外来词，起源于日本出版界，取英文 MAGAZINE（杂志）和 BOOK（图书）连缀而成，意为“杂志书”，图文并茂，大约意在既有杂志的丰富性，又有图书的厚重感。九十年代这个新颖的概念传入中国大陆，业界也热议过一阵，有过若干尝试，不过真正着手付诸实践并持之以恒的，首推《悦读 MOOK》。

钰泉先生选择这种形式，自有不得已之苦衷。当年《悦读 MOOK》的封面最上方有一行字：一本关于书的书，阅读趣味尽在其中。定义为“书”而非“刊”，编辑宗旨则强调“阅读趣味”。2003 年，他主编的这份读物正式出版，不幸出版三本后即夭折。他没有放弃，不断寻找机会。感谢二十一世纪出版社的张秋林先生慧眼如炬，接纳了他的想法，支持他达成自己的目标。我没有询问过接洽的细节，只是感动这份情谊，也钦佩执事者的眼光和魄力。2006 年 9 月，我接到钰泉先生的来信，称“《悦读》已重获新生”，喜悦之情，溢于言表。信中还说：“想把她办成一本大众的文化读物，让更多人享受读书乐趣。”这就是他坚持不懈的内在动力。

这本读物连续出版了十年，其风骨和品位，在读书界有口皆碑。2013 年，二十一世纪出版社专门在北京召开了一次座谈会，我有幸叨陪末座，聆听知识界、文化界先进对这份读物的赞许。看着钰泉先生意气风发的模样，内心深处真是为他高兴。他为这本读物投入了晚年的全部心血和精力。多次约稿，我因为思浅笔拙，俗务缠身，每每推辞，所以每次相聚，都会受到他温和的批评。我答应退休以后，就自己经历编辑的书刊写几篇回忆文字，不料仅完成刊出一篇，就成了永远的遗憾。

钰泉先生过早离世，是读书人的损失。然而他一生与书为伴，将自己的兴趣爱好与职业追求完美结合，营造爱书和读书的文化氛围，受到天下爱书人、读书人的尊敬和喜爱，又岂不是一种幸福？他一生播下的爱书和读书种子，已经孕育还将继续孕育出丰硕的果实，九泉之下，钰泉先生可以安心休息了。

永不再来的催稿电话

——悼褚钰泉

汪家明

2016年1月16日晚上十一点五十分，我乘地铁回家。出了车站，意外发现下起了雪。下得很急。由于已近午夜，雪将万物覆盖，白茫茫，静悄悄，未着任何其他痕迹，显得美丽而异样。进小区楼门厅，顺便打开信箱，报纸之外，还有一个大信封。我的心猛地收紧：一定是钰泉兄寄来的新一期《悦读》杂志，里面有我的文章。可是……钰泉兄已于七天前突发心脏病去世了。到家后，我捧着信封，站着凝望它，泪就下来了。信封上，照例清秀的钢笔字，邮戳记载："上海新华路，2016.01.08-11"——钰泉兄离世是1月9日一早，相隔不过十几个小时！之前的1月7日晚，我还和他通过电话，问是否收到我寄的《难忘的书与插图·续编》，他说收到了，书中的《自序》把他的作用说得太过了，所以想郑重给我写封信，拖了几天。我问，听说二十一世纪出版社张秋林社长退休，《悦读》今后如何？他说尚不清楚。通话结束时，七年多来他头一回没有催我写下一期专栏稿。没想竟成永诀。

与钰泉兄交往倏忽十八年。1996 年 12 月《老照片》第一辑出版后，来年 2 月 22 日，《文汇读书周报》在头版中心位置刊发了短文《为〈老照片〉鼓掌》。这是第一篇评论《老照片》的文章。其时这份报纸的影响力在全国读书界首屈一指，对《老照片》的出版起到推波助澜作用。其反应之迅捷，眼光之敏锐，过后想来，令人叹服。那时我还不知道褚钰泉。后来怎么建立的联系，记不起了。他给我的信，现存最早一封是 1997 年 9 月 11 日：

> 家明先生：
>
> 你好！久未联系，请谅。贵社近些年所出的《老照片》等书，在读者中引起很大反响，贵社的声誉也由此蒸蒸日上。可见，出版社主要还得靠出好书。如有什么书需宣传，尽可来信。
>
> 日前收到一份电传，因字迹不清，无法与作者联系。不知这份稿件其他报刊是否发过。如没有发表过，我们可考虑选用。现一并寄上，请过目……

那份电传是《华商报》记者采访作家张炜，谈论《老照片》的。可以说，褚钰泉自始至终都在为这个新生事物鼓吹，不遗余力，不计利益。作为《老照片》的策划出版人，遇到这样的知音，我的心一下子就和他拉近了。

《文汇读书周报》发行量曾近十万份，而褚钰泉对广告却控制得很严。他曾说："我宁可多发几条稿子，也不愿意让无聊的广告挤占版面。"有人由此评价他没有经济头脑。为应对这种诘难，他成立了广告部门，由同样有着文化情结的陈蔚打理。陈蔚专程来济南与我商量，我提议仿照鲁迅、叶圣陶、巴金等前辈出版家，把书的广告写成优美、短小的文字，每个广告加一花边，并刊登书影。如此，广告反而成为可读、可爱的专栏，文化和商业相得益彰。我请美编蔡立国设计出版式，陈蔚和褚钰泉都满意。从此，由山东画报出版社开头，这种图书广告形式在《文汇读书周报》沿用多年，还引起其他报纸模仿。我也为此写了数十篇二百来字的广告文。1998 年 1 月，为创办《老漫画》，我去上海组稿，褚钰泉和陈蔚特意请我吃饭，说是感谢我的广告创意。这是我们头回见面。他中等个头，五官饱满清晰，前额宽硕，手大而壮，上海口音，说话不多，但很热情。也许是我们早已神交的缘故，和他在一起，没有丝毫陌生感。他向我介绍《文汇读书周报》的简况：

在上个世纪八十年代初的《文汇报》上，有一个“书亭”专栏，“它在版面上仅占非常小的一块，主要是介绍书的信息，内容也零零碎碎”。后来，“书亭”从小专栏变成一个专版，名为“读书与出版”。那时其他报纸很少有读书版，“读书与出版”引起出版界和有关部门的注意，上面专门发布一份“加强书评工作”的文件，其中提到褚钰泉所编的这个版面。文汇报社顺势而为，1985 年，《文汇读书周报》在“读书与出版”的基础上创刊，褚钰泉负责主编。四开小报，起初每期只有四个版面，但内容“有书评、荐书、漫画、读者来信、短评、书摘等等，每个版面都要放六七篇文章，信息量很大”……

那次见面是在一家小饭店，因我要赶火车，前后不过一个小时。这短暂的见面成为我与褚钰泉毫无利益关系的友情的开端。多年的交往中，我喜欢读他的报纸，也喜欢听他谈办报的事情。他曾说，“报纸一定要有自己的声音……我想以读者一分子的角色，对书、对出版界、对文化现象发表言论。”为此，他自己开了一个专栏“书市漫步”（后更名为“阿昌逛书市”），笔名“阿昌”。这个阿昌敢于针砭时弊，文字通俗、及时、鲜明，很让读者喜欢。这个专栏他写了十六年。当时对武侠小说有些不同看法，周报辟了一个园地，欢迎读者展开争论；听说朱生豪的夫人宋清如想出版自己与朱生豪之间的书信，一家出版社要求她付几万元费用，褚钰泉便写了篇文章将此事在报上捅出来。“没想到文章发表后，这本《宋清如书信集》竟有多家出版社争着出版”。

褚钰泉认为，办报要有境界，正如文人要有操守。他与巴金的私交非常好，但在巴金晚年，很多报社都想方设法向巴金求稿时，褚钰泉却说“我知道巴老身体不好，再向他开口要稿，于心不忍”。尽管如此，巴金还是说：“这些年我写的文章几乎都由《文汇读书周报》首先发表。”王元化也说过：“我的重要文章喜欢发表在《文汇读书周报》上。”从办“书亭”专栏开始，二十多年办报生涯里，他和许多文化大家相熟，如于光远、金克木、舒芜、施蛰存、冯亦代、范用、张中行、宗璞、钱谷融、黄裳、流沙河、钟叔河、朱正、资中筠、李文俊……但他从未把这些大家作为私己的资源，他和他们真正是君子之交，除了稿件，生怕麻烦作者。在范用生前保存的通信里，有褚钰泉写给范用的三通，分别是1983年8月、1985年11月和1990年6月。第一封信中，他提到随信寄去前八期“读书与出版”征求意见；第二封信谈《理论风云》一书的宣传推广；第三封信写得较长，从中可以看到他在周报工作的状况：

范老：

您好。收到来信，非常高兴。平日经常惦念您，多次想提笔给您写信，可是，忙忙碌碌之中，也就拖搁了。自从“周报”创办以来，我就失去了“自由”，日复一日都埋在稿件之中。“周报”编辑人员颇少，仅四五个人，我也不想增加人，免得把精力都置于人事纠纷之中。这样人虽辛苦些，但精神上还是愉快的，尚能按照自己的意图来办报。可惜的是，这些年连出差都无法去，北京也多年未来了。好些年没有见到您了……

如今您比过去空闲了，能不能抽空为我们“周报”写些短文？只要谈书，只要短些（我们的篇幅实在太小了），什么都可以。最好能辟一个不定期的专栏。目前“周报”还很不如人意，也希望能经常听到您的意见和建议。有空能否常给我写些条子。

……

钰泉兄和范用先生一样，是地地道道的爱书人，是“书痴”。在文汇大楼时，他的办公室堪称一景，书从桌子堆到门口，堆到天花板，只余一条小路……

从《文汇读书周报》退休后，钰泉兄辗转创办了《悦读》杂志，约稿甚广，既延续了周报风骨，又增强了深度，受到嘉评，卖得也好，吸引了一批忠实读者。他写信要我找美术家整体设计，我请宁成春先生帮忙。设计高雅大方，沿用至今。一次电话聊天时，我无意间与他说到自己从小搜集外国小说插图的爱好，他建议我写给《悦读》，我没当真，因为很忙，根本没时间做这件自己喜欢的事。可是他记住了，三番五次约我。真情难却，终于翻箱倒柜找出珍藏的插图和旧书，勉力写了《难忘的插图·当代英雄》，刊登在2008年7月《悦读》

第八卷上。这就是“书与插图”专栏的肇始。此后每过一段时日，钰泉兄就连鼓励加劝说再加催促，而且因为了解“内情”，让我无法拒绝。连我自己也无从想象，居然坚持写到如今已七年半！这事几乎用去了我所有的业余时间，把打算退休后再做的事情提前做了。重温那些影响我生活道路和思想情感的外国经典和精美插图，让我在凡庸嘈杂的奔忙中有了一个个惬意的休止符。2011 年复旦大学出版社建社三十周年，贺圣遂问褚钰泉做点什么纪念品，他建议出版我写的这些“难忘的书与插图”，贺社长说好，于是，专栏文章变成了书。2015 年底，人民文学出版社又出版了《难忘的书与插图·续编》。

没有褚钰泉就没有这些文章，更不会有这两本书。我常向朋友说，褚钰泉这样的编辑让你只能俯首听命。我也是编辑，深知他的职业功力让我望尘莫及。总结他做编辑的四个特点：立意高远、视野宽阔、待人诚恳、做事认真——说来都很普通，但当今真能做到的又有几人？古人有言：为雪朱阑，为花粉墙，为鸟疏枝，为鱼广池。褚钰泉无论办《文汇读书周报》还是编《悦读》，无论是对我还是对其他作者，表现出的正是这种热心为人作嫁、日复一日默默耕耘的职业素养。十六年八九百期报纸，尤其是九年多四十四卷《悦读》的一千三百多万字，组稿和编辑，完全靠钰泉兄一人之力。这惊人的编辑业绩，足以在世间竖起一座巍峨美丽的丰碑。

其实在最后两年，因为太忙，我曾不止一次向钰泉兄提出结束专栏的写作。没想到会是以他永久离去的方式来结束。每当想到，再也不会接到他催稿的电话了，我就悲从中来。

2016 年 1 月 16 日深夜

我的良师益友

——缅怀钰泉先生

冯克力

2015年年底，为纪念《老照片》出满一百辑，编辑出版了特辑《一同走来》，作者、读者与编者携手回顾《老照片》近二十年的风雨历程。在“方家视角”篇里，收录了著名编辑家褚钰泉先生的一篇文章——《为〈老照片〉鼓掌》。

拿到样书，已是2016年元旦过后，始着手安排给相关作者邮寄。孰料，样书尚未寄出，竟传来钰泉先生遽归道山的噩耗。

翻开尚留有缕缕墨香的样书，睹文思人，不觉悲从中来……

钰泉先生的这篇文章，最初发表在由他主编的《文汇读书周报》上，时在1997年2月22日。那时《老照片》第一辑面世才一个多月，这篇短文是媒体上最早推介《老照片》的几篇文章之一，又是发表在享誉学界和读书界的一份报纸的醒目（当期头版）位置，让我们好一阵兴奋，深为《老照片》有这样的方家知音而庆幸。文章不长，兹转录于下：

为《老照片》鼓掌

石　止

在书店发现一册《老照片》，先浏览一遍，选读了几篇，最后才决定掏腰包，花六元五角钱买回家来细看。

《老照片》由山东画报出版社编辑出版。编者在征稿启事中说："《老照片》是一种陆续出版的丛书，计划每年出版四至五辑，专门刊发有意思的老照片和相关的文章……"说是"丛书"，实际是连续出版的杂志，且是有创意，前景看好的杂志。为什么是"书"，而不是"刊"呢？我猜想，可能是申报刊号受阻，因为主管部门控制报刊的总量，像控制人口一样，不能多生。这样，立意新颖的杂志只得以"丛书"的形式维护合法的身份。

照片是形象的历史。用"二十年前"（《老照片》征稿上限）的老照片，配以收藏者和当事人轻松的随笔，或文字说明，确是吸引人的读物。第一辑里的《钱学森回国》《学演样板戏》《老烟台》等，已显示出《老照片》的面貌，透露出它强劲的生命力。

《老照片》的"书末感言"，标题为"一种美好的情感"。作者写道："怀旧是一种美好的情感。""有意思的是，回忆靠的是思维，思维是用词语进行的，而用词语进行的回忆，却永远是形象的画面。""照相术使一段段历史定格，成为永恒而真实的瞬间。""书末感言"文字不多，确实是有思想、有文采的抒情小品，是真正的美文，有经验的人还能看出，这是"发刊词"，是《老照片》诞生的缘由。按文体分类比较，“是一种美好的情感”，堪与知堂执笔的“语丝发刊词”媲美。

有创意的丛书或杂志，像发明创造一样，使人高兴。我们为《老照片》鼓掌吧！

因文章发表时用了笔名，后来听家明兄说起，我才知道这篇文章乃出自褚钰泉先生之手，并知道了钰泉先生还是《文汇读书周报》的创办人与主编。

与钰泉先生第一次见面，是在四年后的2001年8月，他应邀出席了《老照片》在青岛举办的座谈会。与会的二十二个人里，属他与来自陕西合阳的史耀增先生年龄为长，那年他们都已五十大多。钰泉先生乃谦谦君子，书生作派，儒雅温润。与他相处，让人感觉很放松、很舒服。会上，他以自己多年办报的经验和对书业的洞察，给《老照片》出了不少点子。像后来通过随附在《老照片》里的“征求意见表”了解读者的阅读意愿，获取反馈，以调整办刊思路的做法，印象里就是出自钰泉先生的建议。会中还安排了游崂山北九水，钰泉先生也跟车去了，待徒步上山时，他担心自己体力不支，临时改变了主意，只身待在山下的车里等大家回来。而那一年北九水一带，赶上雨水充沛，沿途悬泉瀑流，美不胜收。下山后，大家都为钰泉先生错过了这天赐美景而惋惜。他笑笑说，他不是不想上去，他是怕万一半途出了事给大家添麻烦，扫了大家的游兴。他说他并没闲着，自己在山下转了转，也多少感受了崂山的灵秀。

交谈中隐约知道，因钰泉先生不是中共党员，工作将面临调整。主编不能当了，何去何从，他自己也在考虑中。大家都很为他的际遇抱不平，而钰泉先生说起这些事，却异常平静，超然而淡定。再后来，钰泉先生以一己之力创办了《悦读 MOOK》，成就国内一阅读重镇。想来，这一创意或许那时就在先生的构想之中了吧?

青岛会之后，与钰泉先生有近十年没再有什么联系。直到 2010 年，钰泉先生在《悦读 MOOK》第十六卷文摘版里选登了我为第六十六辑《老照片》写的“书末感言”，才又开始交往。那篇题为“从‘致远’舰的几张旧照片说起”的小文，是对该辑所刊陈悦《“致远”舰的命运》一稿的有感而发。钰泉先生从里面选了几幅照片，连同我那篇小文一并摘登了。钰泉先生还特别为此写了一段编者按:

> 第六十六辑《老照片》(山东画报出版社出版)刊登了陈悦撰写的《“致远”舰的命运》一文，该书的责任编辑冯克力为此写了一篇“书末感言”，我们特向读者推荐这篇“感言”，这是一篇启人深思的文章。
>
> 甲午海战的失利，是中国人的耻辱！“坚船利炮”的中国北洋海军全军覆没，残存的军舰被日军作为战利品掳走。究竟为何失利？时隔百年，恐怕还未真正弄明白。当时一些负有重大责任的人，时过境迁，如今成了“民族英雄”，这一切的确很值得我们好好想一想。

打那以后，每出新卷《悦读》，他都寄给我。作为回报，每有新的《老照片》出版，我也寄给他。看得出来，《悦读》自从落户二十一世纪出版社后，显然是有了一个相对稳定的平台，加上钰泉先生在新闻出版界多年耕耘形成的广泛人脉，《悦读》无论从作者阵容到版本面貌，都有了明显改观，尤重还原历史真相，传播自由宪政理念，在思想文化圈里渐成气候。

又过了半年多，钰泉先生始通过家明兄向我约稿，希望我在《悦读》开个专栏，连专栏的名称钰泉先生都给我想好了，叫作“老照片札记”。我一向不擅属文，疏于动笔，但因多年编辑《老照片》缘故，这个专栏对我实在是有些诱惑，便答应写几篇试试，并说好不一定每卷都上。连续写了三篇，到第四篇就有些懈怠。刚想偷点懒，钰泉先生的催稿邮件就来了，说了一大堆鼓励的话，盛情难却，只好又写……钰泉先生仙逝后，我从头浏览了那两年里与钰泉先生的电子邮件往来，很少有与催稿、交稿和改稿无关的。为了让这个专栏不至中辍，他还热心帮我出主意，想话题，说我为每辑《老照片》写的“书末感言”，受篇幅所限，往往只是点到为止，他觉得有些话题完全可以再拓展一下，发在“札记”专栏里。就这样，在钰泉先生的启发下，我又勉力写了几篇。想想在《悦读》开专栏这两年，和钰泉先生之间的关系，我就像那个被他连哄带劝、推到前台的“演员”，而他则默默无闻地躲在幕后，尽职尽责地不断为我“提词”。

我的这些专栏文章，连同此前写过的一些，后结集为《当历史可以观看》，于 2013 年由“理想国”出版。我在这本书的“后记”里说道：“家明曾很感慨地跟我称许钰泉先生，说他是一位很善于约稿的编辑家。而这一两年间，我也幸被泽润，亲身领教了。”说实话，假如没有钰泉先生的督责和鼓励，没有他的循循善诱，真的可能就不会有我这本小书。

最后一次见钰泉先生，是 2013 年春天，在北京召开的《悦读》作者座谈会上。虽然我已停掉了那个“札记”专栏，他还是向我发了邀请，而且北京以外的作者只叫去了我一个。座谈会上高朋满座，来了不少学界和出版界前辈，见到了一些暌违多年的老朋友，大家济济一堂，相谈甚欢。钰泉先生作为座谈会的主持人，迎来送往，忙前忙后，那天连与他单独说几句话的工夫都不得寻。

而谁能想到，那次见面，与钰泉先生竟成永诀。

与钰泉先生相识的近二十年里，我们谈不上什么深交，更无私交，但这些年以钰泉对《老照片》、对我本人的鼓励、鞭策之谊，在内心里，我却默默地一直视他为自己的良师益友。

不知先生以为然否？

一位在工作中得到满足的人

——想念褚钰泉先生

卫建民

在新收到的《文汇读书周报》上，看到老褚猝然去世的噩耗，我的心“咯噔”一跳，半天都沉浸在记忆里，想念与老褚的交往。

1989年，我开始给《文汇读书周报》投稿，发表的第一篇短书评，是谈姜德明先生的随笔集《相思一片》。几天前，我去金台路看望姜先生，他对我感叹：“我今年八十七岁了！”——他也是周报的老读者、老作者。那时，周报已开始有了自己的风格，引起读书界、新闻出版界、学术界的注意。

是1992年吧，我去郑州开会，认识了周报的两位编辑，其中一位是徐坚忠。我们那时都年轻，有说不完的话，大都是书人书事。又因为是同行，我除了继续给周报投稿外，还不时出点主意，提点建议，甚至策划一些选题。我能记得的，是利用自己的藏书和资料，帮周报编过抗战五十周年纪念专版。那时，我主要和坚忠联系，我们谈得很投机，我的建议几乎和他们一拍即合。有时，老褚给我来电话，让我写人物专访，我不好意思用真名，就随便写个名字，按时完成他交办的任务。其中，写王仰晨先生的那一篇，老褚告诉我，是巴老要周报宣传一下这位默默无闻的资深老编辑，所以，我那篇专访的标题，就叫“《巴金全集》的责任编辑”。

第一次在上海见到老褚，是坚忠带我去的。我们进了他的办公室，堵向人脸的是“书山”——散落堆积、高高摞起来的书，像是书本搭建的鸟巢。我小心转折几步，在书的丛林里，才看见一张笑眯眯的脸在书巢里绽放，使这个杂乱无章的办公室明亮活跃起来。第一次见面谈了些什么，我早已忘记。以后，老褚和坚忠，经常寄给我一些珍贵的新书，周报还郑重其事地送我一个聘书，让我顺便给他们写点文章。聘书的内芯，是老褚写的，我至今都保存在文件柜里。那几年，我还在周报开过几个小专栏，写过不少稿子，得到老褚和其他朋友的鼓励不少。我记得，写弘一法师的一篇短文，说歌曲《送别》是弘一作曲，他电话告诉我，稿子专门请一位资深老编辑审读，把“作曲”改为“配词”，“她对音乐很熟”，老褚告诉我。实际上，那篇文章不是笔误，而是我真搞不清词曲分别是两位前贤的作品。读者对我的哪篇文章有反映，老褚也随时给我反馈。那几年，报刊常有争论，甚至有不负责任的言论刊登在一些报刊上。有些作者专挑名人文章的毛病；我不是名人，居然也被人盯上，寄了文章到周报去，讽刺挖苦。老褚是仁义厚道的人，就把骂我的文章压下来，婉言退给了作者。现在想来，假如当年把骂我的文章刊登出来，说不定会提高我的“知名度”。在往后的交往中，我感到，老褚是以编报为生命，以报社为家的敬业者。埋头在喜欢的工作里，在作者与读者之间穿梭往来，连续写写报道书业消息的“阿昌逛书市”，他似乎就完全满足了。报社还存在福利分房制度时，他把分配给他这个部门的房子让给更需要住房的一位青年人。这位青年勤奋好学，大龄未婚。老褚说，有个房子，他更好找女朋友。我从没见“无党派人士”褚钰泉谈过他个人的待遇啦、级别啦等等问题。在现实的物质利益面前，他能想到别人。

1996年春天，我去上海参加一年一度的文汇书展，老褚和坚忠在圆明园路给我安排住宿，请我吃饭。正是春雨天气，老褚穿着绿色的高腰雨靴，趟着浅浅的雨水领我在百年沧桑的外滩走过，告诉我书展地点就是当年“左联”烈士被捕的那座楼。一份读书类的报纸定时定址举办一个全国性的、有特色的书展，是品牌延伸；不知为什么后来不办了。

老褚离开他热爱的工作岗位，究竟是什么原因？他来北京开会时曾告诉过我。我一生做人的原则是，既不参与本单位的人事纠纷，更不会打探、干预别个单位的人事纠纷。我固执的看法是，一个人专心致志地干一件事，一辈子能够有多少成绩，都难预料，哪有时间酱在无聊的纠纷上！“酱”字，是我从鲁迅先生书信里学来的。因此，我对他说，那就再干点其他的事吧。我只能以倾听者的身份安慰他。一个献身事业的人，除了编报没有其他欲念的人，突然把他推下他热恋的岗位，他不理解，只得向朋友诉说了。

不久，他转岗编《悦读》，一时停摆的钟表又上紧发条，开始“褚钰泉时间”了。北京闹SARS的那一年，他在赠寄杂志的同时给我写了一封信，关心我的安危，我现在还珍藏着这封短信。我对不起老褚的是：我调到新的工作单位后，工作忙乱，很少再写文章，也没帮上他什么忙，联系也少了。我应该经常劝劝他要细水长流，劳逸结合，了解自己的身体状况，工作节奏不要太紧张。近年，我的身体也出毛病了，自己还不在乎，有一次被医院的大夫训斥一顿，我感到幸福。我为什么没有经常劝劝老褚呢？——老褚走得太早了。以后去上海，再也看不到他了。

年轻时，我的理想是能当一名记者，像斯诺、法拉奇那样，在历史现场书写时代风云人物。我读过不少中外名记者的著作，了解新闻界的情况，知道老褚毕业于复旦，有一次交谈时，我谈起复旦大学新闻系的老主任王中先生。我对老褚说：王中先生说过，一张报纸办得好不好，你去街头去看，看看读者手里那五分钱买哪家的报纸就知道了。用今天的话说，这就是市场取向，是“读者、订户说了算”。《文汇读书周报》在鼎盛时期的广泛影响，她那些遍布全国的自费订户，不只是对这份小小的周报作了公正无私的客观考评，也是对周报编者的最高奖励；而褚钰泉先生为这份报纸做过的贡献，他的敬业精神，一定会载入史册。

哭送钰泉兄

贺圣遂

钰泉兄心脏病突发，于元月 9 日弃世走了，丧事理毕，方获噩耗（家属遵其遗嘱，不惊动任何朋友，没有举办告别仪式），震惊而又悲痛！我流泪遥祭！世事本来无常，生命真个脆弱！上年岁末我们还有两度相聚：12 月 13 日，我因事到南昌，当晚在江西教育出版社安排的工作聚会上，意外见到钰泉兄，他告我因审校《悦读》新一卷付型样故在南昌。当晚晤谈都很畅心。我约他翌日同往观瞻新出土的海昏侯墓葬文物特展，他先俯允了，再一想，审校付型样的工作比较紧迫，他要赶时间，就说不能随我去看展览了，但却答应中午张秋林兄招待我时他来陪席。他就是一个忘我工作、而又顾重朋友交谊的人！南昌一晤后，12 月 23 日下午，我们又应吴晓平兄之邀，在沪上相聚茶叙连带共进晚餐，纵谈了大半天，谁能想到竟是永诀！

元月 11 日下午，我获钰泉兄惠寄《悦读》第四十四卷，一气展读，依然感佩编得真好！其中有孝泉兄《乌托邦》一文，我很欣赏，遂想起近读芥川龙之介论及乌托邦的一段话，很为警策，欲提供孝泉兄参考，故给钰泉兄拨了电话，无应答。我也不及细想原故，转而给晓平兄打电话，托他有便时告知钰泉转奉乃弟。13日晚七时许，获孝泉兄来电，初还以为是来征询此事，却闻晴天霹雳，竟是噩耗！已与钰泉兄生死相隔！呜呼！痛哉！

当晚，睡不着了，回忆起与钰泉兄交往的种种往事……

钰泉兄是我敬重的学长，我们都毕业于复旦大学中文系。因为这个原故有许多共同的师友，我们认识也比较早；但真正互相倾心、频繁交往、成为挚友，却是在上世纪九十年代初我出任复旦大学出版社副社长以后。我在出版社负责宣传营销，工作之故，就常常要奉烦钰泉兄支持。他当时主持着《文汇读书周报》。这份报纸不仅时时刊出妙文佳构以飨读者，也有许多书界信息导引、方便爱书之人购阅新近出版的各种好书，故此《文汇读书周报》也是出版业人士特别关注的阅读传媒。钰泉兄对我的工作格外热忱地支持，复旦大学出版社的许多图书经他的推荐，得到了很好的宣传，也促进了销售和传播。我想这是钰泉兄对培养他的母校复旦大学深有感情，爱屋及乌，对母校出版社也就深寄厚望，特别垂顾，也愿看到我们的努力多一些成就吧。

钰泉兄与作者交往，多有口碑，他的办刊能够得到巴金、王元化、汪道涵、吴江、黄永玉、章培恒、吴中杰、陈四益等等著名文化人士的坚定持续的支持，即是一证。他敬重有思想、有文采的作者，敬重他们的才情，但更敬重他们的品质与风范，如中杰老师所赞，钰泉兄是继承且保持了老辈知识分子风骨之人。

钰泉兄的爱书，也给我留下深刻的印象。每次去文汇报社他的办公室见他，都要惊羡他真正是坐拥书城：室内顶天立地都是图书；

狭窄的空地仅能容两把椅子促膝对坐；不大的办公桌上也是书堆危耸，仅余比A3纸大不了多少的一点桌面可以用作书写。他退休以后，居室不大，忍痛放弃了很多藏书，每每与我谈起，遗憾不止。彭雪枫先生的藏书捐赠图书馆遭到婉拒，钰泉兄很诧异地对我说及："难道斯文真的扫地了吗？这个世界怎么能不喜欢图书呢？"

钰泉兄的爱书，也反映在他那么热心地倡办"文汇书展"这件事上。这个书展可以说是上海改革开放以来举办最早的书展，持续了十二年，办得风风火火，很有人气，对促进社会阅读起过很好的作用。谁能忘却当时沪上工人文化宫内那道亮丽而温馨的文化风景呢？

钰泉兄退休后，书痴之情不减，竟然以一人之力办起《悦读》，很用心地编出四十四卷，每一卷都为读者所赞。我也像许多读者那样，总是期待先睹为快新一卷的《悦读》，也给自己带来了很多感受、启发和思考。有时也会担虑《悦读》的尖锐会得罪一些人或遭至别人误解。钰泉兄不以为然，对我说他别无所求，只是遵循社会主义核心价值办刊，只愿为我们国家社会的文化建设尽一点力。我知道他这样说是真诚的。他是谦谦君子，一生淡泊，从无奢求。自走出校门几十年来，勤勤恳恳、不知疲惫地办报办刊，热心地传播文化。他敬重别人的文章道德，欢喜为所敬重的人显誉扬名，而自己却甘愿默默无闻地付出辛苦。他与那么多优秀的文化界人士交往，其中不乏位尊名重的；许多朋友也赏识他这个人的品格才情，有时会关心他遭遇到的一些不顺不公，愿意为他伸张效援，他都婉拒谢辞。他对我说过，我只要能够做自己喜欢的事情，就遂心愿，别无所求，也不想以个人琐事惊动别人。这么个曾经呕心沥血、无私奉献，而让那么多人享誉成名的人，自己的行政职务却只到副处。以我们俗人来看此事，不是觉得太不可思议？他却坦然不以为意。

要提到我与钰泉兄交往的一些让我感念的往事了。

上世纪九十年代起，我们先从彼此的工作需要建立起较经常的联系，逐渐也发展了个人的交情。彼时，我因为正在策划出版章培恒、骆玉明主编的《中国文学史》及葛兆光的《中国思想史》，很兴奋，与他见面时就会畅谈很多。我提到出版的使命应该让思想闪光，他很留意这句话，督促我为此写一篇短文交给他，不久，却见在他主编的《文汇读书周报》头版醒目位置刊出了。我的区区之论承他如此看重，我分外感受到人间的真情。《中国文学史》《中国思想史》问世以后，他不遗余力做了许多宣传报道，书的获誉与畅销都应铭记钰泉兄的功劳。好事难免有波折，《中国文学史》的出版也许像个传奇（我有专文记述），我始终得到钰泉兄的支持、勉励，我要永远感念钰泉兄！他从主编职务退下来以后，我们的朋友之谊依然如故，经常会面聊天。本世纪初，中国出版业正在大转企，一度只看重经济效益而轻忽出版文化价值的观念在业内较流行，带来种种困惑。我因对刘杲老发表《文化是目的，经济是手段》的议论很是钦服，受到启发作了一些思考，也是在闲聊中与钰泉兄说及；他却是有心人，将我的想法转述给徐坚忠兄（他当时接任主编《文汇读书周报》），特意约我访谈，随之也在《文汇读书周报》头版作了报道，而这一报道为宋木文老、杨牧之老等出版前辈所重视。于是乎，在当时的出版界引起一些讨论，也可说起到了正能量的作用，在我是高兴的，当时就由衷感谢钰泉兄的高谊。我退休以后，我们交往更频，他总是以自己对文化与出版的热忱影响着我，并常常勉劝我不当服老，桑榆非晚，还应该再为社会做一点事。他乐见朋友成功。他的殷殷、拳拳之心，总是让人感动！类似这些交往，在今天钰泉兄仙逝远去，彼此霄壤永隔之际想起，如何忘情?

窗外下着冬雨，灯下有些怅惘。可是，追忆却让我感到钰泉兄宛如犹在近旁，分明可以感觉。以往彼此熟悉的一切似乎依然如旧，可是，他是走了。他走后是上海奇冷的寒冬，我枯坐着，脑际萦回与钰泉兄交往的点点滴滴，心中的悲伤似乎也被严寒冻住了，挣脱不开。然而，这些悲伤却又让我希冀钰泉兄或许音容还在、形神俱留。是的，对我来说，他并未远行，只要我们活着，想着他，他就活在我们之间。钰泉兄是坚信中国会变得更好的，他为这个信念不羡荣利，劳作一生。我钦敬他的这种精神。我们都相信并祈祷着中国的进步。于是在冬雨的淅沥声中，我觉得我有挚友相伴，心里仍怀有一些暖意。

骨傲品洁自成峰

陈贤德

这个冬天真的是寒冷彻骨。

1 月 13 日夜九时，我因血压高已上床入睡，突然接到伊人的电话，说褚钰泉已于 1 月 9 日上午猝然去世。这怎么可能？！我一下子惊呆了……懵懵然放下电话后，又被沈嘉禄、管继平等几位文友的电话拉回现实——老报人、真文人褚钰泉真的走了！可是，我还是无法相信自己的耳朵，我近乎抓狂地拨打他的手机，但手机已经关机；打他家里座机，也一直无人接听。我在心里不住地问：难道褚钰泉是真的走了？

我清楚地记得，2015 年 9 月 2 日上午，褚钰泉和伊人一起在我家，为我的一部作品集挑选三十二张人物照片，并推敲图注文字，他还对封面设计和版式安排谈了自己的想法。十天后的 9 月 11 日中午，我们八九个文友一起在福州路老正兴聚餐。当时，褚钰泉对葱烤鲫鱼赞不绝口，还不无感怀地说：“小菜最见真功夫。阿德你的文章也要和这小菜一样，有味道、有回味，新书一定要早点寄我。”11

月下旬，我用快递寄了我的新书《长路经行见屐痕——陈贤德作品选》给他，11 月 30 日他发我短信说："阿德兄，大作收到，迟读为快！这本书很有分量，真该好好祝贺你。钰泉"。字在屏前，言在耳畔，钰泉怎么说走就走了？整整一夜，我竟无法入眠，早晨起身量血压，收缩压竟高达 202 毫米汞柱，只得去医院急诊。躺在输液室，静静看着输液管中药水一点一点滴落，眼前浮现的尽是我和钰泉兄相处的点点滴滴。

褚钰泉小我两岁，我们相识于上世纪八十年代初期，相熟相知于上世纪八十年代、九十年代，交往更是延续了三十多年。相识之初，他是《文汇报》文艺部的记者，我在大百科全书出版社上海分社任编辑。1984 年，建国以来首次出版的教育工作资料工具书《中国教育年鉴（1949—1981）》正式发行，共有三百多万字。作为责任编辑的我，写了推介文章给他。他深知此书的意义，1984 年 10 月 25 日就在《文汇报》头版发了消息，12 月 3 日又在《文汇报》醒目的位置发表了题为"宏伟的教育画卷"书评，引起很大反响。也就是通过此事，我看到了他严谨的作风、不凡的能力和友善的态度，从此认准他这个朋友我是交定了。1985 年《文汇读书周报》创刊，他是实际的主编，我们的联系交往更多了。特别是在 1989 年中国第一本百科年鉴创刊十周年期间，出版社要我负责宣传事务，我是千头万绪、四处联络。好在新闻发布会顺利举行，当时在新闻发布会上十分低调的钰泉兄，不仅在《文汇报》上发表了通讯《历史的见证——记〈中国百科年鉴〉创刊十周年》，还在《文汇读书周报》上发布了有关消息，在文化圈产生了很大影响，更让我看到了钰泉兄的办报水平和好友情谊。实际上，单从 1989 年至 1991 年的三年间，我在《文汇读书周报》上就发表过数十篇书评、报道或是介绍有关读书人的文章，几乎篇篇录用。

在我心中，褚钰泉始终是一个有理想、有水平的好报人，一位有风骨、有情趣的真文人。

钰泉兄享年七十二岁，为文半个世纪。每年我们文友聚餐时，他常说起，其实我这一生就是办了一张聚焦读书的报纸《文汇读书周报》，编了一本传播书香的《悦读》。作为同行，我深知，人这一生真正干好一件事情、办好一份报刊都不容易，何况是创出两份那么有态度、有思想、有情怀、有节操的报刊，并主持那么多期呢。这其中要有多少的智慧、勇气与担当，又要有多少甘坐冷板凳、甘为作嫁衣的坚守！

先说《文汇读书周报》，这张聚焦读书的报纸，我是每期必看；他主笔的“阿昌逛书市”专栏，我是每篇必读；他举办的“文汇书展”，我是每回必去。尽管，他后来离开了他精心哺育的这份报纸，但已然为这份报纸的发展打下了扎实的基础、注入了不俗的基因。

记得九十年代后期的某一天，我和龚心瀚一起去庆余宾馆看望王元化先生，谈起褚钰泉，两位领导也对他的办报态度和办报水平赞赏有加。

就连我的外甥杨国益也是看着这张《文汇读书周报》长大的，每每与褚舅舅交谈都对他的能力、风骨钦佩有加，现在他也成长为“上海拍卖行业半支笔”了。

在我看来，《文汇读书周报》就是钰泉兄办报思路实践的“处女地”，《悦读》才是他心情舒畅、有职有权、思想独立、才华横溢办报办刊的“ShowTime”。《悦读》是二十一世纪出版社社长张秋林先生英雄惜英雄的手笔，也是钰泉兄坚守办报理念、坚定人文品格、坚持文化特色的产物。四十四卷《悦读》，因内容丰富、思想深湛、评论精到、编辑精心、格调不俗，自发行之初就在文化圈受到好评。尤其是钰泉兄每期亲笔撰写的“卷首语”更是精妙所在，其学识、思想、风骨展露无遗，无异于“好茶一杯”，提神且隽永。虽说，为《悦读》钰泉兄是夙兴夜寐、呕心沥血，但钰泉兄的心情是十分愉快的。每次我们提醒他要当心身体，他总说，知道的、知道的，谢谢了、谢谢了，人开心最重要。开心呀开心，最终让他离去的，也就是他这颗饱经风雨、高度负荷的心脏呀！

“人开心最重要”，他就是这样一位有风骨、有情趣的真文人。

不同于现在那些标榜出身、牛皮哄哄的“砖家”，钰泉兄倒真是一位有腔调、真低调的文人。他是著名历史学家陈旭麓的东床快婿，是沪上语文教育名家徐振维的得意门生，是著名文化学者王元化的忘年之交，是 1961 年考入复旦大学中文系的顶尖学子，对这些他本人一句都不曾提过。这些年来，钰泉兄和我相聚时，谈的都是时政新闻、社会热点、好书佳文、办报思路等话题，几乎不谈个人进退、鸡毛蒜皮的小事。只有九十年代初，有一次著名文化学者王蒙等名家抵沪，钰泉兄要自费请客，又因王蒙先生爱吃三黄鸡，才要我帮忙在当时一座难求的小绍兴大酒店安排一桌。说句实话，以钰泉兄在文化圈的地位、资历，若要为自己办什么私事，是轻而易举的，但他却从来不做。就连去世，也因遵其遗愿，不发讣告、不开追悼会。可是，越是这样，就越难了却大家对他的哀思呀！

听闻褚老师走了，我九十八岁的老母亲也十分伤心。她还记得二十多年前，我五十岁生日在静安政协餐厅举办的生日宴上，沪剧名家孙徐春唱到“昨夜情，今朝思”时，钰泉因发稿而刚赶来，风趣地说：“阿德，我们不是昨夜情，是十年情、一生情的朋友！”

听闻老褚走了，我的太太也十分难过。她还记得那个九十年代初期，因文友打趣，钰泉与她扳手腕，说好谁赢谁请客，结果输她二十元钱，当场掏钱被拒绝，事后竟然又通过邮局寄来！

听闻褚舅舅走了，我的外甥也十分悲痛。他还记得那个褚舅酒量不大，可有一次敬酒，却是一口喝下，还不忘叮嘱："国益，酒要喝干净，书要读广博呵！"

翻翻家中整齐叠放的《文汇读书周报》和《悦读》，钰泉兄音容笑貌宛在。可惜，《悦读》定格在了第四十四卷，成为钰泉兄最后一次主编、最后一次亲撰"卷首语"的刊物。而随着钰泉兄的离世，《悦读》似亦成绝唱。每思及此，悲从中来，不胜唏嘘：

文以载道数办报，人尝修身唯读书。
骨傲品洁自成峰，掩卷流泪思钰泉。

书生，为书而生

——怀念吾友褚钰泉

伊　人

2016年1月1日，与钰泉兄通电话，互致新年问候。他告诉我半个多月前，去南昌编完了最后一卷《悦读》，听上去语调很平静；提到下周三《编辑学刊》的编委年会，他问我去吗？我说去的。我们约好见面再谈。

1月6日下午，《编辑学刊》会议室，钰泉兄先已在座，他见到我就关切地说："你瘦掉点了。"我点头称是。而他还是老样子，看上去气色不错……

1月13日夜晚，秋林打来电话，哽咽地告诉我：褚钰泉走了！是1月9日突发心脏病去世的……我惊愕得简直说不出话来，这怎么可能？！几天前见到钰泉兄，还好好的呀，怎么会遽然离去呢？！……

这一晚，悲从中来，彻夜难眠。

我与钰泉兄结识，是在上个世纪八十年代初，后来他主编《文汇读书周报》，我们彼此走得更近了。当时我在《解放日报》编“读书”专版，虽然“读书”版创办较早，然而由钰泉兄主要策划、创办并主编的《文汇读书周报》，却是全国第一份专业的读书类报纸，以它的体量（初为四版，后逐渐扩至十六版）、格局和丰饶内容，是我编的区区半个多版的“读书”，不敢望其项背的；当然也就不存在一时瑜亮的“竞争”问题，倒是因同道而更为密切了；钰泉兄有时向我约稿，于是我就成了《文汇读书周报》的一个作者。

以志趣和志业皆与“书”相系而言，钰泉兄无疑是个书生。我当然也算是。不过也有差异：我是个散漫的书生，而他则是劳碌的书生。

那时候，钰泉兄似乎根本没有上班族“朝九晚五”的概念，夜晚八九点钟我打电话到他家里，十有八九得到他夫人的回答是：“他还没有回来。”转而打到报社，果然他老兄还在书堆包围着的办公室里忙乎着呢。双休日也大多如此。有时我们跟钰泉兄开玩笑，说他把自己整个儿卖给了一张报纸。他淡然一笑，似乎这“卖”对他而言，乃是稀松平常的事。

功不唐捐。钰泉兄的劳碌，自然没有白费。他和同事们把一份周报办得风生水起，誉满书界，乃至蜚声海外。见诸其报端的，可谓群贤毕至，名家荟萃，比如，巴金当时就明确表示对《文汇读书周报》的看重，说“这些年我写的文章几乎都由《文汇读书周报》首先发表”。王元化也说过：“我的重要文章喜欢发表在《文汇读书周报》上。”他还和同事们创办了“文汇书展”，不辞辛劳地连续办了十二届，爱书人近悦远来，成为沪上一年一度的文化盛事……

如此孜孜劳碌，如此业绩昭然，如此大有益于读者，如此有功德于社会，而且也为报社争光添彩，当时我就觉得，钰泉兄足以被评为劳动模范，或者荣膺韬奋奖项，甚至享受什么“特殊津贴”，亦可以说是当之无愧。然而，这一切都跟钰泉兄无缘。就连社里的“先进”称号，他也宁愿由同事去得。对名利之类他看得很淡，不需要什么“激励”，照样为《文汇读书周报》夙兴夜寐倾其所有，十六年如一日。

心无旁骛，别无所求，惟愿与自己钟爱的志业相守到底，直到退休的那一天。这曾是钰泉兄的书生之愿。

孰料，挫折正向他袭来——

忽有所谓的“新政策”：若不是党员，不能主持报纸（即使是子报）的工作。这就是说，他得从已克尽厥职十多年的岗位上退下来。他并不“恋栈”，而是更在乎读书报的未来……

有一天，在文新大楼，他与集团的一把手迎面相遇，后者热情地叫住他，对他说，钰泉，像你这样的好同志，为什么不入党？应该加入啊！当时旁边正好有个同事是党员（可能是党小组长），一把手对他说，你帮钰泉落实一下这件事……显然，这位领导对钰泉的敬业工作，对《文汇读书周报》的骄人业绩，是有着相当的了解的。若钰泉此时抓住这不期而至的“机遇”，解决党籍问题，那么，他作为党员继续主持周报工作，岂非顺理而成章？

然而，钰泉兄却不。当时他说，感谢领导的关心，不过，自己跟党员的要求，还有一定的差距……就这样给“婉言谢绝”了。不久，这位领导升迁调任，此事也就不了了之。

在聪明人看来，领导如此亲自关顾，而钰泉竟不识抬举，任大好“机遇”流失，实在是迂得很。诚然，从这件事更可以看出，钰泉兄真是个书生，他有书生意气。他不想乘势攀附，不想拿“党票”作为筹码。你可以说他“迂”，或者“清高”，但这恰是他这样的书生的一种“洁癖”，一种风骨。

后来，《文汇读书周报》果然“空降”来新主编，钰泉兄就此被“边缘”。

在那段被“边缘”的日子里，钰泉兄明里暗里遭算计、压制，感受到人心叵测，世态炎凉，变脸、反噬、告密、离间、构陷、诋毁……令人齿冷心寒的种种，他冷眼以对，一一领教，那“农父与蛇”的古老寓言，也让他痛切地亲身体验到了……钰泉兄偶尔谈及那一切，我为之叹息、不平，可又自知不能实际帮到他什么，只是促膝倾听时，也情不自禁地骂几句“小人”，或许这样能使他稍稍排遣一点吧。

去年我在“共识网”上看到一篇文章，题为《一片冰心在玉壶》，内容是忆念历史学家陈旭麓先生。该文提到陈三十一岁时已是圣约翰大学的教授，而他晚年却因受某人的压制，带过研究生数十人而无博导资格。陈旭麓是钰泉兄的岳父，我将此文复制后，随即发给了钰泉兄。隔天打电话告诉钰泉兄，我曾与陈先生有数面之雅；又问，那压制陈先生的某人是谁？他告以某某；我说，哎呀，就是此人呵！大概是1978年吧，报社理论部主任交给我一篇文章，嘱我修改一下，文章作者就是此人；内容不怎么样也罢了，连文句都写不通，当时我硬着头皮修改，故有深刻的记忆。唉，就是这种人，压着陈先生这样的学问家！钰泉兄也连声“唉唉”，说：这样的荒唐事，实在是太多了！

我觉得，陈旭麓先生与钰泉兄，翁婿二人，一个是有造诣的史学家，一个是有作为的报人，虽然职业不同，却也有点相似之处：都曾历经挫压。他们是书生，难免有书生意气，有书生的“耿”和“迂”，他们不唯唯诺诺，不曲意奉迎；他们昧于识人，拙于心计；于是，唉！他们就不容于弄权的斗筲之人，或遭暗算于势利之徒，他们也就“背运”了。

然而，钰泉兄毕竟比他的岳丈幸运，因为他有“知遇”——幸逢有惜才之心、有文化担当、有情有义的张秋林。

于是，钰泉兄加盟二十一世纪出版社，曾遭夭折的《悦读》起死回生，而且益显风姿绰约。在将近十年的时间里，他以一人之力，编成四十四卷书香漫溢、口碑播传的《悦读》。书生钰泉兄，真正是“得其所哉”！他因此而尽展其志，大畅其旨，这是他生命中后十年最舒心也是最华彩的时光。

我编过报纸的“读书”版，深知其中的甘苦。五六千字的“读书”版，要编得有风格、有品位，已是不易；尤其是组约名家的文稿，往往颇费周章。而每卷近三十万字的《悦读》，却有如许堪为当今学界翘楚的名家如云斯会，如资中筠、陈铁键、李建军、蓝英年、吴中杰、王学泰、王得后、汪家明、陈四益、李洁非、朱正……他们绝非“盛名之下，其实难副”，不是那种兜售“心灵鸡汤”而暴得大名的“名流”，他们是独立的思想者和书写者；《悦读》因此而有睿智、有锋芒、有深度、有品位。仅此即可见钰泉兄的能耐和功夫。散漫如我，只能自叹弗如。

不过我有幸忝为《悦读》的作者之一。这些年来，尊孔崇儒蔚为时风，文化复古主义甚嚣尘上，不佞却冷眼以对，逆势而作，撰成一系列“不合时宜”的文章；刊于《悦读》的就有：《在孔府买了本有意思的书》《孔子为何痛感于好色者》《先儒的哭丧之礼》《〈春秋〉为何特别青睐这个女人》《我更喜欢教育成年孟子的孟母》《二十四孝：一个低劣的范本》……这些文章在当下大概也只有《悦读》能容纳，盖为钰泉兄也不屑趋附时风，他有睿识也有担当。

尤其值得一提的是，一篇文章致成一本书的因缘。《悦读》新生之后，我刊发在第三卷上的文章是《喜闻新人向孔子“宣誓”》，该文说的是：“首善之区”北京的有关部门，心血来潮，别出心裁，策划、组织新婚男女向孔子像宣誓“永不离婚”；而孔子自己却曾是离婚（出妻）的，这有儒家经典（《礼记》）的记述，以及孔颖达、朱熹等大儒的论定。此文虽热语带调侃，却是以经典文献为据的。文章在《悦读》刊出之后，友人淳子来电说，她看了这篇《喜闻》，觉得蛮有趣，已经向出版社一位编辑推荐了。不久，那位编辑便打来电话，说看了这篇文章很喜欢，问能不能发展成一本书。我说，就是有感而发的一篇文章而已，自己并没有写本书的打算。但经不住那位编辑的“热情鼓励”，我就应承了下来。结果是花了六年多时间，终于著成一本三十八万字的《平视孔夫子》；尽管此书后来没有在那位编辑的出版社出版，对我而言也没有一点经济效益，但我心甘情愿，因为这毕竟是我想做的事情。

若不是钰泉兄将《喜闻》刊布在《悦读》上，未必有承诺而撰的《平视》了。

数十年痴迷浸淫于书的钰泉兄，生前却没有出过一本自己的书，这似乎有点不可思议。

钰泉兄其实写过不少文章，其中大多与“书”相关，比如主编《文汇读书周报》时，他以“阿昌”笔名，每期撰发一篇专栏文章，谈说与“书”有关的事项，颇受读书人和出版界的关注和好评，如是坚持了十多年。他还在其他报刊上，发表过不少文章。然而，他却从未想过要结集出版。以他和多家出版社的密切关系，若要出书那真是小菜一碟。甚至曾有出版社的社长、总编主动提出为他出书，他也淡然处之。

上世纪九十年代后期，《编辑学刊》开辟了一个专栏，曰“编坛三家村”，所谓“三家”，就是钰泉兄和我，以及《新民晚报》编“读书乐”的曹正文，我们三人每期各写一篇。当时又有人戏称我们是沪上书界“三剑客”。后来有出版社提出：你们三人何不合出一本书？我和曹正文觉得这主意不错，可钰泉兄却不起劲，说他的书报杂志堆得“一天世界”（沪语：意为凌乱不堪），一时很难找到。我说，我来帮你找。此后我从找到的钰泉兄文章中，选了三四十篇（三人共一百多篇），复印好后请他“定夺”。可结果却是“不了了之”。钰泉兄曾说过，以前写的那些都是“速朽”文章，这或许就是他看淡出书的理由吧。

虽然淡泊于己，然而他以“书”为志业，却是如此倾情，如此执着，如此劬劳。他宁愿孜孜不倦乐此不疲地“为人作嫁”——为读书人，为著书人，为出版人，他是“衣带渐宽终不悔，为伊消得人憔悴”呵！

他是个纯粹的书生：为书而生，为书一生。

追思阿昌兄

米　舒

天有不测风云，为人正直、谈吐儒雅的褚钰泉兄以创办《文汇读书周报》而闻名于世，不料他刚过古稀之年，在微信上突然传来一个不幸的消息，钰泉兄匆匆驾鹤西去。这不由让我在惊愕悲伤中，回想起与他相识的岁月……

我认识褚钰泉兄，是在上世纪八十年代初。他是一个爱书的编辑，上世纪七十年代末，《文汇报》还没有读书版，他在其他版面上搞了一个“书亭”栏目来介绍图书，后来他又在上世纪八十年代初创办了《读书与出版》专刊。至 1985 年，在他的努力与策划下，终于发展成《文汇读书周报》，他还开设了“阿昌逛书市”专栏，在上海读书界竖起了一面大旗。而在此之前《解放日报》的房延军兄也办起了“读书”专刊，用“伊人”笔名撰写评书美文。我看了好生羡慕，趁《新民晚报》1985 年岁末扩版之际，便提出创办一个“读书乐”专刊的建议，不久便获通过，1986 年 1 月正式创刊。记得当时钰泉兄打来电话，说：“我们今后书坛可以有‘三剑客’了。”

因为宣传书，我和钰泉兄、房兄三个人几乎每月至少碰一次头，二十年几乎未变。碰到上海书展前夕，我们会在一个星期内在三五家出版社内一起开会，偶尔出版社也请我们吃一顿饭，表示慰问，但一年难得有一两次，比如江西少儿出版社（今“二十一世纪出版社”）总编辑张秋林曾邀请我们三人去庐山参加笔会，认识了全国许多编“读书”版的同行。席间指点图书，不亦乐乎。参加的新闻单位当然还有电视台、电台及一些报社的编辑记者，但我们三家，因为代表了《解放日报》《文汇报》与《新民晚报》，那是非到场不可的。

跑出版社、书店，在新闻界同行中属于许多人不屑一顾的条线，说通俗点，就是“清水衙门”。记得自己跑读书出版界二十二年，每次开会，红包便是出版社送的几本书，但钰泉兄、房兄与我却乐此不疲，也算得上是半个“读书种子”，因此迷书似痴，以编书为乐。

有趣的是，我们各有各的笔名，每周都写一篇小文章与读者互动，钰泉兄用的笔名是“阿昌”，房兄用的笔名是“伊人”，我则用“米舒”之笔名，谈古说今，与读者交流，既说书坛趣事，又议论书界新作。我们三个人的文章风格各别，但有一点是相同的，绝不写极左的官样文章，只写读者书友淘书爱书之喜乐。抨击极左思潮，决不让极左的文章出现在自己执编的版面上。

阿昌兄无疑是我们“书坛三剑客”中的老大，也是做得最好的一个。他编一张报纸，费心尽力。为何《文汇读书周报》这么多年来深受专家学者与广大书友之青睐，就因为内容扎实，可读性强。他为了选用好稿，几次与分管领导争论；为了让读者看得过瘾，他在选稿与组稿上都花了大力气，于是，版面上名家辈出，敢于立言。

我们三个，一直想出一本《三剑客书话》，伊人与我把文章也选好了，阿昌兄却一直忙于编稿，一直说下次交稿，至今未有结果。今日阿昌已去，让我对他说一声，阿昌兄走好！愿你在书香天国里随心所欲地编书报吧！

褚老师，因为有你……

汪耀华

惊悉褚钰泉老师逝世，是1月13日伊人老师给我电话时诉说的，他刚刚从秋林兄那里获知。放下电话，在一阵惊愕之余迅速联系坚忠兄，未果。再联系《文汇读书周报》原编辑、现在的《文汇报》副总编郑逸文，确信褚老师的后事也已由家属办妥，不禁深深地怆然……

于是，在更加关注并转发彼此熟友的微信的同时，常常进入往事追忆之中，回忆与褚老师的交往并寄托哀思……

在褚老师去世前的几个月内，因为伊人师的介绍，使我与陈贤德老师（阿德哥）彼此相熟，我们一起鼓动阿德哥在上海书店出版社出版了《长路经行见履痕》。为了这本书，由着阿德哥，我叨陪末座地先后在小绍兴、燕云楼等酒家聚餐，那时，因为居家在进行装饰，我等最后一次庆祝此书出版的聚餐时，褚老师缺席了。这一次的缺席，使我等与褚老师从此天各一方。

褚老师从《文汇读书周报》告退后的近十年，我们的交往，都是聚餐，应雷群明老师、伊人老师、坚忠兄等人召集，我们彼此多次相聚。褚老师在主编《悦读》，我在主编《中外书摘》，他依然常常鼓励我，每次相见也总为我未被“重用”而遗憾，且不断在不太熟悉的同道中隆重地推荐我，这使我十分惭愧，也使我不断努力。褚老师一直希望我能为《悦读》撰文，我却除了在《中外书摘》多次刊摘《悦读》的佳作外，一直没有撰文，想着来日方长，现在已经后悔至极了。

我学习写文章，得益于1985年3月创刊的《文汇读书周报》郦国义老师、褚老师等颇多。尤其是褚老师，我一直很感激。那时，我常常在周 ·下午从四川中路上海新华书店步行到虎丘路直接把稿件送到周报，周四下午再去就可以拿到刚出厂的报纸了。我在文汇报社食堂就餐也都是褚老师请客的。由于褚老师不断鼓励，前一周交稿时议下下周的选题，写读书活动内容、写书业评述、写读书感受，成为周报的“写手”，那种投稿生涯，实在是十分愉快的。而且，源源不断的稿费也使我可以放松地聚书。那时，我在上海新华书店图书宣传科谋职，人来客往地经常举办一些读书活动（签名售书、作品研讨、读书报告会），周报是我可以详尽记载活动内容的媒体，而且，有重大题材，如《巴老，谢谢您！——上海百名作家赈灾义卖巴金七种签名书“拍卖”纪详》（1993年11月13日）、《“远东第一书店”命运感叹》（1993年12月4日）等等，我都可以写满整版。年轻时有这种机会，真是幸福。近日，在与学术书苑陈木林、严钟麟、陈政等旧同仁相聚时，我们用了很长时间一起缅怀褚老师对学术书苑的支持和鼓励。因为如果没有褚老师和周报，曾经的学术书苑不会如此红火；没有褚老师和周报，南东书店可能会提前十年退出市场……

1992年1月，浙江人民出版社出版了由《文汇读书周报》编辑部主编的《现代人读书知识大观》，褚老师为此特别邀我撰写了一篇《特色鲜明的中国读书大潮》的综述，作为全书第一篇文章刊出，同时刊出了我在1985年12月28日周报上刊出的《世界十大书展》（该文曾被《新华文摘》等摘录）。从1991年到1994年，我在主持编印《书业行情》（内刊）的同时，还在周报刊出“双周书情”（起初是半月热门书排行榜），分文艺类和非文艺类各刊出五种书目，后来因为其中的个别书目使人不太满意而终止。

曾被称为我国持续时间最悠久的中型书展——文汇书展，是由周报主办的，我曾以“上海《书业行情》编辑部”的名义承办了第八、九届书展，与褚老师、周报的关系从投稿撰稿发展到合作办展的阶段。

第八届文汇书展是1993年3月19日至29日由周报与杭州西泠电器（集团）公司主办，上海《书业行情》承办，参加书展的有上海工具书店、中国科技图书公司、上海外文书店、上海古籍书店、新华书店上海版图书贸易中心、上海省版书店、南京东路新华书店和三联书店杭州分销店等八家书店，提供三万多种书，销售四十三万元。

第九届文汇书展1994年3月25日至4月4日举行，上海南京东路新华书店、上海新华书店图书批销中心、上海古籍书店、外文书店、上海医学书店、中国经济书店上海二店、上海建筑书店、上海省版书店、上海工具书店参展，最终以七十万元的销售额和五万多读者的流量赢得了皆大欢喜的结果。不过，当年4月9日周报一版刊出了《书展，是否越办越难办？》：“本届文汇书展的场地费尽管已被优惠，仍然比去年增加了53%，保安费增加了三倍，而且已是最初商谈的价格的一半。同样是增加，销售增加了 60%，可费用开支却大大增加了，尽管如此，书展的入场券依然是 0.20 元一张，而且是多年不变。”

文汇书展是周报在搭建作者、出版者与读者之间的桥梁时发现不畅、阻塞而兴办的一项经营活动，目的是打通上下游通道，实现“为书找读者、为读者找书”的目的，在几乎不盈利的基础上坚持十二年，殊属不易。客观地说，第八、九届文汇书展，因为我等有着上海新华书店图书宣传科的背景，是区、县新华书店的上级部门、图书美工宣传的职能部门，加上与上海各类书店领导层的友好关系，以及对收支的把控，使这两届书展的形象、广告、宣传都有所提升，而且在经营上也稍有盈收。

文汇书展从 1986 年开始到 1997 年共举办了十二届，因为市场发生了变化、上海书城的开业和更大规模的上海书市（上海读书节），终使文汇书展只能存在于爱书人的记忆之中。

我是文汇书展每届必至的读者，而且，都能承褚老师的厚爱而持“请柬”入场。在第八、九届之前，限于身份，不便登场打理；第九届之后，经过锻炼在 1995 年创办了上海书香广告策划有限公司，相继承办了中国出版成就展上海馆和首届上海图书节暨’96 上海书市等。后来，一直在为已经连续开展十二年的上海书展出力。回想一下，正是因为在 1993 年、1994 年承办文汇书展期间获得的全面实践，才使我在后来的各类书展中得以冲锋陷阵。未能继续为文汇书展和褚老师尽力，实在也是身不由己。

褚老师是看着我成长的前辈，对于我后来的“好大喜功”也一直在给予提醒……这种提醒和鼓励，一直伴随着我成长，褚老师常常为我“不平”，为我“叫屈”，看见我这几年工作平稳、业余研究中国近现代出版史的刻苦和成绩，又是叫好不断……

现在，褚老师匆匆而别。但是，褚老师的鼓励和期盼，我是不会忘记的。因为，只有记得褚老师等前辈和同辈的好，才能使我努力为社会尽力，否则，会难为情的。

五十五年前的室友

——怀念钰泉先生

王增藩

1961 年 8 月，我从福建漳浦佛昙镇考入复旦大学中文系，28 日入学，在新生报到时认识了褚钰泉。从此，我就和他共七位同学同住 6 号楼 319 室。同窗好友钰泉，是我此生永远怀念的老同学！

入学几个星期后，我发现钰泉很少待在寝室里，午饭后，他不睡午觉，到宿舍拿点书，一溜烟走了；晚饭后，也不见他的踪影，到晚上快熄灯时才回来睡觉。

有一天，我终于忍不住了，问他这是怎么回事？他笑着说："宿舍里人多嘴杂，定不下心做事，我到图书馆还能静心多看点书。"我这才恍然大悟，他学习成绩好，原来是珍惜时间、刻苦攻读得来的。他那孜孜不倦的学习精神，给了我生动而深刻的教育与启发，激起了我热爱学习、追求进步的热情。

钰泉出身在上海市区，是全班同学中年龄最小的。良好的家庭教育和他自身不懈的努力，使他具有厚实的文化底蕴，每次课堂讨论，他都发言，引经据典。见此，我这个来自农村的学子，只能当哑巴。

为了增长知识，赶上同学们的步伐，我像他一样躲进图书馆阅读各种书籍，开始恶补经典著作。还利用勤工俭学的机会——为学校大礼堂周末放电影收门票，就能获得免费观看两场电影，在此后几年中坚持看了《复活》《安娜·卡列尼娜》《早春二月》《洪湖赤卫队》等两百多部国内外影片，使我的文学知识有了点积累，从而取得了课堂讨论的发言权。

到了上世纪八十年代，校领导让我做苏步青校长的秘书，读书写作成为我的必须和日常工作。二十年间业余写作出版了《苏步青传》《谢希德传》《我给苏步青当秘书》等作品。同学聚会时我得知钰泉在《文汇报》当编辑，有意向他学习，家里特地订了一份他主编的《文汇读书周报》。我特别爱看其中有关作家、评论家事迹的文章。

正巧，我在厦门大学高教研究所任研究员的哥哥王增炳，致力于华侨领袖陈嘉庚的研究，编撰出版了《教育事业家陈嘉庚》《陈嘉庚教育文集》等著作。在他的影响下，1993 年起，我也注意收集哥哥及有关陈嘉庚的教育资料，写了《陈嘉庚教育思想研究者》的文章寄给钰泉。可等了五六个月，不见动静，又不想打扰他，慢慢地就忘了此事。

真想不到，7 月 24 日这天，突然看到《文汇读书周报》上发表了我的文章，兴奋得很。接着，又收到了他寄来的样报和一封信，信中写道：因工作非常之忙，收到稿件随手一放就找不到了。近日，终于找到并刊用了，很对不起您。我十分感动，一位主编，要处理全国各地飞来的书信、稿件和刚出版的新作，真把他给忙坏了。但是，他为这点小事竟还写道歉信，让我对他的为人更加钦佩。

留校工作的我，有条件负责全班同学聚会的组织工作，与钰泉之间的交流，也就多了起来。每逢五逢十校庆，我们同学都有聚会，通知钰泉，他总会抽空出席，给大家留下了许多欢乐而珍贵的聚会照片。

退休后，我被返聘担任《复旦人》杂志编委、编辑。《复旦人》一出，就给他寄上一本。他退休后继续干老本行，应聘主编《悦读MOOK》，知道我们全家都爱看，也定期寄我一本。

有一次，我问他还能收到《复旦人》吗？他说不知什么原因，好久没收到，我赶紧给他补寄了几本。复旦一百一十周年校庆特刊一出版，我马上把自己的一本寄给了他。2016 年 1 月 8 日，他又给我寄来刚出版的《悦读 MOOK》，我爱不释手，赏读不已，真是编得太好了。

不幸的是：13 日，突然接到钰泉弟弟孝泉教授的电话："9 日，我哥哥钰泉因心脏病走了，根据他生前要求，不开追悼会、告别会。"骤然间，我懵了——这怎么可能呢？！捧起钰泉新寄来的《悦读 MOOK》，我老泪纵横，五十五年……我们彼此真挚友好的交往，难道从此就成了绝唱？

老同学钰泉，您一路走好！安息吧！

读书　爱书　编书

——追忆钰泉同学

朱一飞

我怀着极其沉痛的心情，深切缅怀褚钰泉同学！对他的夫人表示最诚挚的慰问！

褚钰泉，我们复旦大学中文系 1961 级同班六十位同学的老同学、老朋友！他生于 1944 年，是我们年级里年龄最小的；他性格脾气又好，所以我们习惯叫他：小褚！

小褚读大学时，是我们年级里的宣传委员，还负责定期出黑板报，那块黑板就放在 6 号楼我们男生宿舍的过道上。我们常常看到他独自一人站在黑板前，设计版面，誊写稿子……几年来，始终如一：专心致志，默默辛苦，乐此不倦。由于他酷爱读书，知识面很广，他主编的黑板报，版面活泼，内容丰富，文字简洁，常有短篇书评，这是我们同学最喜欢看的。没想到，这看似平常的小事，却为他后来成为《文汇读书周报》主编奠定了基础。

怎么啦？！就在半年前，2015 年 5 月 27 日，复旦大学一百一十周年诞辰那天，小褚还跟我们班的上海地区的老同学，一道漫步在校园路上，边走边说，有说有笑的。我轻声对身边的老同学说："你们看呀！小褚，比五十多年前的小褚还年轻！" 那天的小褚，身穿休闲服，白白的、总是微笑着的脸上，架着一副跟他读大学时戴的一样的淡黄色眼镜，只是身躯有些微微发胖。好帅！好健康！好高兴啊！

怎么啦？！这么个大好人，活脱脱的，怎么说走就走了呢？怎么说不见就不见了呢？谁能信呀？！说起他，好像他就在我们的眼前！想起有关他的事，活像就发生在昨天！

那天，在校门南首的教工俱乐部食堂里，我们坐在一起，有滋有味地吃着十元钱的客饭。饭后，大伙儿坐到楼上的茶室里，边喝茶边聊着 1967 年多事之秋分别后的人与事。

这时，从外边进来一位老同学，曾任复旦大学苏步青校长秘书的王增藩，好像要透露什么秘密似的，轻轻地告诉大家说："小褚退休后，受聘一家出版社，主编一本叫《悦读》的杂志，一直致力于编辑出版工作。"小褚听罢，似乎很不好意思的样子，轻轻地摇摇手，略带腼腆，微微笑着："没什么，客气了！"他爱读书，爱编书，为人又和蔼，同学都喜欢他。

提起小褚，有两次难忘的见面，至今还时时浮现在我的眼前。唉，回忆起美好的往事，真让人感到无比的甜蜜和幸福！今天，却令人格外的留恋和惋惜！

那是 1981 年下半年，我受教育部委派，到埃及 EIN SHAMS 大学 AL-ALSUN 学院中文系任教。两年期满回国后，在家整理了几篇在埃及任教期间的旅游散记。一天，我从中选了篇《尼罗河上的菲莱神庙》，去看望老同学、好朋友，《文汇读书周报》主编小褚，想听听他对稿子内容的意见。

小褚一见到老同学进来，连忙起身，又是搬椅子又是倒茶，满脸的高兴。我们叙说着各自的近况。说着，他笑着从我手里接过稿子，说："一飞，来，给我，拜读拜读。"不久，该稿就登载在《文汇读书周报》上。我的一位朋友从报上读到了这篇游记，在主编《上海市职业学校语文课本》时，将这篇文章作为课文选编了进去。

又一次，是我退休后自筹资金创办了一所专门招收沪上外国人培训汉语言文化的民营学校之后。一天，我在小褚家附近的单位办完学校的事情后，顺便去他家看看。见到了小褚的爱人小陈，她在市侨务办公室工作。他家的房子不大，我跟小褚走过他们的房间，惊奇地发现：一张五尺大床，床的两头和里头，统统堆满了崭新的书，堆得高高的，一层又一层，还飘着一丝丝幽幽的油墨香味。我说："小褚，你们俩睡在书山里了。晚上少看点书，早点睡，注意身体，健康要紧。"小褚微笑着说："不要紧，不要紧！没关系！"

爱读书的人，嗜书如命，他们睡在书海里的喜悦心情，我理解，理解！后来，我在哪个报上看到一篇专门赞赏小褚做事、为人的文章，题为"走近《文汇读书周报》主编褚钰泉"，说小褚与书结缘，见书为乐，帮助了无数的新书作者，启迪鼓舞了无数的读者，读后令人感动，油然而生钦佩之情。

这里，在本文行将结束前，请允许我节录二十一世纪出版社于2016年元月15日向社会发出的"征稿启事"，"启事"如此评价小褚：

> 褚钰泉殚精竭虑主编《悦读》，近十年出版四十四卷，超过一千三百万字，《悦读》已成为中国当下文化坚守的

丰碑。褚先生的离世，《悦读》已成绝响。褚钰泉先生将他的一生都奉献给了他挚爱的新闻出版事业，是中国知识分子的优秀代表，新闻出版战线上的道德楷模，读书界的良知。褚钰泉先生以其厚重的沉静儒雅，抑物欲洪流，辟左右陈杂，辑丰润之文史华章砌筑《悦读》，执念文化坚守，卓然砥砺前行……可敬可佩！

钰泉先生，数十年如一日刻苦学习、兢兢业业，以其渊博的学识，为中国的新闻出版事业鞠躬尽瘁，作出了重要贡献。我们为有这样的老同学、好朋友而感到无比骄傲，同时也为失去了老同学钰泉先生，感到无限悲痛和惋惜！

小褚，你永远活在老同学的心中！永远活在广大读者的心中！祈愿小褚：一路走好！安息吧！

2016 年 1 月 23 日

五十余年交往杂忆

——缅怀褚钰泉

俞汝捷

钰泉的讣闻传来已逾十日，悲痛之际，五十余年的交往片段，故人的音容笑貌，仍不时闪现眼前。

我和钰泉都是复旦中文系 1961 年入学生。那届同学中以生于 1942、1943 年者居多，也有岁数更大的，而钰泉生于 1944 年，是名副其实的小老弟，大家都唤他“小褚”。刚入学时，我与小褚不在同一寝室。大约过了一年，学生寝室和学习小组有所调整，从此我便与他同室而居、同组而习。那时一间寝室住八个人，从我保存的学生时代老照片中，可以看到当年八条汉子的身影，加上三位娉娉袅袅的女生，便是学习小组的全体。

我对钰泉一直怀有好感。他是多才多艺的人，擅用排笔写很大的美术字，也能信手画出一些小插图，所以每逢开会、游行，需写大横幅，或办壁报，需美术加工时，他都是不二人选。依稀记得在罗店参加“四清”时，他也曾被抽调去筹办过什么展览。当他展示才艺时，我通常是个安静的欣赏者，偶尔也会就图案、色彩发点议论。

我们就读的1960年代，正是以阶级斗争为纲的岁月，同学们去向政治辅导员汇报思想是再正常不过的事，但钰泉告诉我，他从来没有主动进过处于同一楼层的辅导员房间。这使我对他备感放心和信任。我受父辈友人熏陶，从高中时期就比较偏爱古典文学，进大学后，仍会去一些老先生家登门请益。在当时的政治空气下，这种行为显得另类和不合时宜，所以我很少向同学提及，惟独对钰泉几乎不存戒心。譬如住在复旦第一宿舍的郑权中教授是章太炎的弟子，小学（文字学、音韵学、训诂学的合称）功底甚深，我去他家拜访后，会向钰泉转述一些谈话内容。有次我请郑老为我题写一幅扇面，取回后立即拿给钰泉欣赏。钰泉看到下款所题“郑权中病腕”几个字，笑道：“‘病腕’都能写这么工整有力的小楷，不‘病腕’的话……哈哈！”

又如徐澄宇先生，原是复旦中文系最富诗才的教授，1958年被划为“右派”，发配新疆石河子，1961年返沪，次年被聘为市文史馆馆员，1964年又因言贾祸，锒铛入狱，1979年始获改正。他和夫人陈家庆都是当年我乐于请教的对象，有时从两位老人处听到一些独异见解，便会忍不住向钰泉转述，而他总是很感兴趣地倾听。那时郭沫若正发表《读〈随园诗话〉札记》，我曾向徐先生问及对郭著的看法。徐说：“你学写诗，应该多读一些谈诗法的诗话。《随园诗话》只讲故事，不谈诗法，可以不读。郭沫若的文章更可以不读。”我将这番谈话复述给钰泉，他马上接口：“有道理！”我想，后来钰泉能在读书界纵横自如，与他青年时代即善于把握问题关键是分不开的。当然，徐先生被捕后，我就再也不敢向任何人透露我与徐陈夫妇的交往了。顺便可说的是，近数年来，徐的旧著

《诗法通微》已重版，徐校点的《高青丘集》、徐陈的诗词残稿《澄碧草堂集》已陆续问世，而我也在《世纪》杂志上发表了回忆这对诗坛伉俪的长文。

大学毕业后，钰泉分到文汇报社，我则在武汉文教系统工作，天各一方，来往就少了。1977年秋，正值历史小说《李自成》风靡全国，我很意外地被调去给该书作者姚雪垠先生当助手。抵京几个月后，忽接钰泉来信，谈及别后状况，又说从友人处获知我的行踪，因此来函约我为该报副刊写一组闲话《李自成》的短文。从此我们加强了联系，我到上海时，会去位于圆明园路的文汇报社看他，至今对报社那座铁格子拉门的老式电梯留有印象。

1985年春，我辞别姚老到湖北省社科院工作。大约过了一二年，就接到钰泉的信，说他已调《文汇读书周报》任职，欢迎“赐稿”云云。实际上早在1980年代初，他就在《文汇报》开辟“书亭”专栏，以后又扩充为“读书与出版”专刊，《文汇读书周报》正是在既有基础上由他创办并主编的。周报很快在学术界、文艺界、出版界受到普遍关注和欢迎，每期由钰泉执笔的“阿昌逛书市”也备受读者青睐。这时无论是读周报，还是见面交谈，我都明显地感受到老同学阅读的广泛、视野的开阔，钦佩之余，更为他感到骄傲和高兴。

我那时有自己的书稿计划，并没有多向周报投稿。印象较深的一件往事是在上世纪九十年代后期，湖北美术出版社出版《楚美术图集》，收录的青铜器、漆器、玉石器、琉璃器、绘画、丝织、刺绣等由出土文物摄成的图片，印证了两千多年前南方祖先的辉煌创造，而由楚学专家张正明撰写的长篇导言、美术理论家皮道坚撰写的图片导读，不仅论述清晰深刻，而且文采斐然。一天，该书责编专程来访，说湖北美术出版社决定为《楚美术图集》申报“中国图书奖”，希望我能写篇书评，最好能发表在《文汇读书周报》或《光明日报》上，且必须赶在申报截止日期之前发表。我承诺下来，随即打电话给钰泉，向他介绍该图集的特色以及拟申报奖项等事宜。他问清书评的大约字数后，说本期周报已发稿，他可在下期为我预留版面。由于当时尚未使用电子邮箱，他又提醒我稿子写成后要用传真机传给他，以免邮路耽搁。这样，一周后题为《诙诡谲怪·惊采绝艳》的拙稿便在周报刊出，后来《楚美术图集》也顺利荣获“中国图书奖”。该书主编张正明先生获知这一发稿过程后，笑着说了一句当时流行的话：“这是深圳速度啊！”

十多年前，我们相继退休。我继续写自己的书，而钰泉经过一段时间酝酿策划，与二十一世纪出版社合作，推出了由他主编的《悦读 MOOK》。不久后他就来电谈及这个新的园地，希望我能投稿。我问他“MOOK”是什么意思？他说这是一个新词汇，将 MAGAZINE 和 BOOK 组合在一起，即“杂志书”之谓。我说这很新鲜，依我的习惯，用书号发行的杂志一般称为“以书代刊”。他笑了，说名称是次要的，关键在内容。他说得没错。看了几卷他寄来的《悦读》，立刻被其新锐而又不失厚重的内容所吸引。我因书房过于拥挤，有些杂志看过就送人或当废纸处理，而《悦读》则被我保存下来，想着或许哪天还会重新翻阅。

因为觉得《悦读》办得太好，便不敢轻易投稿。曾经投过一次稿，却又主动撤回。那是若干年前，我在《世纪》上读到陈四益先生一篇笑谈“四清”运动的杂文，引发对当年一段往事的回忆，于是撰成一文投给《世纪》，也算对陈文的呼应。大约过了一个多星期，未见回复，以为对方不用，便改投给钰泉。钰泉和我以及四益先生当年都在胡桥公社参加“四清”，有共同的经历，收读拙稿后当即表示可用，并说要转给四益先生一阅。不料几天后我就收到《世纪》编辑的邮件，说因为忙碌，多日未打开邮箱，刚刚才读到拙稿，已决定刊发。我只好如实告知钰泉，并撤回稿件。

钰泉在读书界享有极好的口碑，这是因为他非常敬业，对工作有忘我精神，待人又诚恳热情。2011 年后，我在沪汉两地轮流居住。一次通电话，他知道我正在上海，便要请我吃饭。他先问我的住处，听说我住在华东政法大学附近，便约好在中山公园的御花园餐厅见面。这样，我只须步行穿过华东政大，几步路就进了公园，而他则需要乘出租车前来。由此类小事足可看出他待人处事的周到细心。那天我们聊得很尽兴，聊学界文坛的趣闻轶事，也聊彼此的近期工作。我因两地居住，通讯地址变来变去，便让他今后不要再寄赠刊物，以免丢失。他说最近一卷还是要寄给我，因为上面登有吴中杰回忆戴厚英的文章。吴先生是我们的老师，所著《复旦往事》《海上学人》深受我辈喜爱。而这篇文章据说仍秉持他一贯的风格，对相关人事娓娓道来，直言不讳，虽然发表时对某些姓名作了技术性遮蔽，但圈内人一看便知所指为谁。“你一定会感兴趣的！”说这话时，钰泉露出了得意的微笑。

钰泉另一令人起敬之处，是他为人的低调和清高。这么多年，除了介绍刊物内容时会情不自禁地透出愉悦和自信，钰泉从不自我夸耀，也不愿别人来宣扬自己。当他希望给读者提供一点阅读参考时，用的是一个大众化的笔名“阿昌”。编辑生涯中，钰泉交友广泛，其中不乏名流，但在他口中从来不会以此相标榜，在他内心，更深以攀附行为为可耻。他是著名史学家陈旭麓先生的东床快婿，而交谈中也极少听他谈及这层关系。在我的记忆中，只有一次听他谈到陈先生。那是 2012 年秋，同室好友、当年的学生会主席陈发春宴请我、钰泉和叶盼云。席间谈及健康话题，钰泉插了一句，说他岳父就是外出期间突发心肌梗塞去世的。万没想到的是，仅仅过了三年多，同学中最年轻且精力充沛的钰泉也同陈先生一样被心脏病突然夺去了生命。

钰泉的低调不能简单地归结为谦虚，他的清高也决非矫情，这里承续的是一种传统文人的风骨。在今日文坛学界一些人特爱自吹自擂，又特爱拉名人以自捧的恶俗风气下，钰泉的人格特质显得分外可贵。

唤回文人风骨，也许是对钰泉最好的纪念。

永远的纪念

周传安

太突然了，实在太突然了！那天孝泉先生电话中沉痛地告诉我：他哥哥钰泉已经“永远离开了我们”。我不敢相信这个不幸的消息是真的。不知怎的，血，一下子冲向头顶，脑子一片空白，茫茫然不知所措。是的，太突然了，突然得让人怎么也接受不了。11月9日，钰泉学兄通过快递邮来几本他主编的书——《悦读》，让病中的我“休息时翻翻，以解寂寞”，他在信中宽慰我，“好好调养，增加一些营养品。身体定无大碍。”我给他回信表示感谢，承诺“等完全恢复，定来拜访叩谢”。没有料到，上苍不再给我登门拜访叩谢的机会，而我与钰泉学兄的这次通信竟成了彼此间往来的最后记录。

钰泉学兄对于我来说，既是良师，亦是益友。在复旦大学中文系，我们同窗共读六年，后来又一同到文汇报社从事新闻事业，风风雨雨几十年，漫漫人生路，一路走来有太多艰辛，太多感悟。我真想立马去他灵前叩拜，然而，此刻的我还卧病在床，再次住院正接受手术治疗。孝泉先生告诉我，“遵循钰泉生前的嘱托，不设灵堂，不开追悼会，一切从简。家里亲人们已经为他举行了告别仪式。”停顿了好一会，我对孝泉先生说，“真不知道，我现在还能为他做些什么呢？”孝泉说道：“你好好养病，争取早日康复。这也是我哥生前的愿望。”孝泉，我是在大学毕业那年，应钰泉学兄之邀到他家做客时见到的，那时孝泉还在读中学。也就是那一次，我见到了钰泉的父母、婶婶、兄弟。他一家的热情、好客和真诚，让我这个只身来上海求学的外乡人备感亲切和温暖。虽然已经过去了半个世纪，仍清晰地留在记忆深处。

就在三个月前，我患病在医院接受手术治疗，钰泉从报业集团退管会伟国先生那里得悉后，9 月 15 日旋即赶到医院病房来探访。“钰泉，我刀口还疼痛，没法起来接待你，怠慢了。”我一边歉意地对他说，一边招呼他坐下：“我是请伟国不要扩散的，因为大家年纪都大了，行动也不灵便了。想不到你还是知道了。”他微微一笑：“我们是什么关系？是几十年的老同学、老同事，本应该知道、也应该来哦。”他先是询问了我患病和治疗的有关情况，安慰我说，“现在生这种病的人多来西，没关系，你说话中气这么足，哪里像个病人的样子？”接着又东扯西拉，谈天说地起来。他虽然深居简出，由于社会联系面广，信息量很大，知识面广，谈吐之间依然透露出中国传统文化人特有的那种气质。可以说，勤奋好学，低调做人，真诚待人，谨言慎行，伴随了他人生的全部旅程。老人是喜欢回忆往事的，但大凡涉及到人和事，他总不肯妄评妄议。

“传安，你知道今天是什么日子？”他突然发问道。

我被他的问话怔住了，不解其意，只得回说：“不知道。”

“今天是 9 月 15 日，五十年前的今天，毛主席接见红卫兵，我们俩在天安门广场足足有一整天，早上五点出发，直到深夜十二点才回到驻地。”

我接过他的话茬：“是的，第二天我们俩去了颐和园，整整一天，几乎跑遍了颐和园的角角落落。午饭还是在颐和园吃的呢！”谈着谈着，渐渐入港，仿佛又回到大学时代。

走上工作岗位后，每当结伴外出游玩，他总会时不时地显露出学生时代的纯真和稚气。我们曾与报社的男女青年一起游桂林公园和康健园，品味上海园林的艺术特色；也曾去龙华古寺，拜访明旸大法师，追寻这位佛教领袖人物严谨的治学之道；当然，我们也曾结伴姑苏行，踏访藏书乡，游天池山，登古城墙，探究姑苏文化的渊源；在枫桥畔发思古之幽情，领悟“月落乌啼霜满天，江枫渔火对愁眠”的意境，希冀能听到寒山寺远远传来的钟声……

在病床前，整整一个下午，我们两个古稀老人尽情回忆着年轻时代的浪漫和美妙。然而，往事如烟，青春不再，一切已成过去时。

“所以呀，现在老了，更要善待自己，提高生活质量，注意营养，快快乐乐过好每一天。”钰泉把我们的谈话又拉回到当下：“你现在独居怎么行？能否把住房调整一下呢，离子女近一些，也好有个照应。另外，最好聘用钟点工，帮你料理家务。”

我说，“住房调整不简单，要看机会。”我告诉他，住院期间再做三次血透，我就要出院了。就在我出院的前一天（9月23日），钰泉二次来医院病房探望，临走时还重申了他的两个建议，即调整住房和聘用钟点工。并一再叮嘱：好好调养……

钰泉学兄如此关切病中的我，而当时我却不知他自己患有严重的心脏病，连一句安慰的话我也没对他说。医院一别，竟成永别；病床前的两次晤谈、出院后的书信往来，连同他赠予的《悦读》，成为永远不能忘却的纪念。

2016年2月1日泣书

相交相知近五十载

孙东海

收到二十一世纪出版社寄来的《悦读》第四十四卷，我忍着巨大的悲痛，急切地翻到“卷首语”，这是钰泉兄的绝笔，我想知道他在最后留下的文字中说了些什么。钰泉兄从《文汇读书周报》退休后，以他的聪明才智，主编《悦读》近十年。我是他忠实的读者，也经常跟他交流读后的感受。我总觉得，《悦读》那清朗大气的装帧设计，厚重而又充满人文精神的连篇佳作，正体现了钰泉兄的人生追求——传承文化，寻求真理。而那些还原历史真实，不讳权贵的檄文，展示了他的坦诚与担当。

我是1月14日上午得知他不幸去世消息的。其实早这前两天，我就往他家里打过电话，无人接听；之后打他的手机，总处在联通应接的秘书状态，我知道他患有高血压和心脏病，心想他又在医院治疗，不想让人打扰。尽管心里总有些不安，但万万没有料到，他9日一早就驾鹤仙去，人事已非。

钰泉兄是复旦大学中文系毕业的高才生，1967年分配到《文汇报》，安排在文艺部工作。我当年已在文艺部搞采访，当部领导何倩老师将他介绍给大家认识时，给我印象最深的，是他脸上始终挂着浅浅的笑容，讲起话来和声静气的，显得睿智而精干。何倩老师让我带他到行政科领了剪刀、浆糊和稿纸之类的物品，这在当时是报人的必备之物，从此开始了他的办报生涯。钰泉兄和我坐在同一个办公室，他比我大一岁，但我一直称他为“小褚”，他则对我直呼名字，叫我“东海”。两人相交相知近五十年，成为挚友，称谓从未变过。

当年文汇报社在圆明园路 149 号。这幢楼是一座英式建筑，像上海外滩许多保护建筑一样，外墙由灰褐色的花冈岩砌成，两扇沉重的大门，更显示出它的气质与高贵。但由于年代久远，大楼内部设施陈旧，有些地方甚至称得上破旧。我和小褚坐在朝西的一间办公室，窗子对面紧挨着一座大楼，报社的排字房、制版车间和印刷厂都安排在这里，噪音很大。房间里光线灰暗，连大白天都要打开桌子上的台灯才能写稿。夏天上海酷热，办公室里仅有两台旧的摇头电扇无力地扇出热风，男同胞尽管穿着汗衫马甲，照样汗流浃背。到了冬天，房间里好不容易才装上取暖的火炉。生炉子、换煤饼、扫煤灰，成了小褚和我必须的任务。每天一大早，当我们点火以后，房间里烟雾弥漫，呛得我们直流眼泪；换煤饼时一不小心烫到了手，生痛生痛的。那时的写稿条件与今天相比，实在不可同日而语，但我们常常相视而笑，觉得我们年轻人本该如此。

之后，我们的办公室搬到报社顶楼朝东的房间，外面有个阳台，透过对面原英国驻沪领事馆，隐约可以领略到外滩的风光。我和小褚常常在阳台上促膝谈心。尽管写作条件改善了，但我们都实实在在地看到“文革”造成的灾难，感到政治空气的压抑，希望总有一天能改变这种混乱的局面，自由自在地生活。

然而在“文革”期间，这终究是个梦。我采访文艺团体，但除了几出样板戏，个个无戏可演。小褚采访出版那条线，但家家出版社几乎都不出书了。小褚出于他的习惯和爱好，每天中午同事们都午休了，他一个人静静地走出办公室，来到福州路上的书店。他一家一家地跑，在仅存的那些书中，寻觅遗漏下来的有历史价值的孤本、善本，以及历代大家、文化巨匠留给人们的佳作。钰泉兄对书的偏爱，可以说已经到了痴迷的程度。他独具慧眼的收藏和积累，对文化的传承和保护，作用不可小觑。从与钰泉兄的交往中，我还发现他始终对国家、对社会的关心。他除了热衷于书以外，当年对各种流传的小报、知名大学造反派组织转印的中央文件，以及各类传单和宣传品，觉得有历史价值，或者反映了某种事态发展的，都留意收集于囊中。他从中国几千年的历史进程中悟到，这些文字和图片，被称之为野史的东西，或许对后人研究“文革”，洞察形形色色的人物，剖析真相，能起到无可替代的作用。

“文革”结束，中国的出版业蒸蒸而上。钰泉兄如鱼得水，每天逛书店成了他的必修课，也是他的一种精神享受。他在书海里畅游，以他深邃的文化底蕴和真诚待人的人生理念，像一块磁石，形成了有力的磁场，将国内外一大批文化学者和志士名人团聚周围。他更以自己的人格魅力，与郦国义一起影响和带动了报社的一批同事，而更多的是一些年轻人。在他们的共同努力下，创办了在中国新闻界独树一帜的《文汇读书周报》。经钰泉兄组稿，我也在该报发表过数篇作品。

我与钰泉兄历经风风雨雨，至今我仍珍藏着他当年在文艺部帮大家买到的卜伽丘巨著，精装本的《十日谈》。在“文革”才结束不久，名著名作还十分稀缺的情况下，上海文艺出版社图文并茂地出版了这位意大利作家的作品，象征着文化对外开放的大门重新打开，在社会上形成了不小的反应。这本书一时炙手可热，很难买到。钰泉兄通过他的关系，为部里的同事们订购了一批。当年还没有出租车，当他气喘吁吁，捧着一大捆书出现在我们面前时，大家无不一阵惊喜，发出一阵惊叹，这要费多大力气，要知道每一本书的分量比砖头还要厚重。

我还清楚地记得，1987 年我突发哮喘，辗转到几家医院住院治疗，情绪十分低落，由于呼吸不畅，甚至有些害怕出院。钰泉兄得知我的病情，到医院来看望我。他开导我要有战胜病魔的信心，并以他的朋友为例，说明哮喘并不像人们想象的那么可怕。经过多年的调养和锻炼，我的哮喘终于治愈。

我和他最后一次见面，是在去年 9 月中旬。当时上海报业集团安排退休职工在中山医院体检，钰泉兄人看上去不怎么精神，但还是那种遇事从容不迫的样子。体检完毕，我问他情况，他拍拍身子，说就是血压有些高，其他并无大碍。我陪同他走出医院大门，他叫了辆出租车，我们握着手，笑着互致“再见”，我静静站着，看着他那辆车疾驰而去。事情过去仅仅不到四个月，想不到那次道别竟然变成了永诀！而在我的脑海中，久久地定格着这一幕，愿钰泉兄一路走好。

2016 年 1 月 23 日

思绪绵绵忆钰泉

朱雪冬

乙未羊年春节期间，我与褚钰泉先生互相发送短信，共贺佳节，互道问候。岂料，羊年未尽，竟闻褚先生 1 月 9 日晨突发心脏病离世的噩耗。我翻出书柜里珍藏多年的《文汇读书周报》合订本，睹报思人，不胜悲痛。隔天，我写了一首七绝《悼褚钰泉君》："年初互问新春语，岁尾谁知隔阴阳？忆往情深数十载，与君此别断肝肠。"

我和褚先生因工作关系而相识于上个世纪七十年代初。当时，他在《文汇报》文艺部任编辑、记者，我在上海警备区守备一师政治部任新闻干事。一次，报社向驻沪部队约稿，部队领导把任务交给我，就这样开始和褚先生建立了联系。此后四十多年，和褚先生文字往来甚多，即使在我从部队转业以后也未中断。我们之间不仅是读者、作者和编辑、记者的关系，而且还形成了淡如清水的君子之交，结下了深厚的朋友情谊。

褚钰泉先生勤奋忘我的工作精神，是我对他最为深刻的印象。

他对我多次说过一句玩笑话："我把自己卖给了《文汇报》。"他嗜书如命，不沾烟酒，不玩棋牌，不喜空谈，不会奉承，厌恶吃喝一类的应酬，数十年如一日，始终把自己的时间和注意力倾注在工作中。他在《文汇报》工作了近四十年，经常是上午九十点钟到办公室，晚上九十点钟才回家。有时下午外出开会、采访，傍晚也会赶回报社。成天就是坐在堆积如山的来稿、书籍之中，忙于组稿、写稿、改稿、编稿、拼版、看清样……日复一日，常年如此。每天午饭后，他一般会处理回复信件、寄报纸和学习资料一类的杂事，这似乎是褚先生白天唯一的"休息时间"。

1975 年元旦，是我举行婚礼的日子。那时的婚礼其实很简单，无非就是摆两桌家宴，请一些亲朋好友凑个热闹。褚先生早早答应到时一定来参加婚礼。可是，那天直到晚上近八点宴散客去，他才匆匆赶到，满脸歉意地对我说：今天在报社加班赶版面，实在脱身无术，请原谅。衷心祝福你们新婚快乐，幸福美满，携手到老。说着便拿出送给我们的新婚礼物——一条浅蓝色的丝巾。送褚先生到公交车站的路上，我默默无语，心想：今天元旦佳节，褚先生加了一天班，从圆明园路文汇报老大楼，花一个多小时换两部车，赶到我在曹杨新村的家；现在还要花一个多小时换三部车，回自己在威海卫路的家。望着褚先生上公交车的背影，我对他的"迟到"丝毫没有抱怨，而是心中充满了感动。据我所知，褚先生一生中许许多多的节假日都处于加班状态，1975 年元旦只是其中的一个缩影。

褚先生从《文汇读书周报》主编任上退休后，我非常希望他能把退休生活的节奏放慢一些，日子过得稍微休闲一些。但从不多的联系中，总是依稀觉得他退而未休，依然忙碌。两年前的春天，我提前十天便约请他一起吃饭，顺便聊聊各自近况，还特地把聚会地点定在靠近他家的徐家汇，他高兴地答应了。可是，他临时发来短信，“要去江西出差，改日再聚会吧。”遗憾的是，这次约定的聚会已经永远无法实现了。最近，我才得知褚先生退休后，于2006年“加盟二十一世纪出版社，殚精竭虑主编《悦读》，近十年出版四十四卷，超过一千三百万字”。我虽然对褚先生退休后的工作状况不甚其详，但当我看到这些惊人数据时，完全没有惊讶，因为我太了解熟悉褚先生的人生准则——视事业为生命，让生命最大限度地在事业中闪光。他一生不虚度年华、不碌碌无为，把自己的生命和全部的精力都献给了新闻出版事业。从《文汇报》“读书与出版”专刊，到主编《文汇读书周报》十六年之久，再到退休后主编《悦读》，这几乎就是褚先生的全部生命轨迹。他为此呕心沥血，日夜操劳，生命不息，奋斗不止，毫不吝惜地耗尽了自己最后一点精力。

褚钰泉先生仅长我两岁，但却是引领我不断提升新闻工作水平的良师。1972年下半年，我被借调在《文汇报》文艺部，由褚先生带教，学习、实践新闻业务。报到后，褚先生很快为我落实了宿舍，办好了采访证、公交月票卡，还从资料室借来了六七本大学中文系教材、参考书和有关文艺报道、文艺评论的剪报本，要我利用这次机会静下心来读几本书，多看一些高手名家采写的报道和文章。刚开始时，我对独自承担采写任务有点胆怯。他鼓励我，不要怕，每个人都会有“第一次”，写不好可以改，多改改就好了。就这样，我开始接受正规的新闻专业培训。在近半年时间里，我白天协助褚先生处理来稿来信或外出采访、伏案写稿，晚上则在宿舍看书自学或去剧场观摩演出。在褚先生指导下学习、工作，耳濡目染，无论思想作风、理论修养，还是新闻业务、写作能力，都收获颇丰。这为我回到部队从事新闻工作以及其他工作，甚至对我的一生，都产生了非常积极的影响。

借调结束后，我和褚先生的联系就多了起来。我所在部队的驻地在上海郊区，消息比较闭塞。褚先生就经常给我寄学习资料，报社、市里有关方面的会议、活动，及时通知我参加。和部队有关的选题、有些临时的稿约，褚先生也常和我沟通交流，把这些任务交给我完成。多年来，我采写的几十篇有关部队群众文艺活动、文艺创作的报道，撰写的剧评、影评、诗评和围绕读书主题的文章，几乎都是经过褚先生编辑后，刊登在《文汇报》和《文汇读书周报》上，有些稿件还被其他报刊转载。可以这样说，每完成一篇稿件，对我都是一次学习提高，也都凝聚着褚先生的心血。1986 年，我从部队转业到上海工程技术大学从事教学、科研工作，先后主编、出版了《大学法律基础教程》《中国市场经济法律制度》《经济法原理与实践》《知识产权法基础教程》等十部著作。我深知，自己在人生道路上取得的点滴进步，是和褚先生长期对我的帮助、指导密不可分的。

褚钰泉先生待人真诚，善解人意，满腔热忱。稿件刊登后，作者总能及时收到他寄来的当期报纸。给作者开稿酬，他总是往上限靠。《文汇读书周报》创办初期，订阅发行渠道不够畅通，他就把每一期报纸寄给我，从未遗漏过，而且足足寄了好几年。对其他作者，当时也是采取同样的方式，使他们能及时看到报纸。1988 年，我和上海其他几所高校的青年教师合作编写了一本教材，请褚先生帮忙找人设计封面。结果他找了一位在书籍封面设计比赛中多次获奖的女士，为这本教材设计了封面。我对他说，你这是用“红花”衬托“绿叶”啊！ 1976 年 5 月，我的女儿出生，我请他给我女儿起名。几天后，我收到来信。他为我女儿起了十来个名字供选用，而且还列出了名字的来源出处，在大号信笺纸上写了一页半。最后我选用了鲁迅《送增田涉君归国》中的诗句，为女儿起了名字。女儿得知褚先生去世后，深情地在朋友圈发送了一条微信：“……我的名字是褚伯父给起的。谢谢他给予我人生最初也将伴随我一生的身份符号。”

2007年我退休后，由于各种原因，近十年没有与褚先生见面。我曾发短信告诉他：“虽久未谋面，但心常系之……”褚先生回复说：“谢谢，还能记着我，很感谢……”斯人已去，难掩哀思。借此拙文，我想对钰泉先生说：“我会永远记着您！无数的读者、作者以及新闻出版界的有识之士也会永远记着您！”

2016年1月24日于上海

“伯乐”褚钰泉先生

乐　迪

1981年春天，两位戴眼镜的中年男士走进我就读的上海市新天中学，我的班主任把我找去，说是《文汇报》来人指名要见我。当时的《文汇报》如日中天，这个体量不大的中学校园因此还撩起了点兴奋波澜。

两位来人中的一位主要和我交谈，另一位有些插话和提问。那年,迅速发展中的文汇报社计划从全市高中应届生中直接选拔人才，送入大学读新闻专业，毕业后都留在《文汇报》工作，这两位就是到各校“选才”的。我便是循着这条路成为《文汇报》记者的。这两位启动了我职业生涯的“导师”，我很久之后才知道他们是谁：负责和我交谈的是日后曾出任《文汇报》总编辑的石俊升，而插话的那位就是褚钰泉先生。这是我第一次见到褚先生，距今已三十五载。

再次见到褚先生是一个月之后，我到报社参加面试，面试官是时任《文汇报》党委副书记、副总编辑陆灏先生，而褚先生就在面试房间门外招呼考生。轮到我时，褚先生领我到门口，帮我整理了一下衣领，轻声说："不要慌，想什么就说什么。"然后帮我开门。面试完，褚先生还在门外，问我情况怎么样，我简单复述了一下，他笑着说："我看没问题，说得很好，你回家等通知吧。"我和褚先生素昧平生，他对一个仅有一面之交的高中生竟如此和蔼关切，不啻在我年轻的心灵抹上了金色阳光，而且令我顿时对这张报纸充满了好感，朦胧而生将为之奋斗的希冀和冲动。

做了文汇报社的学生后慢慢知道，我们这个班共三十个学生，一大半是褚先生参与到各学校招来的，只是另一个搭档除了石俊升，还有郭子坤、林爱媛、陶洪光等报社其他人，可见褚先生是主要揽事人。那是个淳朴的年代，到报社工作后，我分在经济部跑条线，褚先生在《文汇读书周报》主事儿，虽在一个楼里，业务却天壤有别，实际来往很少，很多年也就偶尔见面，且多在浴室、食堂里。我们相互寒暄，他总是很客气，问些工作上的事表达关心。在我眼里，褚先生是报社前辈，是典型的文化人，耿直有型。

上世纪九十年代中期有一阵，我遭遇挫折，跌入人生低谷，境遇不太好。一天很晚了，褚先生特地找到我办公室对我说："听说你不太顺，如果想换环境，你可以到我的部门去工作，什么事过一阵就会烟消云散，我欢迎你来的。"还说："我觉得你各方面都不错，是千里马，能出成绩的。"我当时很感动，因为他几乎从不来我们部门走动，可一时又不知怎么回答，只能说句别的："最初是你相中的我，你说我是千里马，那你就是说自己是伯乐啦。"

因为很多原因我最终没去成他的那个部门，失去了和褚先生共事并做他学生的机会。但此后彼此见面，气氛就轻松了，他时常开玩笑叫我“千里马”，我则尊称他为“伯乐”。其实他是我们很多晚辈同事共同的“伯乐”。

听闻褚先生去世的消息，我愣了半晌，脑子里一片空白。其实没想很多，就觉得当一个人陷入困境，被很多人指着幸灾乐祸时，有个长辈级人物来主动宽慰你，悄悄给你指条可以够得着的路，他就是个好人，是个“有品”的人。好人又走了一个，心里很凄凉。

2016 年 1 月 25 日于上海徐汇德必园区

琐忆褚钰泉兄

钱 汉 东

生命脆弱，往往不堪一击。褚钰泉兄才七十二岁，在高寿者日增的今天，他还不算很老，还有许多事情可以做——他是一个特别喜欢做事的人。所以，1 月 13 日晚得知他突然离去的噩耗，不由悲从心起，伤感不已。不久前，我们还在报社相见，两人谈笑风生。想到不久前，学界前辈蒋星煜、新闻界长者丁锡满先后谢世……感叹生命无常，竟一夜无眠。

我随即将噩耗转发褚钰泉好友、《解放日报》资深编辑伊人兄。他俩是好友，曾携手积极推动上海读书活动。我和伊人兄也是老兄弟，彼此情同手足。第二天一早，我看到伊人兄给我的回复："钰泉猝然离世，我是昨晚张秋林告知才惊悉。1 月 6 日我与他开会时相见，他还好好的，孰料仅三天就阴阳两隔！感叹生命之脆弱，彻夜难眠。"

上海文艺出版社 2004 年出版的《上海当代作家辞典》列有褚钰泉先生条目，抄录如下："褚钰泉（1944—），笔名阿昌、华水、耕夫等。浙江南浔人。1966 年毕业于复旦大学中文系。次年分配至文汇报社工作，曾任文艺部记者、编辑，主持文艺评论版。1985

年参与创办《文汇读书周报》，任主编。主任编辑。从上世纪六十年代起发表文艺评论文章。为《文汇读书周报》‘阿昌逛书市’专栏撰稿人。”

我与钰泉兄相识三十多年了。他生活随意，衣着简朴，脸上总是挂着一丝微笑，对人非常客气，骨子里留有几许文人的清高。他酷爱读书，对所从事的编辑工作特别认真，是属于有思想、爱做事之人。我们在同一大楼里工作，在食堂用餐时常常相见，偶尔，他也会来我的办公室聊叙，谈读书体会，谈社会生活，谈时事政治；抨击时弊，忧国忧民，乃文人本色啊。

我也去钰泉兄的办公室。办公室堆放着各种图书和报纸，在里面走动，我会特别小心，生怕碰倒墙边那堆摞着的一排排书。钰泉兄的办公桌上也堆满了书，仅留出放电脑和看大样的位置。坐拥这片杂乱的书海，钰泉兄能找到自己需要的书籍和资料吗？能！自己堆放的东西自己最清楚，他告诉我，他能快速找出自己需要的图书和资料，让人不得不佩服。他说自己的家里也是如此，堆得只剩走路的小道，读书、编书是他的精神寄托。

对上海，钰泉兄是有文化贡献的。他参与创办了《文汇读书周报》，这张报纸坚持高品位、高格调，成为国内读书人十分看重的权威报纸，巴金、王元化等先贤有重要的文章都愿意交给《文汇读书周报》发表。钰泉兄为铸造报纸的品牌影响力付出了极大的努力，有时还得承担一点风险，如刊发所谓的“不合时宜”的文章，受到了“婆婆”的批评，但他勇于承担责任，认为报纸不能没有思想。

上世纪八十年代中期，钰泉兄策划并创办了“文汇书展”，影响很大。地点在西藏中路上的上海市工人文化宫。全国著名出版社云集于此，重要图书在此展销，琳琅满目，极大地方便了读书人选购，我亦在书展上买到不少心仪的好书，并结交很多文友。此书展为后来的“上海书展”奠定了基础。

钰泉兄是一个认真而富有正义感的编辑。上世纪九十年代初，上海知青作家竹林写了一部长篇小说《女巫》，交给上海一家出版社，最后审稿未通过，后来人民文学出版社出版了此书，那是 1993 年的事情。竹林是上海市作协专业作家，知青文学的代表人物，她的长篇小说《生活的路》，开知青文学之先河，曾得到文坛泰斗茅盾、冰心和萧乾等鼓励与支持，书出版后震动海内外，也奠定了她在中国文坛的地位。在批判资产阶级自由化时，时任上海市新闻出版局局长在大会上点名批评这部作品，说存在严重政治倾向问题，要将它从书架上撤下来，禁止在沪发行，一时引起轩然大波。钰泉兄闻讯后仗义直言，质问局长你看过这部作品吗？不能光听汇报就判定作品的是非，这是不可以的。局长无言以答。最终这部作品不仅没遭腰斩，还受到读者的欢迎和肯定。钰泉兄的勇气和胆识，来自内心的强大和正义的力量，他的此举受到了沪上学人的好评。竹林与我谈及此事感激不尽。

钰泉兄对事业的拼劲、韧劲一以贯之。退休后，他为二十一世纪出版社编辑《悦读 MOOK》，至今已达四十多卷，成为有影响的刊物。在编辑《悦读 MOOK》前，他已在文汇出版社出版过三卷《悦读》，后因故停刊。他曾对我说，二十一世纪出版社张秋林社长有很深的人文情结，事业心很强，是工作狂，一直希望以《悦读 MOOK》为契机，为将来出版人文图书创造条件。我说这个创意很好，但在江西出版，似乎远了一点。他说张秋林社长考虑得很周到，在沪成立了工作室，为他提供各种方便，他干得很快活，与张秋林社长相处得很愉快。钰泉兄与许多文人一样，都有一种“士为知己者用”的情结，愿意为二十一世纪出版社创造品牌作贡献。他一如既往，认真做自己喜欢和熟悉的工作，认真组稿、用心选稿、精心编稿。

褚钰泉对朋友很真诚。在年龄上他长我八岁，算是老大哥了，对我的工作也热情支持，并不时给予鼓励。十五年前，我受文新集团党委的委托创办《新读写》杂志，他说这是有意义的工作。当杂志发行量突破二十四万册时，他见到我满脸笑容，大声夸赞：汉东兄，不容易，创造奇迹……他总是满心希望自己的朋友好，为自己的朋友所取得的成绩而高兴，乃真朋友也。

钰泉兄也是爱写作、能写作的人，在主编《文汇读书周报》时，他曾用笔名“阿昌”写作“阿昌逛书市”专栏文章，以读者的角色，对书、对出版界、对文化现象发表言论。这个“阿昌”敢说话，别人不敢的，阿昌却敢批评几句，引起社会的关注。我曾建议他以此专栏文章出一本集子，也有出版社愿意出。我说，我们做编辑的给别人做嫁衣裳的同时，为何不把自己的衣服也做得漂亮一点呢？他谦虚地说，单篇看看蛮好，但都具有时效性，内容也是零零碎碎，事过境迁，不想再浪费读者的时间了。

钰泉兄还是一个重情谊的人。《文汇报》老同事张伟国先生给我讲了这样一件事，不久前，钰泉兄来报社退管会领取明年的订报单，闻知原政法部副主任周传安得了重病，住在医院里。感慨地说自己与周传安是复旦的老同学，一起分配到《文汇报》来的。第二天，他便提着水果去看望老同学，两人谈了很久。过了一段时间，他复去看望老同学，又坐了很长时间，回忆了大学读书生活和报社工作的往事，交谈甚欢，给老同学周传安带来莫大的安慰。周传安得知褚钰泉不幸谢世的消息，不禁潸然泪下，悲痛欲绝，感叹褚钰泉这般神气的人却意外地早早走了，天理不公啊！

“春蚕到死丝方尽，蜡炬成灰泪始干。”作为一个文化人，生活在这个人世间，总要为这世界留下一点文化记忆，钰泉兄通过编辑、办报、出刊的方式，表达他的人生观和价值观，表达自己的喜怒哀乐。他的影响力一点也不亚于写过几篇文章，或出版过几部专著的人。钰泉兄积极而精彩的人生，值得我们怀念和学习。

2016 年 1 月 18 日写于沪上长城大厦汉风东韵堂

愧对褚先生

郑　雷

1月15日晚，跟南京董宁文先生通电话。谈完正事，董先生忽然没头没脑地冒出来一句："褚钰泉先生去世了。"我猝不及防，感觉有些迷迷糊糊，不知所措。

近几年来曾多次邀请褚先生趁我回乡之便到南通小聚，结果他都未能成行。去年11月再次商定了月底在南通的见面日期，提前两天电话联系，褚先生说最近有个亲戚刚去世，走不开，这次又去不成了。虽有些遗憾，但总觉来日方长，也就没多说什么，约好来年春天再聚便挂了电话。如皋水绘园的徐小维老师也是《悦读MOOK》的读者，当时正在旁边，听说褚先生这次仍无法赴约，轻叹一声说："他真是跟南通无缘啊。"居然一语成谶。

放下电话，待得回过神来，只觉胸口堵得难受……

心脏病！褚先生离去的这个原因在我听来多少有些不可思议，印象里他是比较善于保护自己，时时警惕着这类突发性急症的。

这个印象来自于跟褚先生的第一次见面。说起来近些年我们虽时有联系，但彼此谋面却只有两三次。第一次是在我的恩师林冠夫先生家。冠夫先生与褚先生是复旦校友，在我院红楼梦研究所工作到退休。经由他断断续续漫谈式的介绍，我逐渐了解了褚先生在《文汇报》多年的工作业绩和一手创办《文汇读书周报》的种种波折，对他满怀敬意。有一年褚先生来北京出差，顺便到冠夫先生家探望，同时约了林东海、陈四益两位先生一起聚会，我夤缘叨陪末座，得以识荆并当面请益。中午在附近的饭馆共进午餐，因为已多年不来北京，褚先生与几位老同学见面，心情格外舒畅，餐桌上海阔天空随意闲聊，从时政新闻说到海上文坛轶事，兴致高涨，欢声不绝。不知怎么一来，褚先生关心起了东海先生的健康状况，善意叮嘱说，一个人独自生活，应当注意预防心脏病之类的突发性症状，身边最好是备些急救药。就这样反反复复，重言申明，一脸的郑重其事。看这样子，显然是久病成医，积累了丰富的防治经验。谁知最后这一次，他终究还是有点疏忽大意了。

我跟东海先生提起旧事，相对咨嗟，感叹造化弄人。他说："褚钰泉的话倒是提醒了我，我虽然并不担心自己会出现他说的那种情况，还是备了速效救心丸在手边。"停了停又说："褚钰泉离开《文汇读书周报》后，一直到退休，干得都不太愉快，心里憋了一口气，决意另起炉灶，重新搞出点名堂，所以后来才有了《悦读》。可是像他那样做事，实在是太劳累了。"

确实，褚先生退休以后，只有比从前更忙。他在《悦读》上倾注了后半生全部的心血，约稿，编刊，看校样，从来没有一天是真正悠闲的。他有个雷打不动的安排，就是每两个月去一次南昌，在二十一世纪出版社的招待所住几天，对新一卷的《悦读》作最终审校，然后拼版付印，任何事都不能影响这个工作。我请他到南通小憩，前后有七八次，每次相约，常常都要为掐出一个合适的时间而往复商讨。好不容易确定了日期，届时还是难免出现变数。要么是他家里忽然出了什么状况，难以脱身；要么是租来存放《悦读》成书的仓库漏水，必须尽快解决。如是等等，不一而足。几次邀约落空以后，我开始想明白了。每年这样一次次地往返于上海、南昌两地，本已占去了褚先生不少时间，回到上海，还有大量的编务工作在等着他，属于他个人的机动时间还能剩下多少，那是可想而知的，再要抽出一点来处理家事，最后他也就只好牺牲掉自己休闲的时间了。

2009 年前后，长沙的朱健先生发来一批随笔旧作，委托我帮助校阅。其中有篇因故积存多年未发表的长文《误读〈水浒〉：推敲“铁扇子”》沿袭了他一贯的风格，气势滂沛，情理俱至，我读了大为倾倒，特地推荐给褚先生，并告诉他，朱健先生虽已近米寿，但身体健康，精力也还不错，如有必要，不妨约请他再写几篇。褚先生回信说，约稿事只能看机会，毕竟朱健先生已是这个年龄，也不好强求他写什么了。后来这篇漫谈《水浒》的文章刊发在《悦读》第十一卷上，褚先生由此跟朱健先生建立了联系，及时寄奉稿酬，按期邮赠刊物，态度热情，礼数周到。我到长沙拜访朱健先生时，他十分愉快地提起此事，给《悦读》以很高的评价。或许是为褚先生的诚意所感，他又陆续写了《遭遇宋江》《托尔斯泰随想》《感念绿原》几篇短文，在《悦读》第十六、十八卷刊出。据我所知，这是朱健先生迄今为止最后发表的一批原创作品，其后他精力就衰，自己说一提笔心脏便有压迫之感，再也写不成完整的东西了。

社科院文学所一位老先生客居美国，一次回北京时约我见面。谈话中间，说是想写几篇讲述旅美观感的文章在国内发表，并且问我：“你知不知道有什么合适的进步刊物？”我不假思索地回答：

“《悦读》就可以。”我劝他将登载于台湾《传记文学》上的那篇纪念钱锺书先生的文章删去过于激烈的议论，也交给《悦读》发表。老先生不愿消减原文的锋芒，拒绝了。事后我偶然在电话里跟褚先生说起，他对老先生的纪念文章大感兴趣，叫我将复印件寄给他，我揣测他大概是想研究一下有没有不作删节而直接发表的可能。文章虽然并未发出，但这番心意终是可感的。

还有一次，我收到新出版的《悦读》第三十卷，打开目录，吃了一惊，特稿栏目的第二篇竟是陈乐民先生的《“马克思学说”和“马克思主义”》，此时陈先生已经辞世四年，但《悦读》没有按通常的作法给已故作者姓名加上黑框，乍睹之下，我竟恍惚产生了陈先生依然健在的感觉。事情虽小，意味深长，这也是对作者的一种尊重吧。

褚先生曾数次对我表达过他的期盼：“希望你能为《悦读》做点事。”后来还请陈四益先生传话，说有个题目适合我做，希望我能写出来给《悦读》。得此青睐，我受宠若惊，自然一诺无辞。但正赶上手头事多，杂务不断，最关键的还是我懒散成性，缺乏进取的热诚，所以一直没能交稿。这样拖延了一段时间，褚先生多少有些失望，跟陈先生讲起时，无奈地说：“我真是等不及他了。”尽管如此，他从来没有当面说过一句责备的话，这让我更加汗颜。有一年除夕，利用打电话贺岁的机会，我找了些工作忙、头绪多之类的借口，嗫嚅着想要解释迟迟不能交稿的原因。褚先生并不追究，反而半宽慰半开玩笑地说：“不要紧，不要紧，我知道的，你是能者多劳。”几句开脱的话更加深了我的愧疚。其实我何尝是能者，单位里人手不足，集体课题规模又大，许多同事都承担了超量的工作，在此情势下，我自然无法置身事外。又一次联系时，我在电话里坦陈了自己的困惑："您建议我写的内容涉及到一些可敬的先生，我们见面，往往会谈些敏感话题，如实写出，怕发不了，回避过去，笔下人物难免神采大减。"褚先生不紧不慢地笑着提示："那还是想想办法写出来吧，可以考虑另换一个角度。"

这就是我认识的褚先生，永远是一副温厚沉静、文质彬彬的样子，无论约稿还是闲谈，总是轻言细语，从容不迫，娓娓如话家常，南方口音的普通话里透着亲切和诚恳，质朴而不卑陋，大气而不张扬。他乐于倾听，常能敏感地抓住你思想中瞬间闪耀的火花，调动起你写作的兴趣。即使你的观点他并不完全认同，但只要讲得有道理，他也一样会给你说话的机会。他真正让你感觉到办刊物搞出版不是商业行为，而是实实在在的文化事业。这与我们经常接触的那些为了组稿挖空心思、不择手段，时而软磨硬泡、时而疾言厉色的杂志或出版社编辑真有天渊之别。褚先生这样的人，他在的时候你可能体会不出他的分量，一旦离开，你立即会感到精神世界缺失了好大的一块。

2013年初春，褚先生随二十一世纪出版社张秋林社长及其他几位同仁来北京召开《悦读》出版三十卷座谈会，到会的著名专家学者济济一堂，争先发言，一致推崇这本杂志书的高质量高品位。会后两天，我们又约了褚先生在林冠夫先生家见面。刚坐下来，他就兴致勃勃地讲起了与座谈有关的一些事情，然后说："本来《悦读》准备刊发会议发言摘要，整理出来一看，中间有不少是称赞我的。我说除非我死了，不然就不能发这样的东西。所以现在决定重新向与会者征集书面发言，请你们都写一份传给我。"

这一次，我如期交了稿。但原先约定的文章还是停留在草稿阶段，我多次试着捡起来，每次都是写了几行又放下，始终没有定稿成型。2016新年来临，缠绕多时的工作已在扫尾，各种杂务也渐次减少，我计划将拖延得太久的欠稿彻底完成，暗暗想着如果照酝酿好的那样写，或许褚先生还是会满意的吧。可惜为时已晚，我已永无可能如自己奢望的那样给他递上一份像样的答卷了。面对褚先生的殷殷嘱托和热切期望，我只有愧悔。

数日前去单位，拿到了第四十四卷《悦读》，同时寄送的还有一份《褚钰泉纪念文集》征稿通知。盯着通知上“先生驾鹤西去，《悦读》亦成绝响”的字样，我愣怔了很久。轻轻翻开褚先生最后编出的这卷《悦读》，默默读着“卷首语”：“真正的好文章、好著作，是要经受得起时间的考验。刚发表时，或许还有争议，还得承受种种压力，可是，岁月让它发出熠熠的光芒，读者的口碑使之长久留在我们的记忆中。”“人类的发展史告诉我们：任何失忆的民族都是没有希望的民族。忘掉自己的历史、对自己的历史充满误解，这于一个民族、国家是很可悲的。”“对历史采取虚无主义态度的人，他们还会掩盖真相，随意诠释，动辄给一些讲真话的文章和著作扣上帽子、贴上标签。其实这些人很愚蠢，历史的潮流滚滚向前，谁又能阻挡得住呢？”类似的意思，以前各卷《悦读》的“卷首语”中不止一次出现过。褚先生匆匆离去，没来得及留下遗嘱，这些话或许是他最想对我们说的。

在《悦读》出版三十卷座谈会的发言中，我说过这样一段：读《悦读》更大的感受，是编者、作者将自身携带的文化气息完整地赋予了这本杂志书，使之显现出一种温润的品质。《红楼梦》第二十二回黛玉问宝玉说：“至贵者是宝，至坚者是玉。尔有何贵，尔有何坚？”《悦读》的至贵之处，在于它始终秉持理性、秉持知识者的社会良知，以多样的生动方式向广大读者推介普世价值；至坚之处，在于它择善固执，在众声喧哗、文化界思想高度分化的当下，不随波逐流，不急功近利，不哗众取宠，以从容的姿态、坚定的信念自行其是，冷静、平和、耐心而不失锋芒地完成着思想文化批判的任务，为新世纪的启蒙尽一己之力。至贵至坚，温润如玉。其实，《悦读》的这种品质很大程度上来自褚先生平正通达的文化人格。“至贵至坚，温润如玉”，这八个字是我对《悦读》的评价，也是我对褚先生的认识。

陈四益先生说，褚先生生前交待，要是哪一天离开了，毋庸举行任何告别仪式。因此纪念他最好的方式，就是认真写一点回忆文章。是的，我负债已多，这一次，不能再欠了。我想，褚先生虽不能再编《悦读》，但我说过的话仍须兑现，答应了他要写的那些东西，好歹总得一篇篇地写出来，这样或许可以稍稍减轻一点我的愧悔。在我，这不是还债，是心祭。

永远无法交付的约稿

——悼褚钰泉老师

张国功

人生充满了太多的意外与伤怀。元月 13 号晚上十点多，我到楼下院中跑步，顺道从报箱中取回报刊信件，其中就有褚钰泉老师如期从上海寄来的第四十四卷《悦读》。这些年，他一直亲自给我寄赠这份享誉读书界的 MOOK。

回到书房，竟然从网上看到他因心脏病去世的坏消息。实在不敢相信。我身边稔熟的师友中，《悦读》出版人、二十一世纪出版社张秋林社长，与褚老师是多年至交。但因为消息没有得到确认，我不敢唐突地在深夜向张社长打听这个消息的真实性。恰好有一个学生正在二十一世纪出版社实习，正在社长带领下临时组成一个编辑组，赶着编辑一本急稿。她给我回复说，消息是真的。张社长得到这个噩耗，难过得泪流满面，连晚饭都没吃。

再到网上看时，很快就看到很多悼念的文字。

离开出版界数年，但外埠出版人中至今仍然多有交往者，褚钰泉老师是其中之一。

世事苍茫，竟然记不起从何时起因何种机缘得以结识褚钰泉老师了。印象中，是因为他看到我发表在《文汇读书周报》上的一些不成样子的文字，才与我联系的。

早在1985年，那个纸媒的黄金时代，褚老师敏锐地抓住当时的读书热风潮，将《文汇报》的“书亭”小专栏扩展为“读书与出版”专刊，不久又乘势而上，将其独立为《文汇读书周报》。上世纪八九十年代文化启蒙语境中成长的中国读书人，有几位不知道这份专业的读书报纸而不深受其惠呢！早在读研究生时期，受身边几位师长的影响，我就喜欢阅读这份报纸。及至我进入出版界谋食的上世纪九十年代末期，《文汇读书周报》正达到它的最佳状态。尽管《中华读书报》《中国图书商报》等读书类报纸挟着雄厚资本、大开幅面与虎虎生气而来，还有广州《读书人报》等报纸在昙花一现的过程中也有不俗表现，但像很多读书人一样，我仍然喜欢小巧而有独特文化味的《文汇读书周报》。这种味道，如同静水流深、闹喧享静，与读书类专业报纸这一身份极为吻合。新潮的读书人，也有人批其陈旧文人气，我却独喜其文笔雅炼醇厚与评论之风骨。尤其是“书人茶话”版，常见金克木、张中行、姜德明、王元化、严秀、黄裳、陈四益、施蛰存、冯亦代、于光远、鲲西、舒芜、朱健、吴小如、钟叔河、蓝英年等老辈学人，以及陈平原、谢泳、李辉、李庆西、钱定平、朱正、止庵等中青年才俊的玑珠文字，大多短制，偶尔宏论，读书论人，谈文说史，而压在文字背后的心境，实在是令很多读书人别有会心。一开始，我将自己心仪的文字一篇篇剪贴在剪报本上。后来这样的文字实在太多，剪不胜剪，只好将报纸全部存留。这个习惯，坚持了好多年。除了开辟草莱的创办之功，褚钰泉老师还在报纸上长期开辟“阿昌逛书市”专栏，介绍出版界书人消息。那个戴副眼镜，右手夹着一摞书、左手单手骑自行车，刚从书市归来的专栏LOGO，形象而有趣，让读书人印象深刻。我自己后来成了《文汇读书周报》的作者，在上面发表了一些文字，给自己鼓励与信心极多。虽然那是褚钰泉老师退休以后的事情，但偶尔联系时，他总要说起，见到我发表的某篇文字了，可见他仍然关心着那份报纸。

从《文汇读书周报》退休以后，褚钰泉老师创办了以思想性见长的读书类丛刊《悦读》。因为张秋林社长的慧眼、情怀与担当，《悦读》在创办三期后即由上海转至二十一世纪出版社出版。尽管僻居江西，尽管以书代刊之身份，但很快，《悦读MOOK》就在读书界声名鹊起，尤其以其思想性而为读书人所青睐、所敬服。此后很多年，褚钰泉老师每两个月就要来一次南昌子安路的出版社定稿。待在南昌的那些天，除了紧锣密鼓地守在出版社的机房校稿，他总会抽时间从城西到城东，来知名的独立书店青苑书店逛逛。

我家住在书店附近，我与褚老师说过多次：来了请电话我，很乐意陪他去书店。青苑书店女主人万国英女士也热情地对他这么说。但谦谦君子褚老师怕打扰我们，多是一个人悄悄地来，购上几册自己心仪的图书，托店员打包寄回沪上，然后悄悄地离开。离开后再告诉我们他的行踪。以至于认识他的书店店员见他的机会，都要比我们多。偶尔有那么几次陪他去书店，见他一如既往地在书店购书，我心里想：上海滩书店那么多，哪里还有必要在南昌购书啊。后来又觉得自己的俗念实在好笑。写过“逛书市”的“阿昌”，逛书店购书，哪里可以以必要来论呢。到了一个地方，非得购些书作为纪念，否则心里总会空落落的，这才是真正的爱书人本色。查自己的日记，2007 年 7 月 21 日，褚老师来南昌，逛完书店，我请他到附近的师大园中园吃饭。读书人吃饭最怕生人多。作陪的，我只邀请了与我谊同师友的百花洲文艺出版社老同事洪亮先生。褚老师与洪老师都是上海人，且都是复旦大学中文系 1960 年代的毕业生，熟知上海文坛学界旧事，又都关心时事。更可能因为桌上无外人，两位磊落书生放言无忌，吃得极少，聊得极多。我这个晚辈，倒是从他们的对谈中，得以享受了一顿思想的盛宴。

还记得 2013 年 4 月间，有一回万国英请客。也就在那次饭局上，褚老师说起他读过我多前年写的一篇《阅读・岁月・生活——青苑书店与南昌的书生活》，印象还不错，因此向我约稿，要我为《悦读》写一篇关于青苑书店的文字。席上我随意答应了。以我作为读者出入青苑二十年的经历，以及与书店主人万国英夫妇的交谊，再写篇文字来说说书店对南昌读书生活的影响，应该不是太难的事情。作为从书店受惠良多的读者，也确实有这个义务。但就是这个看似简单的稿约，我竟然没有完成！不管是见面叙谈，还是电子邮件交流，面对褚老师的多次催促，我竟然一直没有动笔写出这篇文字。至于原因，一来是近年因为从出版社调到大学的工作变动，人近中年，生活节奏改变，一直在适应、调整与学习之中，忙乱不堪；二来，因为有前面的旧文，似乎言已尽，再拿笔竟常感觉没有新意；更重要的原因，是自己对一位老编辑多次催稿的漫不经心。而今想来，实在是追悔莫及。自己曾经做编辑多年，至今仍然在主持一份小小的民刊《文笔》，对催稿而不得的滋味，当然感同身受。古人常说，君子应三省吾身，以求无过；又有“敬事而信”之说。以之反观，自己实在是太过无礼了。

因为自己这份不可饶恕的怠慢与迁延，我做了《悦读》这份近在咫尺的刊物多年的忠实读者，直到2015年2月，才将一篇写常在《悦读》撰文的王得后先生的《得后先生的隐痛与“乡愁”》发给褚老师，刊于第三十九卷。

2015年5月29日，经常在《悦读》发表重头文章的胡平老师的报告文学作品《瓷上中国》研讨会在景德镇举行。我因为担任该书特约编辑，褚老师则恰好在南昌校稿，因此同时赴会。同居一室，畅谈至深夜，我才偶然知道他竟是我敬重的史学家陈旭麓先生的女婿。旭麓先生的《近代中国的新陈代谢》是我一直认为迄今为止最好的近代史读本，曾经给自己的学生推荐过多次。以前多次聊天，低调的褚老师竟然未曾谈及。2015年12月13日，正是周末，适逢褚老师来南昌校稿，张秋林社长在出版社小院中的食堂招饮。席上除了褚老师，还有刚从台湾考察归来的胡平老师、万国英夫妇，以及《悦读》的编辑熊炽、徐泓老师等。饭前褚老师私下与我说，因为张社长即将退休，褚老师自己亦十分疲累，《悦读》前途未卜，能否延续，仍为未定之数，这很可能是最后一卷了。我仍然乐观地对他说，尽人事而听天命，人去固然可能政息，但有机会还是要坚持的。当时我甚至仍然以为，我那篇关于书店的文字，总会刊发在褚老师主持的《悦读》上的！尽管都是达观之人，胡平老师谈及台湾见闻，仍然一如平常地挥斥方遒；褚老师则谈及本卷《悦读》上所刊石钟扬写陈铁健先生的文章，极为可读。但饭局似乎仍有些终刊与告别的味道。其间还以《悦读》同仁的名义，拍了合影。大家笑言日后《悦读》出版史当记住这次饭局与合影。饭后，我与褚老师在小院雨中如此前一样匆匆握别。——我总以为两个月后，他还会一如从前再来校稿。未料，这竟然是最后的一面。那次饭局，真成了《悦读》同仁为了告别的聚会了。而他约我写的稿子，竟成永远无法交付的遗憾了！

得知褚老师去世消息的当夜，我在微信中说："从《文汇读书周报》到《悦读》，多少读书人与思想者深受其惠。而今《文汇读书周报》不再，《悦读》亦面临变数。人世何其凉薄，坚持是一种艰难，但愿天堂有这些读书人喜爱的书刊永远存在的空间！先生走好！"

妙思妙文留人间

——悼爱书人、资深报人褚钰泉先生

张建智

褚钰泉先生，是一个资深报人、资深编辑，但更重要的是，他的一生，无论从学校到社会，在我的视野里，他都是一个爱书人、读书人，一个书生气很重的人。我有幸遇到许多爱书人，如褚先生这样的乡前辈，却并不多见。那日，突然传来噩耗——他走了！我不敢相信、怅然若失，难道，他真骑鹤仙游到书山里去了吗……

我久慕褚先生大名，知道他复旦毕业后，即入文汇报社当记者。记得我是1990年正式订阅《文汇读书周报》的，至1992年夏末，我们才有缘结识。他皮肤白晰，戴着雅致的眼镜，乃一儒雅书生，但于我印象最深的是，他走到哪里，包里总带着正读着的书。

那天傍晚同游太湖，约了好几位朋友，包括一位姓陈的宣传部长。那部长也是陆文夫很欣赏的一位爱书人。记得在游船上，褚先生似酒逢知己，谈兴很浓。当然，谈的还是报刊、书与出版的事儿。

上世纪九十年代初，市场经济热潮涌动，关于人生阅读、文化是软实力这样的话语，还少有人谈起。但褚先生早就说出了这样的话："在中国，办读书报，应该雅俗共赏，除了让文人、学者看之外，还应让更多读者找到自己的兴趣点。阅读对人的生活是十分重要的。"

这天睡得晚，但次日他起床很早，直奔新书店、旧书店乃至书摊——淘书。那次，为了营销，他一路从嘉兴过来，想必已把范笑我的"秀州书局"的书看了一遍。可以想象，他办公室那一堆堆早已放不下的书，就是如此日积月累而成的。

上世纪九十年代初，了解《文汇读书周报》的读者还不是很多。有段时间，我曾在杭嘉湖一带帮着推广周报。现在想起来，当时褚先生一路走来，乃是为报传声、扩大读者面。

褚先生祖先居江南名镇南浔，一个叫褚家兜的地方。从他祖居往东边不远，就是全国有名的嘉业堂藏书楼了。大约二十年前吧，褚先生曾把国内外家族成员约十多人汇合一起，到祖居寻根。后来，我曾问他对家乡的观感，他还专为此事写了一封信，对家乡如何保护文物、古迹，提出了一些真知灼见：

> ……家乡已有大发展，旅游业已像周庄、同里、西塘等江南市镇蓬勃发展，但我家乡有其他之地所没有的文化底蕴，如有江南著名的嘉业藏书楼，鲁迅所说"傻公子刘承干有贡献"。这个江南小镇，还有许多著名藏书楼，如密韵楼、适园藏书等。有清末代表南浔富商的四象八牛，他们当年积累的财富，相当于清末整个的财政收入。所以家乡江南小镇，若从历史视之，是个金融中心，非常不简单。这里还有许多江南有名的园林。

他还说，“我的家乡，有说不完的好东西。如土产品，淳朴的民风民俗。正于此，我们后人更有责保护好它……”

说真的，褚先生作为我的一位乡前辈，他那天寻根时讲的话，以及这封信中说的话，在我是永远难以忘怀的。

褚先生办报，不做墙头草，他总是咬定青山不放松。1985 年，《文汇读书周报》创刊。数十年来，它成了国内一份拥有专业水准、在书界具有很大影响力的读书类报纸，对爱书人，它更是有着无限的亲和力。至今，我还保留着他赠我的创刊号，还保留着每年的《文汇读书周报》合订本，封面虽已日渐发黄，但愈发珍贵，读之，很多文字仍未过时，依然闪耀着思想的光芒。这是褚先生办报、办刊，为何能得到许多读者喜读的一个根本原因，也是一个有良知的爱书人在过去、现在，乃至将来很长时期内不可多得的理念。

褚先生办了《悦读 MOOK》之后，很忙，与他交往的人也很多，但我感觉他有点扬眉吐气，似有“仰天大笑出门去，我辈岂是蓬蒿人”。不像以前办《文汇读书周报》时那样压抑，那样不能自主。他似乎在追赶以往不能实现的理想，即办出一个好刊物。有一次他电话中说，“现在很多读者喜读此刊，中央高层有些人还专门来信来电，要配齐前刊。”这也说明了《悦读 MOOK》的内在质量。

可就在这时候，“上天不仁”……

褚先生已驾鹤西去，祥云缭绕，我似乎望见了先生熟悉的背影，他留给后人的一张张已经发黄的《文汇读书周报》，还有那耗去了他最后心血的四十四卷《悦读 MOOK》。我轻轻地呼唤着：我亲切的乡前辈——褚先生，你一路走好！并在网上灵前，祭上一副挽联，以寄托我的哀思：敢言敢说秀于林，妙思妙文留人间。

痛悼褚大兄

陈侃章

2016年1月11日，我收到褚钰泉主编从上海寄来的《悦读》第四十四卷。那天事忙，拆封后匆匆浏览，隔了一天还是杂务缠身，第三天我方摒弃琐事，翻读这卷《悦读》，循例先读“卷首语”。褚大兄的“卷首语”写得思路清晰，朴实无华，是每卷《悦读》的导读，同时也是他思考的重点所在，我每卷不脱。这一卷我先读了石钟扬的《寻真无悔仗铁肩——陈铁健先生学术素描》、张奈玛的《关于西路军的一个细节》、虞非子的《无聊读旧报》，以及《被斯大林冷落的毛泽东》。觉得这卷《悦读》厚重耐读，很有史料价值。

那天晚餐刚毕，褚大兄的嫡传弟子徐坚忠突然发来一条微信：“1月9日，老主编心脏病突发，走了。”随之是一连串满脸流泪的图像符号。我将信将疑，立即追问：“哪位老主编？”回复：“褚老师啊！”我顿时眼眶湿润，无语凝噎。人的生命竟是如此脆弱，说去即去，说没就没！

今年元旦小长假，我在上海。此前与褚大兄、坚忠约定，1月

2 日这天，找个地方品茗小聚。坚忠会挑地方，选在黄埔江畔的临江高阁。凭栏临风，极目外滩，车来人往，尽收眼底。三人海阔天空，不知不觉就是几个小时，依然谈兴甚浓。褚大兄说道，他主编的《悦读》有可能要告一个段落了，因为他所尊重的，且积极支持他编《悦读》的二十一世纪出版社社长张秋林年龄到杠即将卸任。我说，“您这个年龄也不算大，又有这么深的修养和人脉，如果身体吃得消的话，还可以干一段时间嘛。”同时又与他开玩笑，“多看稿多动脑，上海、南昌来回跑，就不会得老年痴呆症啦。”他听后哈哈大笑，“我的身体是没有问题的，编书编刊蛮有味道，不觉得太累。北京有家知名的出版社很有诚意，找到我，想让我由南转北，去帮帮他们。”我马上反应：“去北京不大方便吧。”他说：“工作时间对方说随我，在京在沪也是我自己定。”然后他又郑重地告诉我：“跟张秋林社长通气，心情舒畅。双方的脾胃都知道了，用不着互相揣摩。如果张秋林有任何需要，我还是会继续跟他干的，所以要看他下一步如何考虑了。”转而他又加重语气：“我与他认识三十多年，直接跟他干已近十年了，感情已非常深了。”坚忠此时说：“这样您还要看张社长的动向？”他语气坚定地回答：“是的。”其后，他们师徒俩转入办报话题，或感叹时势，或瞻望未来，谈得投机且深入。我在旁边静静地听着，不时插上一两句。三人分别的时候，他面对繁华的市况，颇有感触地对我说：“我已经变成了乡下人，这些地方我一点都不熟悉了。”我说，您整天看稿编书，也应抽出时间到外面走走，他礼貌地应允着：“是啊，是啊！”

我结识褚大兄，只有两年多时间。2013 年，我写了篇《吴江“三谏”胡耀邦》，请他推荐给《文汇读书周报》主编徐坚忠，由此我与坚忠也熟悉起来。其后此稿发在改版后的《文汇读书周报》上，褚大兄还特意发了个短信给我说：“此文会有影响的。”后蒙他赏识，又在他主编的《悦读》上发了关于“西安事变”、关于毛泽东与哲学工作者谈话等题材的三四篇文章。他不时鼓励我，你要多写写，向《悦读》投稿，说“公司的事务可让人家多打理嘛”。

我无论如何也想不到，我们三人畅谈仅仅六天以后，谈笑风生、健健康康的他竟遽然离去！撰写本文时，我桌上放着《悦读》第四十四卷，我直直地凝视封面右下角的“44”两字，心想：难道民间忌讳的“44”，真的有如此离奇吗？我忽然想到，尖端科技的航天发射中，也有某些“迷信”。如宇航员出征前要理发，舱门要洒香水，牧师要保佑祝福。美国宇航局非常忌讳“13”这个数字，俄罗斯航天局不准“24”日发射；而13、24这两个日子，确实都发生过多次惨痛事故。现在，俄美两大航天强国航天发射序列的编号、元器件乃至日期，都避开这两个数字。从科学上解释不通，但奇怪的是总有些说不清道不明的谜团。对于“44”卷的想法，我与坚忠微信交流过。他说，也注意到这一点，这个玄机真说不清楚啊。

二十一世纪出版社情深义重，高度评价褚大兄为编《悦读》殚精竭虑，留下文化坚守的丰碑。出版社在《文汇报》上发布的公告中称：“褚先生的离世，《悦读》亦成绝响。”如此怦然有声、沉重沉痛的话语，不由人联想到当年嵇康临刑前弹奏《广陵散》。如今褚大兄已驾黄鹤西去，难道《悦读》要成现代版的“广陵散”吗？

逝者如斯，山高水长

——悼褚钰泉先生

张宗刚

在人类文明的长河中，产生过无数风流人物，有如高山兀立大地，巨星闪耀苍穹。

褚钰泉，一个普通的人，一个平凡的名字。然而桃李不言，下自成蹊，肉身虽逝，精神昭彰。这个已经长眠的人，一生博学多识，谦和自持，全心全意为人作嫁。他不是立于时代浪尖手挥目送的伟人巨子，他只是尽到了一介书生的本分与本职。而其嘉言懿行，似春风化雨，有口皆碑。

就是这样一位温文尔雅的文化英雄，尽己之力，笃学修能，以读书为生命，视利禄如浮尘，建构着理想的书香空间。他平生作为，都与书有关，以读书人的心性，办读书人的事情，纯正清洁，令人眷念。尤其暮年行壮举，老骥再伏枥，其志又何止千里？他的遽然辞世，如同战士倒于沙场；于是，其生命轨迹，同样壮丽如长虹贯日，圆满如江海奔腾。

可以说，在褚先生身上，澎湃着“天行健、君子以自强不息”的力量，闪耀着人文的光辉，体现着文化人特有的风范、人格和精神。时间流逝，大地荒老，而这样一种风范、人格和精神，将永生不灭。

云山苍苍，江水泱泱；逝者如斯，山高水长。

在新年的阳光中悼念

李 美 皆

我与褚钰泉老师只有一面之缘，在《悦读》三十卷出版座谈会上，在北京。当时我虽然已调到北京，但人常在南京，忙着写博士论文，我是专门为这个会从南京赶到北京的，开完会马上又赶回南京。这个会似乎应该不来，但我还是来了，因为这是褚老师让我来的。我对他总怀有一份特别的尊重与信任，相信他所做的事一定是有价值的。他说，希望年轻人也参加进来。作为一个内行的编者，他很重视作者的梯队构成。那次会上，我确实算是年轻的与会者了。那是一个很有思想含量的会，与文学的会不同。无论向思想致敬、向良知致敬，还是向勇气致敬，同时都是在向褚老师这样的编者致敬。没有他们的敬业精神和职业经验，那些带着尊严的睿智的文字都不可能从容面世。后来的邮件中，他说，时间匆匆，未能细谈，颇憾，但总算见过面了。是的，总算见过面了。我所见的他，与我感觉中的他完全一致，低调的、谦逊的古君子之风。此前的邮件中，他称我“美皆同志”，这样的称谓，在私信中真是久违了，严肃得让我不知如何回话。这次见面，他称我为“李老师”，我说“折煞我”也是真心的。我想他是不会随意说话的人，他恪守着自己做人的一种规范，正如他恪守着编辑出版的一种文化价值。

我对褚老师的感性认识就是这些。但一种编者与作者之间的坚韧的默契的神交，让我对他有种依靠感。这种依靠，就是靠谱、托底这样的意思。比如，以前有了某种想法，我会自我怀疑：写吗？往哪发呢？写了也白写，算了吧。但是，自从认识了他，想到有他，我就有了写出来的动力。不需要多话，我就明白和相信，只要有价值的，他都会想方设法发出来，即便有过犹豫，也终究会是不舍。偶尔，他会从专业的角度给以提示：文章内容有助于解开历史真相，但引用的材料有没有版权问题？尖锐的部分可否缓和含蓄一点？用事实的陈述来让读者自己得出结论是不是更好？我是要让矛头刺出来的人，他是要让矛头包在包袱里，但无论如何，矛头都在。彼此连说明和解释都不用，都懂。我们共同看得见，一条通往自由和尊严的路。

我们这个时代，纯正郑重的主编太少了，有足够文化含量的刊物也不多。自己去订阅喜欢的刊物，是对主编最好的致敬，同时也是一种道义的支持。我邮购了两份《悦读》，一份送给一位尊敬的朋友。褚老师在邮件中说，其实你不必去订阅，我会每卷给你寄的。顺便说一下，《悦读》因是出版社出的，邮局是不收订的，不知你是如何办的。《悦读》出版后，各方反应尚可，出版社有意要我改为定期的刊物，还准备了刊号，让邮局发行。但我未同意，因为现在我一个人在编，时间固定了，太框着自己的手脚了，所以，《悦读》现在还是由书店发行。这是我第一次知道，《悦读》的编辑，居然是凭他一人之力。真的看不出来，《悦读》不仅宏观上把握得好，而且细处也极其用心，比如“补白”，就是细小又恰到好处，给人一种小家碧玉的喜欢。

褚老师的用心，在其他地方也体现出来，查看以前的邮件，有一封他写道：为了让你先睹为快，特地将样书快递给你。最近发现快递也会遗失，于是惦记着你是否收到，见信知你收到，我就放心了。他还不忘告诉我，昨天遇到某教授，对《悦读》上你的某篇文章表示赞赏。听起来，对这样的反馈他比我还要欣悦。还有一封邮件，他写道：有一件事有点遗憾，七月上旬曾收到你的一篇稿件，当时我正在南昌，为新的一卷忙碌。在那儿不便复信，没给你回音，回到上海，见到这篇文章已被刊登，颇觉遗憾，这是我的疏忽。其实我是很喜欢这篇文章的，我觉得我们的文学批评应该多发些这样的文章。他实在太爱自己的刊物了！像对孩子一样爱。作者的敬重与感动，亦因此而生。

第一次收到《悦读》的稿费时，我发现比想象的高很多，高到让我不好意思。给他发邮件说，这种文化含量高的刊物，办起来不容易，不用给这么高的稿费。他回复道：严格地说，这样的稿酬，与你文章还不太相称，这完全是你应该得的。《悦读》的成本不高，就我一个人在“折腾”，从组稿到出版，以至扫描，寄书……事务工作，都一个人干。作为我来说，也仅是从中得到一点乐趣。另一点，很重要，这家出版社的社长，事业心很强，并不要我追求盈余，因此干得就很愉快。如今这本书仍放在南昌出版，每次出版前我都要去一下。明天，就要去为下一卷奋斗了。

褚老师就是这样，以拳拳之心，孜孜经营着一片苗圃。他没有猛士的姿态，但他的坚韧，无论如何低调都会渗透出力量，让作者感受得到。他就是一个不着一字也力透纸背的人。就连他的可敬，都浸润在心、很难表述。

总以为，这样的依存，可以源远流长，从来没有去想过终止、消逝的问题。

收到《悦读》第四十四卷，我第一时间看了。2016 年 1 月 12 日，又发短信问他有没有给一位朋友寄，他没回。我跟褚老师一般都是电子邮件往来，极少发短信，我想，也许他是不适应发短信吧？再等等。年底忙，这事暂且搁下了。1 月 18 日下午，快递员让我到门口取件。是什么呢？我去的时候想，这几天并没“淘宝”。拿到快件，是文件袋，二十一世纪出版社的，我知道肯定与《悦读》有关。是什么呢？我往回走的时候又想，征订单？稿费单？稿费以前都是直接打到卡里去的，现在方式变了吗？我边走边漫不经心地打开了文件袋。只有一张纸，第一句话：惊悉褚钰泉先生不幸离世……

没说因何去世。我急匆匆地赶回办公室。手机即将没电，等不及充电，借了同事的手机打过去，徐泓老师接的。我有点语塞和语无伦次。由徐泓老师得知，褚老师 9 日心脏病突发去世，13 日家人才告知朋友们，包括二十一世纪出版社。出版社要出纪念集，没我手机号，才发的快件。我终于知道褚老师为什么没回我短信了，那时他已经去世三天……

记得，电话里跟徐泓老师谈到，与褚老师之间的一切，都是超越于物质意义的生活之上的。我们所感受到的褚老师，是完全一致的。谈到某篇稿子，徐泓老师告诉我，褚老师曾对她说，我们要尽可能地把真实的历史告诉后人，不要让后人以为我们这代人是不敢说话的。褚老师貌似平凡，却有这样不凡的担当！令我们喟叹。

虽然与褚老师只有一面之缘，所有的邮件电话短信都是谈稿子谈刊物，并不交心，对彼此的人生也不了解，但还是很难过，很难过。胸口的沉闷滞重，让我觉得必须写点什么才得纾解。写作的人，唯有文字可以凭倚。

那几天我都缓不过来，好像被抽走了什么，胸腔里少了一口气。早上来到办公室，看见褚老师编的最后一卷《悦读》，如同看见他的心血、生命。身体如倒下一般颓然坐到椅子上，两眼发直。以为固若金汤的链条戛然断掉，看着那断头，心里可能就是这般空空如也吧？年轻时候，健康从来不在考虑之列，因为无须考虑。随着年纪渐长，身体的信号把“健康”二字变成红体一号，标注在我们的生活中。亲友的离去，更使我们不断地听到彼岸的敲门声。一次次感受到生命的脆弱和不可信任，我们走着、说着话，我们的房子和家还有一应生活物事都在，淘宝依然红火，生命似乎是固若金汤毫无疑问的事情，死亡遥远到好像根本不存在，可是，猝不及防地，它来了，转瞬即到，好像一直就在门外等着。害怕这样的惊扰，所以，真想对所有珍惜惦念的人说：请你们，好好活着。

有句话说，珍惜眼前人。其实，要珍惜的，岂止眼前人，也未必眼前人。褚老师倾一己之力，惜护一种文化价值，坚守一种文化品格，我们对他的悼念，也是对一种文化价值和文化品格的悼念。我想，我们所有人对于褚老师的尊敬与怀念，都是基于这样一种共同的东西。我们共同尊敬和惜护着一种东西，这使我们像亲人一般。《悦读》在知识界已有良好口碑，但褚老师走了，《悦读》看来就要停办了。世上再无褚老师，亦无《悦读》。

那几天尽是为活着而忙碌。一切的过程中，褚老师不止一次在我脑海中出现，构成那段时间的心理背景。片刻的停止中，禁不住自问：我做这些，为了什么？鲁迅先生说：“人类血战前行的历史，正如煤的形成，当时用了大量的木材，结果却只是一小块。”是的，忙忙碌碌，但有价值的很少。我为凡夫俗子的生活深深懊恼着，同时，还有一篇答应的文章已经到了交稿时间。这篇稿子要查很多的资料，而我根本不是能写作的状态。隔着这篇稿子，去眺望很想为褚老师写的悼念文章，愈发感到沮丧和绝望。我不能在忙乱之中写他，那是对他的不敬。那种状态下，我也无法写，我甚至感觉不到自己，又怎能去触探他的精神脉动。那是要沉静下来才能写的，可是，何时才能沉静下来？

有一天下午，我本来准备在家写一会儿文章，微信上看到单位通知开会，赶快换衣服，准备去办公室。刚穿好一只鞋子，催稿的微信来了：要排版了，要么说一下大概多少字，先把版面留出来。我放下手中的另一只鞋子，回复：别等了，我不在状态；版面也不要空，我不知道会写多少字。虚位以待的文章，那种紧张局促的瓶颈状态，写不好的。写作与生存，如剪刀的双叉，一齐剪过来，我只有抽身而退。这些天，我一直在为那篇稿子而努力，哪怕一天只能写几十个字，我都没有放弃努力。刀子在头顶悬了好久，最终不了了之，这种事是很不符合我性格的，也是第一次发生。抱歉的同时，也感到解脱。到了办公室，因为人到不齐，会又不开了，改第二天上午。我坐在办公桌前，突然一阵空虚迷茫袭来，不知道要干什么了。再回家赶文章，我也不乐意。而且这一来一回，一下午差不多废了。有一种被抽空耗尽的感觉，孩子不在家，生活尤其有种真空感。无从恢复的疲惫，长期的身不由己所致。这时，有人约着来喝酒，正好。但喝完之后呢？且不管它。我需要清空，需要停止奔突，回到有质量的生命状态。

我以为，我已经废了，状态再也回不去了，我不会写文章了，至少一段时间内。可是，放假了，不再被生活流裹挟，我又是自己了。经过一个下午的过渡，上班生活已恍如隔世，我又能写了。没想到这么快就好了，人的修复能力意想不到地强大。我竟然顺顺当当地完成了那篇我以为永远成为“烂尾楼”的稿子。

根据我的规律，每完成一篇稿子，我都会消停一下，读一些一直想读的东西，犒赏自己。这次也不例外。可是，说好的要为褚老师写的悼念文章呢?

那几天北京的阳光和空气都格外好，我宅在家里，打开窗户看看外面的蓝天，又满意地关上。阳光暖暖地照在床畔，让我莫名地想到《太阳照在桑干河上》。我洗完澡，坐在阳光中，捧着一大玻璃杯红茶，茶色与阳光相遇，美好，熨帖。空气里有阳光的味道，身上摸上去是阳光的感觉，我简直想跪下来，感恩！感恩的对象，都不具体，只是充满感恩。心中只须想着自己要读要写的东西，再无凡尘俗事的羁绊与纠缠，这种云清月朗的状态，是多么好！

绿植，电子琴，孩子的桌椅，在光影里生动呼吸着，存在着。自家的墙之内，一切如此美好！然而我知道，生活并不仅有这些就足够了。巴金的《灯》中有一句话：“我们不是单靠吃米活着的。”褚老师一定也是这样想的，所以他会选择那样的活法。

然而，无常无法抵御，有常也难以抵御。我在年味的时光中晒着太阳，日渐慵懒下去。是的，我有点抗拒去写文章了，尤其去写一篇悼念的文章。鲁迅先生在《记念刘和珍君》中写：离三月十八日也已有两星期，忘却的救主快要降临了罢，我正有写一点东西的必要了。鲁迅先生也在提防着“忘却的救主”，提防着情感的分量在日常的时间中淡漠下去。每个自省的人可能都遭遇过这样的情形。我唯有警醒着自己：如果连这样的东西都可以这么快淡漠下去，这日子，就过得太混了。为了抵制麻木与惰性的围剿与包抄，为了不使这种抵抗与挣扎转变为对自己的绝望，我一定，一定要写出来。平常生活中包含的惊心动魄，就在于我们必须时时战胜自我怀疑，战胜麻木和惰性。我其实已经不仅是为褚老师，也是为自己而写了，因为其中浸透着自我拯救的努力。

褚老师，一切有价值的，都不会消亡。我们永远沐浴着同一种精神的阳光。

似乎有悖，在新年里，写这样一篇悼念的文章。然而，褚老师过不上这个新年了。

《悦读》十年：
一个人、一本书和一个时代的落幕

韩　戍

2016 年 1 月 8 日，上海新华路邮局，褚钰泉先生给他的作者们寄出最新一期的《悦读》。不过，对他而言，此次寄书不同往日。《悦读》从 2006 年开始，在南昌二十一世纪出版社出版，至今凡四十四卷，皆归功于社长张秋林的大力支持。而今，张社长即将退休，《悦读》将何去何从？钰泉先生自己也不太清楚。因此，他也破天荒地未向老友汪家明催促新一期的专栏稿。或许由于深度焦虑，1 月 9 日，钰泉先生突发心脏病，就此撒手人寰。他一手创办的《悦读》，永远定格在带有不祥含义的第四十四卷之上。

一

《悦读》以 MOOK 的形式出版。MOOK 是介于书和杂志之间的一种连续出版物，众所周知，中国的刊号属于稀缺资源，私人希望办刊，一般只能采取以书代刊的形式。MOOK 的编辑团队极为精简，基本由一两个人主持，后续排版、印刷、发行环节全部交给合作的出版社完成。此种出版方式自由灵活，却可能受个人的进退影响而不易持续。情况常常是一本 MOOK 刚出版时雄心万丈，几期之后便脱期、延误乃至最终关门大吉。然而，《悦读》以每两个月一卷的节奏出版，十年之间未曾间断，可谓风雨无阻。此种成绩，与主编褚钰泉先生的坚守密不可分。

钰泉先生毕业于复旦大学中文系，二十世纪六十年代进入《文汇报》担任编辑工作。改革开放后，在文化界“读书无禁区”的氛围之下，中国社会出现了空前的读书热。1980 年代初，钰泉先生率先在《文汇报》开辟“书亭”专栏，向读者推荐好书。三年之后，“书亭”扩展为读书版。当时，各大报刊杂志很少开设读书版，他的创新之举“美得惊动了中央”。在有关部门的大力支持下，《文汇读书周报》于 1985 年诞生，钰泉先生先后担任副主编、主编。在他的主持下，《文汇读书周报》发行量高达十万份，与《读书》《随笔》被誉为当时读书界的“一报两刊”。

钰泉先生主持下的《文汇读书周报》，一方面服务读者，为读者推荐好书，另一方面以文化人的角色，对出版界的种种文化现象发表评论，坚持让文化类报纸发出独立的声音。正当风生水起之时，褚先生被迫辞去主编的职务。原因是按照新的规定，他的群众身份，不适合担任报纸的总负责人。不甘寂寞的他，于 2003 年在文汇出版社的支持下，以笔名“阿昌”办起了《悦读》。孰料甫出三期，便被“不学无术之辈一脚踩死”。幸运的是，困境中的褚先生遇到了二十一世纪出版社社长张秋林。在张社长的支持下，《悦读》迁到南昌重新出版。这一出版，便是十年。

《悦读》完全是褚先生个人的园地，可以自由发挥，不受拘束。

这是《文汇读书周报》所没有的优势。同时，《悦读》又继承了《文汇读书周报》的特色和精神。

首先是服务读者。钰泉先生在第一卷的“卷首语”中申明了《悦读》的主旨：“如今我国每年有十余万种新书问世，包括杂志更是不计其数，令人目不暇接。《悦读 MOOK》为读者在书海中披沙拣金，其中有名人学者撰写的阅读心得，有专家分析书坛、文坛动向的文章，有文史哲经等各个领域一些出版物精彩片断的介绍……一册在手，读者可尽情享受读书的无穷乐趣。”引导民众读书、替读者选书，在浩瀚书海中取其精华，被钰泉先生视为一以贯之的任务。

其次是去商业化。在商业大潮之下，出版界也是名利场，出版人多是商贾而非知识分子。出版社推出一本书，往往不考虑其社会功用、启蒙价值，而是看其能为自己带来多少利润。由此，出版界泥沙横流、江河日下。在利益的驱动下，报刊杂志的读书版亦甘做出版商的合谋，“读书报”成为“卖书报”，充斥着各种软文。《文汇读书周报》时代，钰泉先生便秉承“宁可多发几条稿子，也不愿让无聊的广告挤占版面”的态度，如今亦是如此。他说：“我们反对刊登‘广告式’的书评——这是近几十年来一种流行的文体，或是受人所托，或是拿了别人的红包，文章中堆砌着种种溢美之词。这样的书评倒尽了读者的胃口。我们期望能发表一些有好说好，有坏说坏的书评，通过独具慧眼的作者从书籍中给我们传递出一些值得注意的观点和信息。”由此，《悦读》没有任何商业气息，是一本纯粹的文化类刊物。褚先生不计功利、不惜工本，十年如一日地致力于文化建设，希望将《悦读》打造为中国读书界的一块响亮品牌。

二

翻阅十年的《悦读》杂志，可以看到，这样一本杂志内容驳杂、信息量大。各种栏目，皆围绕着读书展开。《悦读》一般包括两个部分，上半部分包括特稿、人物、往事、文坛一得、读书一得、忽然想到、域外风、议论纷纷、书与插画、艺苑寻踪、海外书情、书海巡游等栏目。随着时代的变化，各板块的内容不断调整，在登载书评书介之外，大量登载文史类尤其是研究近代史的文章，甚至逐渐占据主要地位。杂志的后半部分是书摘板块。钰泉先生会大量阅览这一时期出版的图书报刊，从中摘取他认为有意义的部分，“以飨读者”。一份《悦读》在手，读者便可以饱览数十上百种图书报刊的内容，方便之至。

钰泉先生从未将编辑事业当成一个谋生的饭碗，而是完全当作一份神圣的事业来做。从他退休后坚持十年主办《悦读》可知，他终生献身于编辑事业，对编辑工作近乎狂热，甚至抱有某种信仰。他对编校质量也有着近乎苛求的完美主义。从封面到装帧，再到栏目编排、版面制定、插画与书签设计，每一处细节都能看到褚先生的心血。手捧一本《悦读》，第一感觉是素雅、美观、大方，蕴含着一种低调的美，散发着一种知识人的品位。就文字编校而言，也几乎看不到错讹之处。每两月出版一本《悦读》，数十万字，钰泉先生不知要编校多少遍，直至完美无缺后才肯出版。此种敬业精神，在当代出版界中实不多见。

让《悦读》熠熠生辉的，是其强大的作者阵容。其中既有朱维铮、资中筠、王学泰、熊月之、茅海建、李天纲、骆玉明等著名学院派学者，也有黄裳、朱正、巫宁坤、何方、蓝英年、陈四益等老一辈文化名流，亦有徐庆全、傅国涌、蔡登山、邵建、范泓、冯克力、王晓渔等当代著名公共知识分子。如此众多的名家愿意为《悦读》写稿，当然由于钰泉先生资源广、人脉多，但更是因为他待人热情诚恳。褚先生做了一辈子编辑工作，深知要办好刊物，离不开作者的支持。由此，他尽一切可能团结作者，根据作者的特长为刊物量身定做内容。如汪家明回忆，在电话聊天中他无意说起，自己有搜集外国小说插图的爱好，钰泉先生便诚恳地三番五次催促其将心得写给《悦读》。由此，汪先生在《悦读》上撰写“书与插图”专栏，一写便是七年半。

钰泉先生资格老、名望高，却全无一般老年人的盛气。对于喜欢写作的无名晚辈，亦不惜屈尊结交。以笔者为例，2011 年经朋友介绍，与钰泉先生结识，其后便常常收到他的信。当时笔者只是一个低年级的硕士生，钰泉先生却按照老一辈读书人的习惯，来信以“兄”相称。他常常关切地问：“兄近来在研究些什么？有什么适合《悦读》刊登的文章，盼赐稿。”单是言语中的那种恳切，便让人不安、感动。每期《悦读》杂志出版后，他便会第一时间寄到我手中。或许是他觉得自己是老年人，唯恐跟不上时代潮流，时常来信征求意见：“最近的一期《悦读》收到否？很希望能听到兄对《悦读》的批判和建议。有什么好的稿件、好的选题可向我推荐？”钰泉先生非但虚怀若谷，还给作者充分的自由度。他曾经对我说：“我这里版面充足，只要内容好，可以不拘篇幅。”果不食言，笔者五千、一万字的文章，钰泉老师都不惜腾出十几页版面予以刊登。犹记某次约稿正值盛夏，他亲切地叮嘱注意防暑：“现在上海天热，可一个月之后再给我。”有这样体贴周到的编辑，作者怎能没有一种“士为知己者死”的感受？

从褚先生身上，看到的是老一辈出版人的品质。他甘于充当绿叶，不计功利、不求回报地帮助作者、培养作者。他会全力以赴地协助作者，用最有效的方式表达出他们希望表达的内容。他会给作者以最大的自由度，关心他们、爱护他们，让他们根据自己的个性来发挥书写。正是编者与作者互相帮衬、紧密配合，才使《悦读》存在十年，弦歌不辍。

三

《悦读》从《文汇读书周报》而来，带有一种鲜明的报纸副刊风格。可以看到，《悦读》的板块，基本按照副刊的风格设计。各种豆腐块似的“补白”，更是一般报纸副刊的专利。然而，近些年来，报纸副刊的质量有江河日下之势。报纸副刊的衰落，当然受纸质媒体衰落的大环境影响，亦有副刊本身的因素。除了副刊商业化、媚俗化之外，更在于副刊的文人化、圈子化，展现的只是一小部分知识群体的文人小趣味。实际上，民国时期知名大报的副刊，如《申报・自由谈》《大公报・星期论文》，以及1930年代《中央日报》的各种副刊，都不是纯粹文学、文化的场域，而是自觉地扮演起了某种推动社会进步的责任。然而，此种传统经过历次政治运动的摧残，已经香火难续。难能可贵的是，钰泉先生自觉地承担起了此种任务，在《悦读》中无处不见一种难能可贵的启蒙精神。

褚先生虽然是一个书生，一个编辑，却从未脱离现实，一直关心这个时代，与这个时代紧密互动。比如他在某卷的“卷首语”中说：“编完这一卷稿件，发现有多篇与现实有关的文章。有对经济的分析，有对食品、气候、环境等问题的介绍……这些文章，或许没有那些写风花雪月的耐读，也不如奇人逸事吸引人，但却以确凿的数据和材料，告诉我们自己周围发生了什么，我们应该采取何种态度？作为一个读者，应该不断拓展自己的阅读面，除了阅读自己感兴趣的书籍和文章外，也应多留意平时自己很少涉猎的领域，这才能使自己在这纷扰的世界上，保持清醒的头脑。”能够感觉到，钰泉先生对这个时代有忧思。他的忧思，或许由于生于忧患时代，饱受历次政治运动的侵扰，知道今天的成果来之不易。他希望读者不要做脱离实际、埋头书斋的读书人，而是要保持清醒的头脑，对现实问题敏感，关心这个国家，了解这个时代，进而改造我们这个时代。

正是出于对现实的关切，他特别重视历史，注重以史为鉴的作用。因此，从某种情况来讲，后期的《悦读》已经不是一本关于书的书，而是一本关于历史的书。褚先生忧虑的是，我们今人遗忘教训，重演悲剧。正如他在某卷“卷首语”中说的那样：“如今有个现象值得注意，近二三十年、四五十年发生的事，在不少青年人的脑海中几乎一片空白，什么‘文化大革命’啦，‘反右运动’啦，‘大跃进’啦……一问三不知。《贞观政要》中有这样一句话：‘以铜为镜，可以正衣冠；以古为镜，可以知兴替；以人为镜，可以明得失。’不了解自己的先辈，特别是自己的父辈是如何走过来的，其中有哪些经验教训可以吸取，也许就不可能坚实地走下去！”他更担忧的是，各种势力为维护个人或团体的利益而篡改历史。在最后一卷“卷首语”中，他认为，历史学家如果不能为读者讲述真实的历史，是最大的失职。由此，他严厉批判那些本身持历史虚无主义立场却批判他人“虚无”的人：“对历史采取虚无主义态度的人，他们还会掩盖真相，随意诠释，动辄给一些讲真话的文章和著作扣上帽子、贴上标签。其实这些人很愚蠢，历史的潮流滚滚向前，谁又能阻挡得住呢？”

钰泉先生支持与他同气相求的作者发表独立观点。让人印象最深的是，其中一篇谈论大学之道的文章，对当代大学管理的种种问题进行批评。文章认为，今天大学培养的并非行政官员，而是各种学问的研究者、思想者和创造者。如果简单规定这个不许进课堂，那个不许进课堂，看似简单，实际是一种粗暴而无效的办法，只能扼杀学习研究的辨别力、思想力和创造力，进而使中国成为一个落后的国家。平心而论，这样的质疑，在今日的公开出版物上已经并不多见了。明哲保身者多随波逐流，拒绝明确表态。然而，褚先生尽一切可能，客观冷静、不激不随地发出自己的声音。他的声音虽然微弱，虽然默默无闻，甚至有时仅是微言大义，却坚韧而有穿透力。褚先生去世之后，很多人谈他对编辑工作的热爱，对文化事业的坚守，实际上却都忽略了这一点，也是最重要的一点——启蒙的一面。钰泉先生的独立精神，并非如很多老干部“晚年觉醒”，而是一以贯之。他从不违心地追求所谓“进步”，甘愿为此付出代价，宁愿边缘化。难怪许多与先生交往并不密切的人，对先生也常有“同道之感”。相信此种“同道之感”，存在于每一个热爱进步的人心目之中。

四

然而，让人痛心的是，在当代中国，所谓的文化坚守或启蒙立场，注定会遭遇困境。且不说其他因素，只说阅读层面。随着网络和智能手机的普及，“浅阅读”时代来临，报刊杂志纷纷关门大吉，纸质媒体遭遇了“最寒冷的冬天”。钰泉先生主办《悦读》十年，对纸质媒体的兴衰可谓冷暖自知。加之《悦读》原本不是一份主流的刊物，由于不善宣传，似乎也对其推广构成一定限制。由于MOOK的特殊性，发行渠道也不畅通，很多人至今都不知道有这样一本刊物存在。即使在知识界内部，对读书人而言，可以选择的读物太多，谁会注意、关心到这样一份默默无闻的纸质刊物？钰泉先生的微言大义，又有几人能知？在一个编辑工作普遍成为“剪刀加浆糊”的浮躁时代，他的理想与坚守，又能获得多少共鸣？须知在一个如此功利的时代，理想主义也常常会被视为“不切实际”的代名词。在更多的人看来，钰泉先生的文化坚守或启蒙精神，不过是一个当代“不识时务”的“堂·吉诃德”而已。

《悦读》的发行数量、盈利情况如何，目前并无数据。但我觉得，这应该是一个赔本的杂志，完全依靠二十一世纪出版社的无私支持。因此，钰泉先生编辑《悦读》时间越长，或许失败感越大，越觉得沉重。他默默坚守、费尽心血编辑的杂志反应寥寥，既无人关注，又无人批评，他内心的焦虑和压力是可想而知的。钰泉先生也曾想过探索新的推广形式，比如开微博、办微信公号等，但都由于缺乏营销手段而不尽人意。酒香也怕巷子深。或许在当代文化界，没有比主持纸质杂志更有挫败感的事。我相信，钰泉先生刚过古稀之年，却猝然离去，与其编辑杂志的奔波劳碌，以及日益增长的挫败感是分不开的。从某种程度来讲，甚至可以说他毕生奉献于编辑事业，最终为编辑事业而死。

钰泉先生的去世，不只是一个人和一本杂志的落幕，实际更是一个时代的落幕。然而，许多事情往往需要历史的长时段才能看得清楚。念念不忘，必有回响，落幕并不意味着寿终正寝。胡适说过：“要怎么收获，先那么栽。”钰泉先生生前寂寞，一直做着“栽”的工作，在后世必将有所收获。能够相信，繁华落尽之后，后人们回望当下这个众声喧哗的时代，希望能够在这个时代中发现些什么的时候，会重新注意到钰泉先生和他皇皇四十四卷的《悦读》，发现属于我们这个时代的文化坚持和文化品质。

我们期待着这一天的到来。褚先生不死！

悼褚钰泉先生

梁　捷

前些天突然接到一个朋友的微信，问褚钰泉先生是否出事了，大家都极为震惊。我跟一些师友核实信息之后，不由悲从中来。我一直欠褚先生一本书稿，深感内疚，过去答应他用在《悦读》的一系列专题文章也只写了三四篇。我一直想着过年后继续这个专题，以后也有机会捡起书稿，却不料再也没有机会了。

已经记不清是什么时候认识褚先生的了。大约是《书城》杂志每月定期举办茶座的时候吧，褚先生每次必到，还热衷于和我们一群年轻人聊天，很快就熟悉起来。余生也晚，没有赶上褚先生主编《文汇读书周报》的黄金时期。但在《书城》茶座里，每月听褚先生闲聊学术，也学到很多东西。记得他说得最多的就是“可惜”两字，××没有继续做学问，可惜了；××没有把那个想法写成书，可惜了。

后来不太去《书城》茶座，却接到褚先生电话，告知新创办一本 MOOK，名为《悦读》，希望我这样的年轻人能多多供稿。《悦读》的作者多为文史界的前辈，所以我并无压力，手头正好在研究什么，就顺便寄一篇给褚先生。多蒙褚先生垂青，来稿照登，还总是来信来电鼓励。每卷《悦读》出版之后，必能收到褚先生亲手邮寄的杂志，从无中断。中间有几次还夹着褚先生亲笔手写的信件，让晚辈异常惭愧。

有一次褚先生主动向我约稿。正值 2008 年全球金融危机，世界经济动荡，人心惶惶。褚先生给我打电话，希望就这次金融危机的来龙去脉写一篇长文。他客套说，《悦读》作者中搞经济的不多，我写文章最合适。而对我一个博士尚未毕业的年轻人来说，在《悦读》这个平台上大言不惭地谈论全球金融危机，实在还有些忐忑。

文章写完之后，褚先生大为赞赏，立刻用在《悦读》上。从此之后，他三天两头向我“报喜”，“×××前辈赞扬这篇文章，×××前辈还向他打听作者背景”云云，让我受宠若惊。过了一阵，他有一次请我吃饭，饭桌上表示，希望我用写那篇金融危机的笔法，写一本适合没有经济学背景知识的读者阅读的“经济学原理”。

这个提议让我有些矛盾。斗胆写一篇长文也就算了，写一本“经济学原理”确实从未出现在我的考虑之中。在经济学界，默认规则是年轻人写论文，做研究，等年岁渐长、功成名就了，才坐下来写书。越是初级入门的经济学原理著作，越是需要功力深厚的大师操刀。国内外最流行的几本经济学原理教科书，无不如此。而我不论能力还是资历，都不能胜任这样一本书的写作。

褚先生对此却很有信心。他不断安慰我说，我一定有能力写出这样一本书，而且普通读者也需要这样一本书。这本书显然不会是学术前沿，但我既从事经济学学术研究，又熟悉普通读者看待经济问题的视角，能够写出一本内外兼顾的通俗读物。他已经热心地帮我联系了出版社，也已得到出版社的强力支持。他甚至已经帮我设想好，这本书出版以后，可以从哪些角度加以宣传推广。

在褚先生的反复劝说之下，我终于答应写这样一本书。在我心目里，国内外的经济学科普读物确实也有各自的问题，或是框架结构繁冗，或是不符中国国情。那时我还年轻气盛，总觉得自己可以写一本与别人不同的、适合中国普通读者阅读的《经济学原理》。我很快拟了个目录，褚先生马上就同意了。

这本书的写作难度比我想象的要大得多。褚先生仍然极热情地鼓励我，经常写信询问我的写作进度。大约到 2010 年末，我拖拖拉拉地终于写出一个初稿，如释重负。褚先生拿着稿子，与我讨论了很多次，提出不少修改意见。这些意见都很中肯，可我当时正面临博士毕业，又即将出国留学，所以就先把稿子放下了。

没想到这一放就是许多年。我在国外留学期间，研究方向有一些改变，对原来的书稿也觉得越来越不满意。由于新学了很多知识，我觉得原书需要增补很多内容乃至重写整体框架，所以就一直没有动手修改。人在国外，与褚先生仍有通信，但联系频率比以前少得多了。

有一次回国，褚先生又请我吃饭。他表示，只要我愿意修改书稿，他随时愿意再继续推进这本书的出版。我内心对那本稿子很不满意，同时也没有精力修改，于是当时只能敷衍过去。我不好意思地表示，自己正在做一些印度及发展中国家的研究，也许能给《悦读》一系列稿子。褚先生又爽快地答应了。

所以后来我就陆续给了《悦读》几篇与印度相关的稿子，褚先生也都发了。他有时也会来信再问问我对那本经济学原理书稿的想法，见我不甚积极，慢慢也就不再问了。我让他失望了，自己也很无奈。给《悦读》提供那几篇印度稿子之后，我转身去忙其他琐事，转眼又是两年多。

去年下半年，我终于回到上海工作，陆陆续续恢复与新老朋友的联系。这段时间经常从老朋友那里听到褚先生的近况，“他仍是忙于《悦读》的出版，经常往返于上海江西两地”等等。我一直想请褚先生吃一顿饭，但因为拖欠书稿的事，内心有几分不安，就没有主动联系他。一个朋友说起在年后设法与褚先生约一下，我在想，自己虽然还是无力修改书稿，还是可以继续给《悦读》写点什么，略表心意。

就在这时，收到噩耗。于是再也不可能为《悦读》写稿，那本未曾出版的《经济学原理》也成为我与褚先生之间永久的遗憾。

谨以此文悼念褚先生，愿褚先生安息。

邮箱里的褚钰泉先生

沈　迦

20115 年 12 月 27 日还收到褚钰泉先生的邮件：

沈迦兄：你好！

得知你又有新著出版，很为你高兴。

我的地址是：（略）

祝好！

钰　泉

次日即快递出拙书《一条开往中国的船：赴华传教士的家国记忆》，但随后没有收到他的回复。期间心里也纳闷，以褚先生一贯的周到及谦和，似有点反常。1 月 14 日早餐时刷朋友圈，竟然在陈丰老师的微信中读到他 1 月 9 日已去世的消息，心中被重重撞击了一下，原来 27 日的邮件竟是他与我的永别。

虽与褚先生认识有年，但从未见过面，平日联系就是通过邮件。

好在近年没换过邮箱，今晨通过检索，翻出了与他往来的所有邮件。

我给他的第一封邮件写于 2010 年 8 月 18 日，当时刚从英国查询苏慧廉档案归来，那是第二次为苏慧廉去英国，期间还专程去剑桥大学图书馆阅读温州方言版《圣经》。旅行途中写了三篇小文章，总题为《英伦“寻宝”三记》。当时常请教南京的邵建老师，于是归来就把这篇小文发给他看，没想到，他竟转给了褚钰泉老师。邵建老师那封邮件也在邮箱里，8 月 15 日发我的：“你的大作我刚才转给了《文汇读书周报》的前主编褚钰泉老师，他退休后某出版社请他主编一套《悦读》，是一份连续出版物。已经出了十几本，反响颇好。你的这篇文字读来亦悦，因此推荐。何况你们都在上海，也许以后联系方便。”17 日又有邮件来：“刚才收到褚先生的信，稿子近期用。褚先生要我稿子，我没有。正好用你的顶戴，而且你的文字比我更‘悦’读（我就是这样向褚先生推荐的）。因此你不用谢我，我有私心，呵呵。这是他的信箱（略），你们联系吧。建议剑河那张照片再补充一张。知道徐志摩的人都知道剑河，可没几人看过。你那张虽然有河，但却是配角，因此补充一张较为完整的会更好。”于是 18 日就给褚先生去了邮件，并附了调整后的图片，没想到，当天晚上就收其回复：

沈迦先生：你好！

能得到你的赐稿，很高兴。文章写得很好，可使读者增加不少见识。下一卷《悦读》计划在九月五日左右定稿，你修改后在此之前传我就行。最好文字和照片不要制在一起，分别传我，这样方便些。

《悦读》新的一卷（第十八卷）正在付梓，待印出后，我会寄上，请你指正。请告我你的联系地址。

祝好！

褚钰泉

今天查询邮件，重读，才发现这封邮件发出的时间是晚上11:59，典型的老编辑工作时间。

《悦读》第十八卷出刊后，先生还来邮件（10月26日）告知：

沈迦兄：你好！

刊登你大作的新的一卷《悦读》已印出，我已给你寄上（寄澳门路），不知你近来是否在国内？能否收到？欢迎赐稿，盼能继续得到你的支持。

祝好！

钰　泉

随后又陆续寄来样刊与稿费，老辈读书人的谦和与周到，可见一斑。我当然知道，在下仅是先生几十年编辑生涯中无数作者中的一个，想必他对每一个作者都是这样。

先生提掖，一直感念。2011年10月新写了篇《陈寅恪受聘牛津之缘起》，考证苏慧廉与陈寅恪在牛津汉学教授一职上承前启后的关系。文章甫就，即想到褚先生与《悦读》，邮投过去，也是当天便收到回复：

沈迦兄：你好！

不知你的行踪，故无法送上《悦读》请你指教。今收到你的稿件，很为高兴。文章写得很扎实，看见兄疏理史料的功力。《悦读》可考虑刊用。不知兄处有否相关的图片，以便刊登时配用，这样版面可好看些。

祝好！

钰　泉

这封邮件发出时间还是晚上 11:56，夜案编稿，许是他一生的习惯。据说，他主编《文汇读书周报》十六年，几乎每天都是早上九点进报社，一直待到深夜才回家。

《陈寅恪受聘牛津之缘起》后来刊登在《悦读》第二十五卷上。去年，新星出版社将我近年关于传教士与近代中国的小文结集为书，《英伦“寻宝”三记》与《陈寅恪受聘牛津之缘起》也都收入了。我在后记中，也特别鸣谢了包括褚先生在内的一众编辑。年底收到样书，即邮告先生，并与他确认邮寄地址，这也是此文开头他给我邮件的缘起。我不知道褚先生是哪天发病并住入医院，更不知他在最后的日子里是否见到我这本小书，并见到这本小书里他当年编发的两篇小文？

近年客居海外，虽偶有回国，但也总是匆匆，当然更主要是自己的懒惰，竟没有去拜访道谢下褚先生，现在是后悔莫及。有个成语叫“缘悭一面”，竟然用在与先生的交往上。

14 日微信获悉先生去世消息后，即上网，想查更多的信息，也是在网上的一些文章中才知先生从《文汇读书周报》到《悦读》的艰难过程，中间的不得志及南下坚守，让我感动。很多怀念的文章里，都说到他对读书事业的坚守。“守”原是个平常的词，但前面加了个“坚”，便读出了可贵。现在又把这词加在一个逝者身上，更陡增悲壮与力量。

网上的文章，写先生最详细的一篇是《在风雨中不随风而动——〈文汇读书周报〉原主编褚钰泉的风雨十六载》，看作者名字，竟是前几天刚认识的《深圳晚报》记者李福莹。于是即给她写了封邮件，聊表对先生的共同怀念。不一会儿即收其回复：“听闻褚钰泉老师去世的消息，心中一痛。多年前采访他的情景，立即浮现出来，当时这篇稿子还让我获得了一个新闻奖，想来，恍如隔世。谢谢沈迦老师给我来信，让我们一起怀念褚钰泉老师。”

让我们一起怀念在风雨中坚守的读书人！

2016 年 1 月 19 日上午于上海，窗外天寒地冻

为素心开三径

——纪念褚钰泉老师

胡建君

那天浏览微信，突然看到一个标题：“钰泉老师绝笔”，触目惊心，我想难道是褚钰泉老师金盆洗手封笔了？怎么会用这样的字眼。真的不敢相信也不愿接受，钰泉老师居然真的跟我们永别了。前些天还收到他寄来的第四十四卷《悦读》杂志，上面刊发了我写张充和的文章。邮箱里还有他写给我的邮件，说寄去的“诗经植物笺纸”很美，我配的诗文亦赏心悦目，但是纸张折叠放置让人心疼，建议用大盒装，笺纸平铺。我让出版社采纳了该建议，年后即推出大盒版笺纸，再给他寄去。不料如今上天入地两茫茫，竟再也无从投递。

钰泉老师是一位平淡而温暖的长者，我们交往也淡淡，回忆起来，却一一犹在目前。第一次见面，是和张秋林社长一起，张社长说起有趣的陈年往事，钰泉老师一直开怀大笑，可见赤子之心。言谈中，我知道钰泉老师创办了我国第一份蜚声海内外的专业读书报纸《文汇读书周报》，十六年编了八九百期。之后，他又主编了享誉学界和书界的《悦读》杂志，已然成为独具特色的高端品牌读物。第二次见面是 2012 年 9 月，有幸坐在钰泉老师旁边，通过徐明松的热心荐举，他知道我也写诗词文章，希望我发给他看看，并说要给我寄杂志。我随即寄去了我的小书，钰泉老师很快给我来信："两册书均已收到，十分欣喜，忍不住立即翻阅起来。你的文字功力、古文基础，以及对传统文化的涵养，都大大出乎我的意料。读了你的作品，真有相见恨晚的感觉。"前辈不遗余力地赞扬，对我真是莫大的鼓励和鞭策，感动莫名。同时收到的还有最新的《悦读》杂志，初见如此清雅的装帧设计还有丰赡的文史内容，更有一枚精美书签，确实惊艳，实在令人欢喜。

我便回信表达感激，并附上近期的诗文和白描，很快又收到他热情洋溢的回复："看了你填的词和画的白描，又一次大大出乎我的意外。如今能写出这样诗词的人已很少很少了，更不要说写得这般好，真是难得，让我慢慢咀嚼吧。读了你的文章，以为你主要是从事中国传统美术的理论研究，没想到你自己还能画，从勾勒的线条看，功力还是很深的。多谢你对《悦读》的夸奖，过几天，我找找是否还有前几卷的，多看几本，或许可有更多了解，更易帮我提出一些意见和建议。"钰泉老师以一己之力用心编选这本杂志，每天要面对无数的读者、作者和稿件。而他却抽出时间给我这样一个寂寂无名的小辈写信，不吝溢美之词，我见识了一位长者宽厚的胸怀，这是真正的仁者之心。

之后又陆续有信件往来，褚老师希望我给《悦读》写些文章。我仔细翻阅过杂志，供稿者大家如云，多偏重文史，不禁踌躇，一时没有合适的稿件可以提供，当时教学任务也繁重，只能告歉。忙忙碌碌，忽忽过了一年多，突然有一天，又接到钰泉老师的来电，说正考虑给我开一个专栏，写一些关于中西美术鉴赏的文字并配图，还帮我一起思考专栏的名字，真是受宠若惊。于是，从第三十六卷开始，一直到绝响的第四十四卷，我有幸在每一卷的《悦读》留下了痕迹。钰泉老师还特地把我提供的相关图片做每一卷的封二和书签。第一篇文章是《诗意的忧伤——柯罗与〈埃弗雷的记忆〉》，回看这张书签，也像是风中摇曳的淡淡忧伤记忆。而专栏的名称，先是“东图西画”，后又改为“艺苑寻踪”，因为我生性散漫没有计划，有时写写书画鉴赏，有时又写写艺术家，每篇的主旨不尽相同，字数也忽长忽短，有两三千字的，也有五六千字的。但是钰泉老师每次都全文刊登，不删改一字，也不提太多要求，保持了对作者的极大信任和尊重。最多在临近截稿日期时，他会礼貌地来个邮件或短信，让我告知文章的大致内容和标题，希望我先把配图发给他，便于美术编辑事先做些技术处理，其实也是一种善意而友好的催促。我也明白了为何他的作者们都说，褚老师的约稿，从不促迫，却让人无法拒绝，因为你看得到他的恳切和真诚。

有一种人，在温和平淡中蕴藏着最真实的力量，细水长流，却令百川归海，钰泉老师就是这样的人。从《文汇读书周报》创刊，他就坚持“报纸一定要有自己的声音”，他说：“我想以读者一分子的角色，对书、对出版界、对文化现象发表言论。”他也是这样做的，直面事实，不卑不亢，对人对事，从不虚与委蛇。钰泉老师一直赞扬我白描画得好，却从未索要过，而我一心想画得更好些，帮他认真画一张精品，却再无机会了。我只给钰泉老师寄过几次自己的新书，每一次都会得到他真诚的赞扬或建议。有一次，他特地提醒，是否能给《悦读》的美编也寄一本，她特别喜欢我的文字。

这才觉得自己粗疏，每次都麻烦美编精心排版设计，竟没有想起致谢，也由衷感慨钰泉老师之细心。在往来邮件的过程中，他总不忘鼓励我多写作，说要走出自己的文化圈子，走进更广大的世界。他还说择日面谈，想好好跟我聊聊。而我约他几次，不巧他都在忙碌，有时在编稿，有时在去往江西的路上，一段时间又在忙家里的装修。后来知晓，钰泉老师基本没有空闲的时候，往往在坐拥书城的办公室中，加班到深夜。每两月出版一本《悦读》，钰泉老师不知要细细编校多少遍，直至完美无缺才肯推出。我们总说着来日方长，后会有期，却并不知道，那些习以为常的温暖和幸福，有一天竟会戛然而止。

跟钰泉老师最后一次见面，是在 2015 年 7 月 27 日，陆康先生召集朋友们在他家门口的德珍苑聚餐。钰泉老师准时到达，我见他头发又白了很多，而精神依旧矍铄，席间谈笑风生。他奉上三本最新的《悦读》，陆康先生回家赏读后，特地回信说这本杂志文章编选甚佳，可读性极强，是一本温暖的杂志，而且花繁枝茂，蕴藉丰富。书如其人，《悦读》首先是一本求真的杂志，耐读背后，可以催人反省，求真去伪。作者大都说的是“真话”，而编者更能不拘一格，使《悦读》多有异彩，体现了美就是“繁多的统一”。钰泉老师的身上，一直体现着这种唯实求真的处世精神与一意执着的救世热忱。他生前寂寞，自己从未著书立说，而倾其所有奉献给了著书和出书的人，奉献给了千百万读者：“为雪朱阑，为花粉墙，为鸟疏枝，为鱼广池，为素心开三径。”他什么也没有为自己留下，却留给我们无量的财富和永恒的思念。

看《悦读》忆故人

董宁文

我是在范泓兄的微信上看到钰泉先生去世的消息的，那已是先生走了五日之后，当时感到非常的震惊！当即在微信上转发了这个噩耗。已记不清何时与钰泉先生认识的了，但至今二十年应该是有的了。与大多数师友一样，我们的结识总是因《文汇读书周报》这座桥梁吧。这份在几代读书人眼中非常纯粹、非常亲近的《文汇读书周报》一直是自费常年订阅的，只是到了不能订阅的去年而被迫中止了。严格说来，其实对《文汇读书周报》的钟爱还是以钰泉先生任职时为最，后来却是惯性使然了。

1995 年春夏时节，时任译林出版社社长的蔡玉洗先生想在译林社办一份《译林书评》，当时的想法很明确，我们眼前的标杆就是《文汇读书周报》。记得当时蔡社长说，我们的目标就是将《译林书评》办成国内读书人爱读的有关外国文学的书评报纸，将一流的外国文学作品介绍给读者，经过一些年的努力，成为一份与《文汇读书周报》并驾齐驱的侧重外国文学书评的报纸。当时我即着手具体操持这份四开小报，虽然这份《译林书评》从1996年上半年创办至今还在出着，但至今也没有达到当年的奋斗目标，由此可见，《文汇读书周报》的水平之高，影响之大以及它的不可逾越。这其中钰泉先生为之所付出的辛劳亦可窥知一二。

在编报初期，不少栏目就是直接借鉴《文汇读书周报》的，比如我们在三四两个版上就辟有“书人茶话”、“书缘”以及“漫步译林”等专栏，也就是这几个专栏颇为读书人的青睐，还有不少作者都是《文汇读书周报》的老作者。从某种意义上说，这两份报纸的气息还是颇为契合的，只是一个影响深远，一个步履蹒跚而已。

再后来，读书月刊《开卷》的创办，在气息上、作者以及读者诸方面就更加地与《文汇读书周报》相近了，虽然这只是我这个具体编辑人员的一点自说自话而已。

大约在上世纪九十年代中期的某一年，我去上海出差，终于与钰泉先生电话联系好，在接近傍晚的时候如约到他的办公室去拜访。记得他的办公室非常的拥挤，不过这也是一个报纸主编的常态或者意想之中的样子。那天具体谈了一些什么话题确实已没有什么印象，但有一个细节我至今仍然牢记于心，那就是他告诉我每天一大早他就会到办公室，一般都会到很晚很晚才会回家。周而复始，如此这般已经习以为常了。当时我就深深地感觉到钰泉先生对这份报纸倾注了那么多的心血与辛劳，钦佩之情油然而生。

这次见面的时间不长，看到他忙忙碌碌的身影确实不敢多加打扰，只能匆匆告辞。这次见面虽说是第一次，其实也是最后一次。至此以后，我们的联系一直保持着。

记得我第一篇刊发在《文汇读书周报》上的稿子是1997年3月15日头版下方“人物专访”栏目上的《书山有路——记徐雁》。

如果我记忆无误的话，这篇稿子就是我们见面时钰泉先生所约。那年，刚刚三十出头的徐雁先生已发表有关藏书史和江南文化，以及书评书话文章数十万字，出版了颇具影响的《秋禾书话》及参与主编的《中国读书大辞典》等十余部著作，在读书界产生了不小的影响。似乎记得钰泉先生说他们报纸还没有介绍过徐雁先生，于是不久就有了这篇短文。后来也还陆续在周报上刊登过数篇短文，虽然数量不多，但确确实实更拉近了与《文汇读书周报》的距离。

其实从先生退休之后，我们的联系似乎比他在周报时更多了。2003 年 1 月，钰泉先生署名“阿昌”主编的《悦读》在文汇出版社正式出版，当我接到这份刊物后，即在拙编《开卷》的“开有益斋闲话”专栏中予以了介绍，记得他在创刊号《编者的话》中写道：

> 读书乃人生一大乐事，忙忙碌碌的工作之余，风尘仆仆的旅游途中，夜阑人静的床头枕边……一书在手，仿佛面对良师挚友，进行有益的切磋交谈；又如置身古往今来的贤者中间，聆听他们富有睿智的言谈。书既能解颐排忧愉悦身心；又可广纳知识，开阔视野。书是爱书者的精神天堂。读书翻书，其乐融融！
>
> 当前，生活节奏加快，出版物数量成倍翻番，读书时间越来越少，要享受读书之乐日见艰难。正由于此，《悦读》应运而生，它让您花最少的时间，获得尽可能多的出版信息，读到近段时期新书的精华。衷心希望它能成为广大读书人的新朋友、好朋友。

这几句编者的话，其实就是这本刊物的总体定位，而且一直贯穿到钰泉先生去年所编定的第四十四卷，也就是他生前所编最后一本刊物之始终，而且不断将其设想与办刊理念升华，从而得到了读书人的高度肯定。前几年在北京召开的《悦读》出版三十卷专家座谈会上大家的发言就是最好的答案。

我与许多熟悉的师友一样，近十年来，一本一本逐卷收到从南昌二十一世纪出版社集团寄来的四十四本《悦读》，现在已在我的书架中排满了整整一大格，每每看到，总能让我想起钰泉先生忙碌、忘我工作的身影，也总能给我以鼓舞。因为我平时也在做着日复一日的编辑工作，钰泉先生的身影对我而言就是一种无形的鼓励与鞭策，这点也就是使我深信不疑的不断前行的动力所在！

还有一点有关《悦读》的小故事在此也说一下。南京有一位今年已九十七岁高龄的老作者、翻译家杨苡先生，她既是《悦读》的作者，还是一位热情的读者，每次看到《悦读》上的好文章，她都会向到家里看望她的小友们推荐，甚至常常会将某一期借出去，但往往过了一段时间，她就会在向其他小友推荐时发现找不到那期刊物了。那个时候她就会非常着急，也就自然而然给我打电话，让我帮她去补买。记得在南京大众书局补买到她所缺的两三期。还有一次，我一路探寻到大众书局在南京长江边上的库房，找了几个小时好不容易才摸上门，可是库房中午休息。足足等了两个小时才有人来上班。不过问了库房的前台，又问了相关人员后得知库房里一本也没有，最后只能失望地打道回府。后来灵机一动，还是通过出版社的发行部门最终补齐了杨苡先生所缺的那几期，总算完成了老人的心愿。

我与钰泉先生最后一次联系是在去年三四月间。那段时间我在筹备《开卷》创刊十五周年的纪念活动，想请钰泉先生偷闲到南京来，与北京来参会的陈四益、王学泰、蓝英年等他的老朋友聚一聚，叙叙旧。钰泉先生当时表态说如果届时有空，很想来与老朋友见见面。后来临近开会时，他说最近身体有点问题，恐怕来不了了。于是我就请他好好休息，以后找机会再聚。钰泉先生表示非常抱歉。

以上就是我与钰泉先生一些交往的琐事，没有轰轰烈烈的大场景，也没有非常重要的事情，也就是平平淡淡的交往，琐琐碎碎的小事，但我回想起来，却感到非常的温暖。钰泉先生一生为书辛苦为书忙，他确实太累、太累了。

谨以这篇短文表达我对钰泉先生的敬意和哀思，愿钰泉先生在另一个世界继续去过“书是爱书者的精神天堂”他所钟爱的书式生活吧！

2016年立春于金陵开卷楼灯下

我日记中的褚钰泉先生

张耀杰

一

2016年1月14日，我在范泓兄的微信中惊悉褚钰泉先生去世，心里很是悲痛，便随手转发并点评了范泓的微信：

【像褚钰泉先生这样认真纯粹并且爱憎分明的老辈人，是很罕见的】转发////@范泓//////惊闻褚钰泉先生五天前在沪上去世，消息来得太突然，一时无法接受！与先生相识，还是那年《老照片》青岛会议上，当时先生是《文汇读书周报》主编。不久，先生退休，即主编《悦读MOOK》，邀我写稿。先生儒雅风度，待人热诚，我一直不知他是著名历史学家陈旭麓的女婿，五年前在上海见面，好像是周帅提起，先生才告诉了我。那天晚餐后，先生要送我回宾馆，我是晚辈，不敢当，先生执意要送，这竟成为与先生的最后一面，这张照片是当时在餐桌边为先生所拍，睹物思人，悲从中来，痛不可抑，先生，走好。

我所熟悉的智效民、张弘等师友，在我的微信后面跟帖表达了对于褚先生的哀悼和敬仰。

这条微信发出后，我又从周帅的微信中得知，褚先生是1月9日因突发心脏病辞世的，享年七十二岁。褚先生的弟弟褚孝泉在电话里告知周帅，先生生前嘱咐：丧事从简，不开追悼会。

我与褚先生只是平淡如水的文字之交，即使上海方面为他举办追悼会，我也没有应邀参加的荣幸。我能够做到的，只是把这些信息录入日记，算是个人的哀悼和心祭。

让我感到意外的是，江西南昌的二十一世纪出版社，用快递送来一份落款时间为2016年1月15日的约稿函。看过这份约稿函，我着实犹豫了半晌，念及自己毕竟是《悦读》作者群中的一个少壮派，理应为褚先生说上几句话，这才下定决心撇开手中其他事项，从日记里面搜索出与褚先生之间持续交往的片断文字。

这些片断文字虽然琐碎，却可以更加直接地洞见褚先生作为一名编辑人的音容笑貌和精神气质。

二

2010年12月15日，来自全国各地的几十位学界朋友齐聚广州，给袁伟时先生庆祝八十寿诞，我与老友范泓兄借此机会再度重逢。

由于我当时依然处于所谓的解聘期，又由于我埋头写作《谁谋杀了宋教仁》一书而放弃了稿酬相对丰厚的专栏写作，经济上一度陷入困境。范泓兄热心帮助，一方面提议我编辑一本文集《民国底色：政学两界人和事》，交给江苏文艺出版社换取版税；一方推荐我给褚钰泉先生主编的《悦读》写上几篇长稿子。

2011 年 1 月 6 日，范泓兄给我发来一份电子邮件："耀杰兄，你好，今天才收到《悦读》褚先生的回信，谓宋教仁稿已约一篇，你这篇就无法再用了。信如下，你看一下。我们武汉见。范泓。"

褚先生在范泓兄附录的邮件中写道："范泓兄：你好！十分抱歉，我外出了十余天，今天下午刚回上海。因我不用手提电脑，这次又匆忙忘了带手机，故而，这十来天就与世界'隔绝'了，你的邮件和信都是回来后看到的。未能及时与你联系，望多原谅。宋教仁一文，写得不错，但我已约有一篇有关宋教仁的文章，你所推荐的这篇就无法用了，请多原谅。今后还望能多推荐佳作。你的那篇大作准备下卷刊登，如需要修改，请在中旬前将定稿发我。祝好！钰泉。"

邮件里所说的"宋教仁稿"，指的是我至今一直没有找到合适刊物的考据文章《蔡寄鸥代言宋教仁》。

通过范泓兄与褚先生建立联系后，我于 2011 年 8 月 26 日给褚先生发去一篇《法学家龚祥瑞的阿 Q 逻辑》。这是关于龚祥瑞自叙传《盲人奥利翁》的读书随笔，其中着重分析评论了晚年龚祥瑞所谓"打不倒"的免责辩护：他在谈到"反右"运动期间揭发批判恩师钱端升和学友加同事王铁崖、楼邦彦等人时，不仅没有表现出一丝一毫的愧疚之心；反而通过阿 Q 式的既逆来顺受又自欺欺人的反复叙述，为自己保命活命的"打不倒"而沾沾自喜、洋洋得意。

两天后的 2011-08-28　00:24:56，我收到褚先生的回件：

耀杰先生：你好！收到你的信和稿件，很高兴。经常在一些报刊上读到先生的大作，对先生敏锐的思想和才华，很为钦佩，可惜一直没机会相识。这次承蒙范泓兄的介绍，真该好好谢谢他。不知先生是否见过《悦读》，过几天我给先生送上最近的几卷，请先生指教。文章我还来不及细读，待过几天再将意见告知。祝好！钰泉。

同年10月9日，我收到褚先生寄来的两本《悦读》，当天给他写了感谢邮件："褚主编您好：两本悦读收到并且拜读。很有意思的。这篇文章我重新改写一遍。请您看看能不能留用。如不好用我就另行处理了。敬祝中秋快乐！张耀杰。"

2012年2月28日，我又把给陈夏红的《辛亥革命实绩史料汇编》写作的书评《辛亥革命的史料新编》，通过电子邮箱发给了褚先生。

2012年5月8日，褚先生给我发来邮件说：

耀杰兄：你好！前一阵由于电脑出了问题，许多稿件和邮址最近才慢慢找到，好久未与你联系，十分抱歉。新出的《悦读》都给你寄上，不知是否都收到。你的两篇稿件都被我耽搁了，多请原谅。不知这两篇文章其他报刊是否已刊用过，如尚未刊登，我还是想用的。"阿Q现象"那篇，可能会引起一些波动，但这一现象确值得中国知识分子的深思，如准备在我这儿用，请再作些推敲，并在六月上旬传我。祝好！钰泉

5月12日，我在电子邮件里回复褚先生说：

钰泉主编：您寄来的《悦读》我都收到了。最近一期尤其充实。我刚刚从河南陪伴母亲回京。今年我自己身体

一直不太爽。母亲也有心脏病。所以很少写新文章。在《环球人物》开的民国红粉专栏，其实也大多是以前积累的旧文章。“龚祥瑞阿Q”一文，一直没有再给别人的。您如果觉得能用，尽管删改就是了……下个月有《谁谋杀了宋教仁》一书出版。届时一定奉上请教的。张耀杰，5.12

5月27日，我于第一时间给褚先生寄去一本刚刚出版的《谁谋杀了宋教仁》，连同此前出版的《曹禺：戏里戏外》。6月7日，我又把周帅为《谁谋杀了宋教仁》写作的书评转发给褚先生。褚先生于当天深夜即2012-06-07　23:49:31给我写了回件：“耀杰兄：你好！书和稿件都已收到，请放心。钰泉。”

2012年8月15日，我给褚先生发了一篇《冰心的文坛是非和选择记忆》，考虑到“网易”的136邮箱使用起来不太稳定，我于第二天又重发了一次。褚先生在8月17日回复我说：

耀杰兄：你好！上次来信，已见大作，未及时作复，请谅。原因是突然想起，近期似乎读到一篇文章，提及冰心和宋美龄的关系等等，我想把它找出来，重读一下，再作定论，可是一直未能找到，这样便拖了下来。很为抱歉。文章写得很有意思，对文坛上的一些人与事，随着历史的前进，是该还其本来面目了。文章我打算下卷就用，请不要挂在网上，或投给其他报刊。如有改动，请在八月二十二日前传我。祝好！钰泉。

收到这份电子邮件后，我又通过电子邮件给褚先生发去了几篇研究冰心和宋美龄的参考资料。两个月后，这篇长文章刊登在了《悦读》第二十九卷中。

三

2013 年 2 月 18 日，也就是农历的正月初九，褚先生在电子邮件中写道："耀杰兄：你好！向你拜个晚年。久未问候，一切都好吗？《悦读》创办以来，我还未上过北京。这次二十一世纪出版社打算在北京开一个作者座谈会，时间定在三月三日上午，届时便能和兄一叙。你能参加吗？请速告，以便出版社寄发正式通知。祝好！钰泉。"

我是三天后才看到邮件的。2 月 21 日晚上我回复说："褚主编：今年雾霾毒气尤其严重。导致鼻炎一再复发。所以我连给师友们拜年的心情都丧失了。请鉴谅。3 月 3 日会议一定到场学习。万分感谢。耀杰，2. 21"

2013 年 3 月 3 日上午，我准时来到皇家大饭店二楼参加《悦读》第三十卷出版座谈会，见到了济济一堂的数十位学界人士，尤其是见到了林冠夫、陈四益、蓝英年、资中筠、李洁非、陈铁健、郭启宏等多年不见的师友前辈。这也是我与褚钰泉先生和二十一世纪出版社张秋林社长第一次见面，褚先生的人脉之深广和号召力之强大，着实让我感到意外。

由于褚先生忙于应酬到场师友，我与他只是打了个招呼，而没有能够深入交谈。在会议发言时，我建议出版社为《悦读》安排一个熟悉网络的年轻编辑，专职负责在网络尤其是微博上与年轻读者展开互动。褚先生拥有如此强大的作者团队，自己又投入了如此多的心血，编辑出版了这套丛书类精品读物，就应该让更多的年轻读者知道有这么一套精品读物，人文精神总需要代代传承的。

2013 年 4 月 2 日，我给褚先生发了一份邮件：

> 褚老师：……我去年那篇关于龚祥瑞的书评一直没有刊登出来。最近我想编入一本新书中，书中发表过的篇目我都要加上原出处的。所以想问您一下还用不用？我打算 17 号到扬州与范泓盘桓几天，然后从上海返京。到时候您如果有闲暇，我请您出来聊天如何？张耀杰，4. 2

褚先生的回件时间是 2013-04-11　20:57:50，其中写道：“耀杰兄：你好！来信今日刚看到，未能及时作复。请谅。听说你能来上海，很高兴，只是，近日我正在忙第三十二卷《悦读》的出版，五月一日前要编出，因此此前我要去南昌，但具体时间还无法定，到时你可把来上海的确切日期告我，如我还在上海，争取见见面。龚祥瑞一文近期发有些不方便，请原谅。钰泉。”

4 月 25 日途经上海返回北京时，我给褚先生通了一个电话。他在电话里说：人在南昌，下次找机会见面吧。

褚先生应该没有想到，这个下次见面的约定，此生此世再也无法实现。

比褚先生年轻整整二十岁的我，更不会想到这一点。

在此后的两年时间里，我作为一名作者，与作为编辑人的褚先生之间的邮件沟通，变得更加默契也更加平淡了。2015 年度，我接连在《悦读》中发表了两篇长文章，一篇是刊登在《悦读》第四十一卷上的《田汉与易漱瑜的生死情爱》，一篇是刊登在第四十三卷上的《段祺瑞的亲日与反日》。

褚先生给我写来最后一份邮件的时间是2015-11-30 16:17:47，他在邮件中写道：“耀杰兄：你好！出版社的财务准备汇寄稿酬，询问你的账号和身份证号（因要纳税），盼在近日告我。钰泉。”

回想起来，此时的褚先生应该是重病在身，以前用汇款寄送稿费的方式，已经没有办法再继续下去了。作为一名写作者，我此生也许再也见不到像褚先生这样既认真纯粹并且爱憎分明的编辑人了。

2016年1月20日于北京家中

与褚钰泉先生的相识、相知

——深切缅怀老师、兄长、朋友褚钰泉先生

龚　林

清楚记得三年半前的一天中午，我们一家三口信步走进了位于淮海中路巴黎春天的一家餐厅。时值正午，店内十分拥挤，我里外张望，只见靠门口的那张方桌上坐着一位专注看书的先生（在等餐），只有他的桌子还空着三个座位，于是，我们便走了进去，向先生问道，“我们可以同桌吗？”“当然可以，”先生一边和蔼地回答，一边伸手把放在旁边椅子上的书包挪到了自己的膝腿上，随即目光又回到了书本上。

难得遇见这样认真专注的读书人，我们便与先生自然而然地聊了起来。我告诉先生，自己原先在上海音乐学院工作，二十多年前去了国外。先生也提及了他在上海音乐学院工作的几位朋友，先生的这些朋友，竟然也都是我熟悉的同事。我们一见如故、越聊越欢，不善言辞的我那天也打开了话匣子，向先生谈及了自己现在的工作、生活，连孩子在国内找工作遇到困难等等都成了我们的话题。

这顿午饭我们吃得很香，分手时，先生从包里拿出一本书送给了我。这位先生就是后来成为我们一家人深深尊敬、爱戴的老师、兄长、朋友褚钰泉先生，那本书就是现已经成为绝响的《悦读》。

从那天之后，我们一家与先生结下了深厚的友情，在先生的关怀下孩子找到了她心仪的工作；在先生的谆谆教导下，孩子在工作中成长很快。几年来褚先生给予了我们一家真诚的关心、无私的帮助，先生于我们是老师、是兄长、是朋友，于我们恩重如山！

之后，我把《悦读》带到了国外，与国外的朋友一起分享《悦读》这本当代难得的好书！只要我回上海，总会找先生相聚，每次见面都是那样的愉悦，令我难忘。

2015 年 12 月 2 日，我们两家又相约在南京西路上的一家餐厅共享午餐。半年多未见先生，看先生红光满面、精神奕奕，我们大家也都是兴致勃勃、笑语不断！那天，握手道别时还约定了春节再聚……

没有想到的是，2016 年 1 月 13 日下午，我突然接到了妻子的电话，她颤抖着告知了我所发生的一切……晴天霹雳，情难自禁，我不能相信这是真的，我的好兄长啊，你怎能就这样地走了呢？

褚先生走了，可是先生那正直儒雅的风范，可敬可亲的笑容，和善友爱的为人，刚正不阿的品格，深深地烙印在我们的心上。

愿褚先生一路走好，您永远活在我们心中。

一张来不及寄出的光盘

——深切缅怀敬爱的褚钰泉伯伯

龚琦雁

2016年1月13日下午，我拿着一张刚刚刻录好的光盘，步履匆匆地走在回家的路上，因为约好下午四点，快递要来家里取这张光盘邮件。这是我主演的钢琴音乐剧《天生艺术家》的录像，2015年11月27日首演这部音乐剧时，正巧褚伯伯外出不能前来，所以我们就约好了以后邮寄这部音乐剧的演出录像。时间，已经过去了一个多月，一天前，我终于收到了这张刚刚编辑好的光盘。我手里紧握着这张光盘，一边回想着公演的场景，一边想象着褚伯伯收到这张视频光盘时的心情，心里真是充满了喜悦和温馨。四点过了二分，我兴致勃勃地走进了家门，忽然感觉到了不同寻常的气氛，一向性格开朗的妈妈，蜷缩在沙发的一角，一边看手机一边垂泪。“怎么啦？”我急问，“快递来过了，我给了钱让他走了。”妈妈回答，“光盘不用寄了，褚伯伯看不到了。”母亲哽咽着把手机拿过来给我看……犹如晴天霹雳，我跌坐在沙发上，心撕裂般地痛，痛得是那样的无助。

褚伯伯走了，没有任何一点预兆地走了，留给我的是无尽的悲痛和思念。看着书桌上静静躺着的光盘，还有那一大摞的编辑工具书，往事涌上心头，浮现在了眼前。

那本近两公斤重的《编辑工作实用手册》是我刚进工作单位时褚伯伯送给我的，这本书陪伴我走过了好几个春夏秋冬，见证了我工作上的成长过程。褚伯伯，感谢您！我清清楚楚地记得褚伯伯送我这本书的情景。那是在 2012 年 8 月的一天，骄阳似火，气温高达三十八摄氏度以上。我与褚伯伯约好在百盛门口碰头。那天，褚伯伯竟然晚到了十来分钟。褚伯伯从来都只会早到，正当我觉得奇怪时，一辆出租车停在了面前，褚伯伯满头大汗、满脸通红，还拎着一个鼓鼓囊囊的大包从车上下来，我急忙迎了上去，顺手接过了大包，“哇，好重啊！”我说道，褚伯伯慈祥地笑着说：“是很重的，当心。这些都是我帮你刚从书城里挑选的工具书，有空多看看，工作中碰到问题时多查查，不懂就问我。”

几年过去了，我记不清那天午餐吃了什么，可是，我永远记得褚伯伯满头大汗，拎着一个大包从出租车上走下来的情景。每当想到这些，眼泪总是情不自禁地流下来。

褚伯伯总是亲自为我挑选参考书、工具书，当我在工作中遇到困难请教褚伯伯时，褚伯伯总是认真地倾听、耐心地指导。当我在工作中取得一点微小进步时，褚伯伯总是鼓励我继续努力。当我把第一本编辑的书拿给褚伯伯看时，褚伯伯那慈祥欣慰的目光，我至今记忆犹新。

褚伯伯的离去是那样地突然。这段时间，悲痛中的我一直想写点什么来寄托自己的哀思，来纪念自己的恩师，点点滴滴、历历在目，纵然思绪万千，却又不知从何说起。

仅以此文，感谢和缅怀褚伯伯。褚伯伯，愿您在天堂安息！

谁不曾深夜痛哭，谁就不曾失去

——写给永远的师长褚钰泉

楚　越

2015年快年底时，我考虑换份工作。当时接了几个邀请，犹豫不定，走在路上拿手机来回无意识划了半天，手指像自己做主一样拨了一个电话，就听褚老师在那头说，小L啊……他快速给我意见，说了几句又匆匆挂了，约好改天面谈。过几天我想起来，再拨，又很快接了，这次我报告说新工作定下啦，没从前那么忙，终于可为《悦读》做点事了，他十分高兴，说过几天一起吃饭细聊。然后我就等他定时间地点，一直等，一直等。

直到那一天，我永不能忘记。1月14日，我到办公室很早，接好友微信：听说褚老师出事了？你知道吗，快打听一下。我脑中闪过多种可能：摔倒了，感冒了——上次电话里他鼻音略重，受伤了……马上拨电话，无人接。然后打给发微信的朋友，问他到底摔了还是怎么了，他支支吾吾说，还不能确认，你先不要激动……有人说褚老师去世了。我喝道，胡说，褚老师明明好好的。他立刻说，对对对，不会的，你赶快问。拨另一位和褚老师相熟的 Y 老师电话时，手指还是抖了，Y 老师很快接了，接下来花一秒就确认。她停了一下，说小 L 你别难过，我们知道你是好孩子……好孩子有什么用，我没有褚老师了。那天直到晚上十点，我都止不住泪。不能相信，不能接受，也不接受。

接下来的每一天，我隔几分钟就要搜索一下网页——褚钰泉，记得当初褚老师还很夸赞，第一次就能把他名字都写对的人很少，不错。这是个无意识的动作，也许是在用这个孤独的行为纪念他，也许是想看看那些同样孤独地想念他的人，都是谁。

我想，这世界上，知道褚老师曾多么照顾我的人，可能不超过五个。多年前我刚到上海，仅仅踏入出版业半步，对这个行当满怀憧憬，最喜欢的事是和行业前辈聊天。褚老师就是一开始认识的几位老师之一，也是后来最支持我的。他鼓励我写专栏，帮我定题目，劝我用本名发稿，容忍我拖稿，请我和妹妹吃饭……上海滩居之不易，最早一段我生活颇艰难，褚老师都看在眼里。除了帮忙介绍兼职，他自己也找我做一点琐事，然后找名目付费用给我。我在财务方面很马虎，从没仔细查过账目，只觉有朝一日总能回报，没想到，这份恩情，一欠，就是一生。

我前后介绍了几位朋友给《悦读》写稿，褚老师对其中一些稿件十分赞赏——他爱惜年轻人的才华。但回过头来看，我们这些朋友包括我自己在内，都太不靠谱：答应的稿件不交，一稿多投，旧稿子改一改又发，等等。他给我打电话时连连叹气，但似乎从没有真正责怪过我们，还是一样温和地鼓励：要写，再写，接着写，不要放弃……所谓长者，宽仁至此，我辈愧对。

吃饭的次数多了，褚老师也聊一些私事，有一次他很高兴地捧出一个重重的册子，要我和妹妹翻看，是一本摄影图集，我赞叹其精美，并习惯性地翻看版权页，才发现不是公开出版物。他说太太生日，想来想去，悄悄地做了本书送她——她退休后的最大爱好是摄影。我看着他笑眯眯的样子想，他们感情这么好，真好。

后来我送他礼物时，会给陈老师也备一份，像红枣啊，蜂蜜啊这样一些特产。他笑眯眯地收下，我心里十分高兴——因为他的不推辞。他也讲给我一些其他事，比如为什么从前单位退休，我为他抱不平，他反而劝我，我们做好我们的事情就行了。那一段经历，他后来写下来了——据说是绝笔文章，我读到时哭得泪眼模糊。应该说出来，这些年来的委屈和误解。

我此前服务多年的机构，接到我电话告知当日发布了简短悼文，悼词说“这个行当，又少了一个正派人”。褚老师的低调、正派、谨慎，对初入行的我来说，正是楷模。这些年，他几乎从不撰文为自己说什么，连那篇叙述了一点点个人经历的绝笔文章，主要也是为知交发声。他要说的话，都在他编的出版物里，在每一册《悦读》的“卷首语”里。他也给其他杂志做编委，认真负责，但从未借此便利，为《悦读》约过这些作者的哪怕一篇稿件。他受过大磨难，对现状非常清醒，却从不激进，不极端，而一直在讲，要说真话，先留下真实的历史。

这些年来，我也一直做编辑，也尽量守住编辑的本分，让做的书说话。我有很多本《悦读》放在从前的办公室，前几天问的时候，已经被作为废纸处理掉了。心中大恸，好在每一卷都已细细读过。我的年轻同事们没拣出这本杂志，嫌它沉重吗？年轻一代不背负这些，或许也是褚老师的期望：向前走吧，总要向前。

这些天做了很多傻事：强迫症般地搜索一个名字，在地铁里无法自控地掉泪，持续给已经无人接听的号码发短信……谁不曾深夜痛哭，谁就不曾失去。他们缅怀天下最好的主编；我想念的，是这个世界上曾经对我最好的那位长者。

几天前，发微信的朋友约吃饭，他看我情绪还好，总算放心。我给他看陈老师的短信：“我和他有约定，一切从简，不设灵堂，不举行任何仪式，我已安安静静地送他走了。让我们用心记住他！”用心记住。而我也知道做什么，怎么做，褚老师才会露出那种笑眯眯的模样。我会的。

读褚师绝笔《〈悦读〉四十四卷》

徐坚忠

“长歌当哭，是必须在痛定之后的。”

而我却是怀着深深的痛，于泪眼模糊中泣告微信“朋友圈”：

“《文汇读书周报》创始人之一、曾呕心沥血长期主编并确立《文汇读书周报》品格及影响力的一代报人，《悦读 MOOK》主编褚钰泉先生，本月 9 日因突发心脏病辞世，年仅七十二岁……”

这看似平淡的短短的八十个字，我竟字斟句酌了一个多小时，才于元月 13 日晚八点零五分发出。放下手机，又忍不住泪雨滂沱，失声痛哭……

自 1981 年被选入“《文汇报》新闻班”，次年春在《文汇报》文艺部随郦国义师实习，跑读书出版条线，我便有幸认识了褚师。当时褚师给我的印象是不苟言笑，但为人随和；整天埋首于堆满书报的办公桌上，似乎总有读不完、编不完的稿，总有看不完、写不完的信；有时离开办公室出去“转一圈”，回来必有令他喜滋滋的一本或几本新书——褚师由此奠定了我心目中不同于“记者”的“编辑”的形象。

1984年底，《文汇读书周报》进入紧锣密鼓的筹备阶段，褚师一下子“活跃”了起来。看得出，他对这张即将出生的报纸有着太多的想法和期待。从报名选用鲁迅的手迹（集字），到版面的构想，乃至头花、框线、底纹等等，他都一丝不苟地作了精心的设计。1985年1月25日，《文汇读书周报》试刊号出版后，我的几个同学拿了报纸去外滩“叫卖”，被争购一空，回来报喜，褚师在办公室里竟激动得有些手舞足蹈……

1985年夏，我在“《文汇报》新闻班”完成学业，被安排到《文汇读书周报》工作，此后一干就是十一年，直至1996年夏赴美探亲。在那十一年中，我亲眼目睹了周报随着风云激荡，由书、书人、书事而文化而思想，逐步确立自身品格和影响力的坎坷历程，亲眼目睹了褚师作为《文汇读书周报》灵魂人物在风风雨雨中的执着与坚守……如果说《悦读MOOK》是褚师历经坎坷之后建立的一座阅读丰碑，那么，《文汇读书周报》则是他顶风冒雨扛起的一面阅读旗帜，而那旗帜上的“求真”二字，则是由“讲真话”的巴金、王元化、于光远、吴江等等良知者，以理性思辨的如椽之笔共同写就。据粗略统计，在主编《文汇读书周报》的十六年中，褚师经手的巴老文稿达十七篇，而王元化、于光远、吴江等为周报撰写的稿件则均有三四十篇之多。就我阅历所及，一个编辑在短短的十多年中如此密集地亲手编发如此众多的大家的晚年作品，恐怕当世也是绝无仅有的。褚师之于《文汇读书周报》的贡献，仅此便足以载入史册，更何况还有那许许多多非本文所能容纳的并不如烟的往事……

那一夜，回想着那些并不如烟的往事，我的痛已由悲而化作悲愤了。

——我知道，褚师为何早就留下遗言“不告而别”；

——我知道，那些曾经射向褚师的暗箭冷枪，将再度“择时”而出，冲着褚师的背影；

——我知道，褚师的灵魂尚未安息……

那一夜，我不断自问：我能为褚师做些什么？褚师希望我做些什么？什么是褚师不希望我做的？

我隐约听到褚师不紧不慢地一一回答我，告诫我要冷静、从容……（后来有位大姐告诉我，褚师生前和她谈起我时，曾担心我的“年轻气盛”和健康。）

三十多年的交往，褚师与我之间早已形成了一种默契，无论办报、办刊，还是论文、议事，即便是我俩交往中的“留白”（如关于《文汇读书周报》），也是彼此心照不宣——因为那是褚师最深的爱、最深的痛。

那一夜，我才知道，泪水是流不尽的，而且是有痛感的。

次日，二十一世纪出版社微信公号推送了褚师的绝笔《〈悦读〉四十四卷》。

点开页面仅仅读了几行，我便断定这是褚师编完《悦读》第四十四卷，从南昌回到上海的当夜或次日，即 2015 年 12 月 15 日或 16 日写就的（后经秋林兄证实）——我能感觉到他写作此文时的无奈、不舍和心痛。因为褚师是一个“只知有报，不知有个人”（徐铸成《文汇报的精神》）的老报人，而他以一己之力主编《悦读》的这十年，又是他生命中最美好、最愉悦的时光。

感觉褚师的绝笔就是将自己定格在了《悦读》第四十四卷上，虽然他在结尾处给予了秋林兄以希望——“难道他的活力和经验不会再去创造另一个奇迹？在这改革开放的年代，什么可能都存在。让我们拭目以待吧！”——但对于《悦读》的未来，却只字未提。

“让黑暗降临让钟声吟诵，时光消逝了我没有移动。”褚师的绝笔将自己定格在了《悦读》第四十四卷上。

今年 1 月 2 日褚师与我最后一次见面时，也在极力淡化《悦读》可能终结于第四十四卷这一残酷现实。他说：“这一卷编完了，我正好歇一下。”我接口道：“你可以写点回忆录了。”他避而不答，却说“你的《无聊读旧报》很好，要继续写下去，将来我帮你找家品牌出版社来出版……”

回想去年 12 月 5 日（周六）晚上，褚师来电，说：“你这两天就把《无聊读旧报》发给我，下周二我去南昌。这卷如果赶不上，下一卷可能要等上一段时间了。”听语气，“下一卷”似乎还是可期的。因为此前我已听褚师说过秋林兄即将退休，所以也就格外“在意”这“下一卷”，于是我对褚师说：“我明天就把《无聊读旧报》之一发给你，下一卷再发之二……”说这话的时候，我在心里默默地为“下一卷”祈祷，因为我知道《悦读》之于褚师生命的意义。我想褚师肯定也是感觉到的。

但最后一次见面时，褚师却说：“将来我帮你找家品牌出版社来出版……”

因此，1 月 13 日下班到家，刚把顺带的蔬菜浸泡在水槽中，电话铃响，孝泉兄说，9 日晨，褚师走了……我脑海中便有一个声音响起：褚师随《悦读》而去了。

我知道，《悦读》是褚师"生命的开花"，而其"土壤"则是《文汇读书周报》。

所以，褚师的绝笔题为"《悦读》四十四卷"，开笔没写几行，却说："还得从我离开《文汇读书周报》说起"——

> 我参与创办并主持这份报纸十六年，后来，因为有新的政策——不是中共党员不能主持媒体，就离开了这份报纸，按领导的要求"好好休息"。

关于这一"离开"，褚师有很多话，都没有说。这里有必要稍作回顾。

1998年，报业集团组建后，《文汇读书周报》成为集团旗下的系列报刊之一；接着便有了所谓"新的政策——不是中共党员不能主持媒体"，（这一"新的政策"，其实作为非党人士的褚师和我都从未见过相应的正式文件；倘若属于党内机密，似又不应向党外人士透露。而后来身为非党的我两度主持周报，也说明这一"政策"并非不可变通。）于是集团先后向周报"空降"了两任其实只是挂名的党员"主编"。

那位如今声称已载入档案的"主编"（见下文）到任后，实际主持周报版面的虽然仍是褚师，但办公室的氛围却发生了变化，折腾也随之而起，且愈演愈烈。尤其令褚师意想不到的是，当年苦苦恳求褚师接纳、声称"非周报不去"的某编，竟领头向褚师发难（后未果，转而投奔其他部门时又说"我是来弃暗投明的"）……

2001年，集团出台"一刀切"政策：年满五十五岁的中层干部一律退下，说是要腾出位置给有创新能力的年轻人。褚师既非党员，“不能主持媒体”，又过了五十五岁，便横竖被“切”了下来，“离开了这份报纸，按领导的要求‘好好休息’”。

其实，褚师的“很多痛”，不在“离开了这份报纸”，而是深深地“隐藏”在“好好休息”这四个字中！

先是，新主编上任伊始，即将褚师每周一篇、连续写了近十七年的专栏“阿昌逛书市”停刊。（据最近查证，当时褚师已写就而被毙的专栏稿《买书难》，后刊于褚师以“阿昌”为名编辑、由文汇出版社出版的《悦读》第二卷上，所用头花依然是周报上的“阿昌逛书市”。）

与此同时，褚师办公室里堆积如山的书刊信件等，迅即被移至另一小房间；未及褚师整理完毕，又被移至一半开放角落；于是网上出现售卖褚师获赠图书……（褚师爱书如命，珍视作者友情，每言及此，血脉偾张。）

接着，便是褚师绝笔中提到的文汇版《悦读》，出了三卷，即被那位让他“好好休息”的领导勒令停刊。时在 2003 年。（褚师从此不再提“阿昌”。）

2004 年，新主编请某编等选编了“《文汇读书周报》文丛”三册，由那位让褚师“好好休息”的领导挂名“主编”出版，文丛“代序”《愿做职业读书人》将褚师如此“一笔带过”：“每周‘书市漫步’的阿昌——褚钰泉先生已届退休”。（褚师精心准备多年、且已委托专人编就的多卷本周报文丛，就此“束之高阁”。）

…………

褚师倾注了十多年心血的《文汇读书周报》这片土壤，就此成了他的“痛心地”——我知道，褚师为何早就留下遗言“不告而别”；更令我心痛的是，在得知噩耗的那一刻，我已预感到，那些曾经射向褚师的暗箭冷枪，将冲着褚师的背影再度射出。

果然，褚师走后，与褚师“共事不到两年，合作愉快”的一个老同志，一边在微信上不断用虚拟的流泪图案诉说着“如何叫人不心痛啊”，一边私信给我，说：

“从广告（二十一世纪出版社关于褚师纪念文集的《征稿启事》）上看，有一个问题需要纠正一下的，即在老褚的称谓上应尊重历史，他没有当过主编，应叫‘《文汇读书周报》创刊人之一’，这样比较妥当，免遭后人诟病。此事可以找《文汇报》老领导和老报人，或查档案记载，以此为准。”

并说：

“我觉得落实到文字上还是要准确为好，个人感情是一回事，平时说说是一回事（通常称呼不分正副，大家习以为常了），排除其他因素，这也是对老褚的声誉负责，毕竟历史是客观存在，以免贻笑大方。”

其实，这位老同志无非是想说，褚师没有当过“主编”，而他倒是当过周报“主编”的。幸亏我早就预见到有些人就是这么“要脸”，所以在“泣告”中已对此类“诟病”者作了“预设性”的回答——有人早已注意到，我在“泣告”中所用的“主编”，是动词，而非名词。

不编的“主编”可以肃穆地躺在档案里，或者愿意，也可以刻在墓碑上贻笑大方，但绝不可能留在作者、读者心里。褚师没有当过《文汇读书周报》“主编”，这是时代的悲哀，而被作者、读者拥戴为“主编”，且这个“主编”可以作为动词来用，却是褚师最大的荣耀，是谁也“诟病”不了的。

无独有偶，褚师走后，当年那位让褚师“好好休息”的领导，也不甘寂寞地抗议说，褚师绝笔说“因为有新的政策——不是中共党员不能主持媒体，就离开了这份报纸”，严重失实；褚师离开周报的真正的原因是“一刀切”政策。

的确，我在读褚师绝笔时，也认为其中的这一说法是“失实”了，因为那个褚师和我都没见过的“政策”，其实不过是让褚师“好好休息”的领导可以随意摆弄、变通的一个东西，实在当不得真的。而倘若一定要强调“一刀切”政策，对让褚师“好好休息”的领导来说，实在不是什么好事——褚师其实是给那领导遮丑隐恶，把那丑恶而致命的几“刀”都隐去了……可那领导不是健忘，便是读不出“好好休息”四字的个中三昧，我还有什么可说的呢？

…………

褚师走了，有人还在语焉不详地窃窃私语着褚师的“不好”；有人似乎也在悼念，说着褚师对他的“知遇”，却只字不提褚师的“提携”；甚至有人不惜藉此“死无对证”之机会，迫不及待地替自己的历史“洗白”；更有甚者变着法子施放暗箭冷枪，可笑地“争名分”，可鄙地“求真相”，无视“规矩”而奢谈“规格”……这一切，都让我更真切地感受到了褚师曾经的处境、曾经的痛，也更加确信，所谓“口碑”，首先还得看看是谁“口”中的“碑”！

读《〈悦读〉四十四卷》，感觉褚师想说的是——《悦读》是从《文汇读书周报》这片土壤里忍痛怒放的“生命之花”。

而在我看来，《悦读》则是褚师“生命的开花”。

以我对褚师的了解，对他一生影响最大的有两位先生，一位是鲁迅，另一位是巴金。这些天，我的脑海里一直回响着巴老的这两段话——

> 世间有一种不能跟生存分开的慷慨，要是没有了它，我们就会死，就会从内部干枯。我们必须开花。道德、无私心就是人生的花。

> 有些好心人不免为我忧虑，经常来信劝我休息……但是人各有志，我的愿望绝非“欢度晚年”。我只想把自己的全部感情、全部爱憎消耗干净，然后问心无愧地离开人世。这对我是莫大的幸福，我称它为“生命的开花”。

我知道，褚师极为看重《悦读》，不止因为近十年与秋林兄的愉快合作，更是因为《悦读》是他“生命的开花”。

而当《悦读》面临“变数”时……

作为学生，我曾在褚师手下工作了十一年；作为作者，如果从进入《文汇读书周报》不久，褚师即鼓励我开设专栏算起，至《悦读》第四十四卷，则有近三十年……回首往事，面对褚师留下的《文汇读书周报》和《悦读 MOOK》这两部大书，我深知在“痛定之后”，必须留一份信史，对后人说，“他曾经来过！”

褚师安息！您已注定永垂不朽！

2016 年 3 月 2 日，《文汇读书周报》创刊纪念日

速写褚钰泉

人往往到了离开人间后，旁人才会更清晰地看清他的价值。

—— 褚钰泉《书迷悼耀邦》

（《文汇读书周报》1989 年 4 月 22 日“阿昌逛书市”）

拥书万卷却无“斋”

—— 访褚钰泉

钟　炎

早就对读书人的书斋感兴趣，想写一写。

首先想到的是“阿昌”——褚钰泉。

然而，他其实并没有什么“书斋”。大家庭里腾给他结婚用的一间十多平方米的房间，除了一张双人床之外，所有的地方除了书还是书。不仅如此，他的藏书还从房间里往外侵占了走廊、楼梯边上、父母兄弟房中的衣柜、五斗橱，总之弄得他们家里几乎触目都是书。好在家里人十分谅解，不但不反对，而且还愉快地容忍他的“侵略”行为，对于他的书报刊物，绝不乱动。所以，当他需要什么资料时，都能很快从看似杂乱无章的书堆中翻出来。

“你的藏书大约有多少？”我问。

“没有统计过，大约总在两万种以上吧。我从中学时起便喜欢上了书，常常把零用钱积起来买书。工作以后，隔几天就要去一次书店，看书，买书成了我的习惯。‘文革’期间，许多好书被禁，但是一家书店的经理知道我爱书如命，破例特许我进入书库挑书，因此我反而得到不少好书。二三十年下来，我的书是只进不出，所以越积越多了。还有很多报纸、期刊，实在不知道有多少。”

“为什么不处理掉一些呢？”

“俗话说：‘书到用时方恨少。’每本我买来的书都有它的价值，我也与它们有了感情，处理实在舍不得。另外，也没有空，几次想把书刊理一理，结果都因抽不出时间而落空了。”他说着瞅瞅身边的书，笑笑：“的确是太乱了，不过，有时理理书也是一种乐趣。”

他是《文汇读书周报》的主编，与许多作者关系密切。我问他：“你的藏书中签名本一定很多吧。”

他淡淡一笑：“我不像有些人那样，追求签名本要达到多少多少，也从不主动向作者要书。但是，确有许多作者出书后主动送书给我。其中有不少是我所敬仰的前辈，如巴老、艾青、柯灵，我都认真拜读。有些书我舍不得翻，情愿另外买一种来看。”说着，他出去，从排列在楼梯边的书橱中拿出一套书给我看，是香港三联书店出版的函装《巴金译文选集》特藏本，藏书票上的编号是6，扉页上有巴老的签名。巴老对他说：“我晓得你喜欢书，就送给你一套。”他说：“这是无价之宝。”接着他又告诉我，前不久赈灾义卖中卖了一万多元的有巴老签名的《随想录》，他也有一套，编号125。我开玩笑说：“那你也是个‘万元户’了。”

“何止‘万元户’？书中自有黄金屋呢。”他也高兴地笑了。“我的钱现在是书里来，书里去，写文章拿到的稿费，几乎全用来买书。一到书店，看到好书手就痒，明知买了没处放，但不买又怕今后再也买不到。我买书的原则是：有价值，经得起时间的考验，能为我及时地使用。我现在的书门类齐全，不少书单位资料室还没有呢。”口气中不无骄傲。

他不同于藏书家的藏书。他的目的在于实用，在于办好《文汇读书周报》。每期周报他要写一篇短论，从组稿、编版面直至出版他都得过问。为此，他忙得没有假日和上班下班之分，学生时代喜欢在藏书上签个名、盖个章的兴趣，如今也无暇去做了。这不，我访问他的时候是星期天，但是，吃过晚饭，他挟起包送我一起出来，又上报社“发稿”去了。

他结婚十多年了，至今尚没有孩子。夫人是陈旭麓教授的女儿，对他简直是过分的容忍，住室里被他的书占得无她的立锥之地，为工作常常忙得没有陪她的余暇。但是，她没半点怨言，真不容易。

回来的路上，我想起他房间里挂的胡问遂书的鲁迅诗：“灵台无计逃神矢，风雨如磐暗故园，寄意寒星荃不察，我以我血荐轩辕。”纸面泛黄，似乎也有些日子了。他不正是一个从青年时代起就把自己的心血献给祖国的知识分子吗？他说，梦想自己能有间书房，把十个书橱搬进去，再做些书橱，将书整理好装进去……

愿他的梦想早日成真。

（原载《解放日报》1991 年 10 月 26 日，
作者“钟炎”即雷群明。）

书生·阿昌——褚钰泉

舒　荪

一

踏进褚钰泉的办公室，首先直扑眼帘的，是铺天盖地的书。说“铺天盖地”毫不夸张，地板上堆满了书，只留下仅容插足的一条“羊肠小径”；除了门之外，书墙环筑高垒，就连那可以凭眺外滩风景的窗也整个儿让垒起的“书墙”封住了；至于他的办公桌就更不用说了——有时我进屋去，先听到他的声音，然后才看到他从书山后探出大脑袋，笑吟吟的。

记得有一天，从电视荧屏上看到他答记者问，地点大概是在他的办公室，我惊讶地发现，他身后是透明的大窗，“书墙”倏然消失！我不知道这是电视台记者建议还是褚钰泉自己主动把那道“书墙”给清理掉的，但我倒觉得，让那道显得杂乱无章的“书墙”作背景，其实更能映衬出他的书生特色。……然而，过了些时候，再踏进他的办公室，我又惊讶地发现，把大窗遮蔽得暗无天日的那道“书墙”竟复辟了！

褚钰泉自己也苦笑：“没有办法。”他把自己“埋”在书里面了。

二

更确切地说：褚钰泉是把自己“埋”进为书和为读书人的事业中去了。他是《文汇读书周报》的主编。众所周知，《文汇读书周报》是全国最早创办的一份读书类报纸。

褚钰泉显然不是那种兴趣广泛的人，他不抽烟，不饮酒，不会打麻将，不会跳舞，不会唱卡拉 OK，不玩股票，不白相古董……他不会玩潇洒，甚至可以说生活有点单调。他唯一的嗜好就是书，唯一钟情的就是这份《文汇读书周报》。

从主编《文汇读书周报》起，十多年来，用一句股市流行用语说，他是给“套牢”了，当然这是他自己心甘情愿的。每天八点多出门，不到夜晚九十点钟，一般是不会离开办公室的。有时我有事打电话到他家里，已经很晚了，可得到他家人的回答是：“在报社，还没有回来。”他也没有什么节假日，这些本该轻轻松松的日子，他也大多是把自己“埋”到书山堆积的办公室里。报社领导当然谁也没要求他这样做，而他自己也从未想过什么加班费或调休之类。事实上这十多年来，明文规定的“公休假”，他一天都没有享用过。

逢到编月初的扩大版，他就更忙。十六个版，从文稿、小样到大样、清样，光是一篇篇、一遍遍地审读就够累人的了。有一次他因患胆囊炎，连日发烧不退，医生已为他开了住院证，可他放心不下这份报纸，既不去住医院疗治，也不肯静心在家卧床养病，硬是一边打着点滴，一边编稿子、看清样，他是离不开“版面”的。作家陈学昭说过：工作着是美丽的。而对褚钰泉来说，工作着是自然的。

在上海新闻界，我们这些同行谈到褚钰泉的工作精神，无不诚心佩服，就是对他有看法、存积怨的人，恐怕也不否认他敬业的事实。所以，我们理所当然地以为：褚钰泉理所当然地应该是劳动模范，或者是先进工作者。然而，事实上他不是。每次上报劳动模范、先进工作者候选人名单时，他总把自己的名字划掉。

这一切影响不了他什么。他一如既往地日夜忙碌，一如既往地对《文汇读书周报》倾以钟情和专注，他的心整个儿被“她”系住了。

三

“我们竭尽全力想把这份报纸办得引人入胜些，既增添读者读书的兴趣，又能充当他们遨游书海的向导。”这是《文汇读书周报》的一段“编者说”。

褚钰泉和他的同仁们真是为此而倾注心血、竭尽全力了。他们创办了全国第一份读书类报纸，他们也构建了很好的版面样式，如第一版的书刊报道、人物专访，第二版书评为主的“三味书屋”，第三版文化人随笔“书人茶话”，第四版“书刊博览”的书摘等，可以说是使信息性、知识性、趣味性和可读性兼容并有了。我注意到，这种有机组合的版面样式，也为后起的读书类报纸所借鉴和袭用，只是版面、专栏的名目有所不同。至于月初的十六版，那就更为丰富多彩。诸如“信息高速公路”、“热点透视”、“书界扫描”、“读书人论坛”、“海外书情”、“一分钟书摘”……令人目不暇接而又兴味盎然。前几年曾有“一句话书评”，赢得无数读者的关注和参与，可惜后来由于某种原因“无疾而终”。但这创意不久就被别的报纸无偿接收，搞一句话影视评说，谓之为“一语中的”。

四开的《文汇读书周报》，在众多读者的心目中，不是“小报”，比诸有些对开“大报”，有着更高的品位和迷人魅力。因此，不仅是大都市，就是穷乡僻壤，也有她的忠实读者。四川的一位读者说："我和我爱人都是《文汇读书周报》的热情读者，在我们眼里，她是'纯然一色'的戈壁滩上的一粒碎金，她给我们的生活以些许光色。"武汉一位读者则说：读《文汇读书周报》，"仿佛故友相见，清茶相佐，絮絮交谈，书香袭人，拂人衣裙；别人或许对其无动于衷，我却视若知心。"……褚钰泉说，读者的殷殷关爱，令他深深感动，同时也是他孜孜不倦于斯的一种动力。

在文化人中，《文汇读书周报》也早已有口皆碑。著名漫画家、《人民日报》高级编辑方成先生说："《文汇读书周报》我是每期必看的，因为不仅从中得到出版信息和很多知识，而且还剪下我需要的一些资料……这周报办得好，很不易呀！"著名学者王元化先生也非常看重《文汇读书周报》，他把自己一些有分量的"清园随笔"，特地交给周报刊发。文坛耆宿巴金老人对《文汇读书周报》也格外钟爱。年逾九旬的巴老仍然握笔艰难写着，有时几天只能写上几十个字……据识者披述："当（巴老的）家人把初稿誊清后，他还要亲自听读一遍，然后才放心地托人把文稿交给《文汇读书周报》发表，因为巴老喜爱这份充满书卷气、读书人都喜爱的报纸。"

褚钰泉和他的同仁还有每年必做的一件大事，就是组织"文汇书展"，这也是很费心力的事情。由于他们坚持不懈地努力，总是盛况喜人的"文汇书展"，已经成为上海读书人春天的一个文化节日。早在十年前，当时任上海市市长的江泽民就欣然为"文汇书展"题词："建设精神文明，振兴四化大业。"

四

"阿昌"是《文汇读书周报》专栏作者。"阿昌"不是别人，

“阿昌”就是褚钰泉。

在充满书卷气的报纸上写专栏，为何不用一个雅一点的笔名呢？褚钰泉的想法是：有意取“阿昌”这显得有点俚语的笔名，是为了贴近一般的普通读者。他不愿在大众读者面前摆出一副超人的“雅士”相。

他那些每篇五六百字的阿昌文章，都是见事而议，有感而发。他谈书，谈出书，谈卖书（或买书），谈书店，谈书价……谈与书有关的种种可喜事可叹事可忧事以及令人深长思之事。阿昌实话实说，不吞吞吐吐，不“顾左右而言他”。他不吝啬赞许和激赏，也不藏掖针砭的锋芒。阿昌的批评文字难免会涉及“个别”（某人、某领导、某出版社或某书店等等），但他坦然地认为，他是“对事不对人”。然而，事实上，虚心听取的固然有，但真正“闻过则喜”的毕竟不多。但他并不因此而忐忑或退缩，仍是每周一篇“阿昌”。阿昌终竟难掩“书生本色”。

说来也许令人难以置信，与书终始、以谈书评书荐书为业而且与书界有密切关系的书生褚钰泉，他自己竟还没有出过一本书。别的不说，《文汇读书周报》上十余年来刊载的“阿昌”文章，就有约六百篇了。我几次对他说，从阿昌文章中选出三百篇来，编成一本书，不是挺好吗？好几个出版社的领导也曾对他提起过这件事。然而他却总是说忙，没有时间，以“再说再说”来推脱。在这件事上，他的积极性真是差得可以。

五

看到这里，或许有人会问：你想要把褚钰泉彰显为“人见人赞”的君子吗？不，我并不这样想。

事实上，据我记忆，我至少拜读过两封匿名信，是出自于褚钰泉的怨家的手笔。那匿名信当然不会有赞美之词，有的只是相反的语言。（我揣想，我这篇文字刊布后，可能又会招惹来匿名信。）褚钰泉不是“完人”，他和包括鄙人在内的所有的人一样，肯定有弱点或瑕疵；他可能也会有待人欠妥、处事不当的地方，或者工作的方式方法上尚须改进之处。这世界上，真有白璧无瑕、万无一失的“完人”、“超人”吗？我敢说，迄今为止，造物主还没有把他（她）造出来。“木秀于林，风必摧之”。褚钰泉并不自以为“秀”。他也不是那种热衷于“作秀”（make show）的角色。他这个读书人，只是钟爱一份读书报纸，孜孜矻矻为读书人做着他认为该做的事情。什么“风”（如匿名信之类）来“摧”他，想必也不会改变、动摇他什么。

《文汇读书周报》创办于1985年，那年是牛年。今年又是牛年。有成语曰“气冲牛斗”，股市则有所谓“牛市”——“牛”显然是蓬勃向上的象征。此外，又还有“牛劲”、“老黄牛精神”，有“俯首甘为孺子牛”等等。这些都是很好的意思。我想，用“牛”来作为《文汇读书周报》和褚钰泉的一种写照，该是可以的吧。

（原载《出版广角》1997年第一期，

作者“舒苏”即伊人。）

速写褚钰泉

韩沪麟

有一个人，无论工作态度，外表谈吐都给我留下极深的印象，我冲动过多次想写他，但因与他无深交，除表面了解一些而外一无所知，始终动不了笔。我想白白浪费感情事小，倘若真是一块金子，被深埋在地下不为人知岂不可惜，这个心事让我一直耿耿于怀；1997年5月上海“文汇书展”期间，我又遇见他，一再请求与他交谈一次，当他敏感到我的来意之后，就犹恐避之不及。采访不成，心死如灰，不再作他想。就如购物不在价位多少，而在于是否物当其值；同样，写人物不在于费墨多少，而在于值不值得写；既然我觉得此人是值得“开掘”的，那么就我所知的一鳞半爪如实写来，能起个“抛砖引玉”的作用也好。

我要写的这个人名叫褚钰泉，六十年代初复旦中文系毕业生，现任上海《文汇读书周报》主编，正处级干部，非党员，笔名阿昌，周报上每期都有的“阿昌逛书市”的专栏文章，即出自他手。

这个人的长处是对事业有拼劲和韧劲，即坚持不懈，一以贯之。

毛泽东说：一个人做一件好事不难，一辈子做好事就很难了。徐虎之所以伟大，不只是在街头挂一只维修通知箱，偶尔开一次锁，趁兴上人家去修一回；而是天天开箱，有求必应，风雨无阻，年三十也不例外，最重要的是十数年如一日。褚钰泉也是如此：偶尔晚上加一次班不稀罕，而长年累月，几乎天天加班到很晚才回家，这就难能可贵了。我怎么会知道的呢？事情是这样的：我常向周报投稿，总有始料不及琐碎的事要与他联系，他白天忙，电话特多，内务外联也多，与他联系过几次，不畅，于是改在晚上朝他家里打，但他家人一次次回话说他尚未回家，我好奇之下，干脆问个仔细。他妻子这才说：他一般在晚上十点前是不下班的，在家找到他的保险时间是晚十点半后，早九点之前；听话音，说得很平静，似乎习以为常了。那么他又何以要如此苦干呢？敬业矣。圈内人都知道，办报要组稿、改稿、校对、终审、外联、看大样、寄样报、开稿费、做广告、连连不断的各种大会小会、行政内务等等，任何报纸杂志的主编都会忙得不可开交，而他主办的周报只有区区几个帮手，每周至少要出八个版面，有时是十六个版面，他还想把报办好，而且确实也通过他及伙伴们孜孜不倦的努力，终于把这份报纸办得有声有色，成为全国同类报纸中发行量最大的一种。了解了这些，那么他几乎每天迟迟不归家也就在情理之中了。

他的韧劲还表现在他的顽强上。几年前，一个骨干编辑要赴美深造，这个编辑临行前本人也曾忧心忡忡地对我说："我走后报纸怎么办呢？褚主编已经超负荷工作了。他怎么办呢？可我又不能不走啊！"所幸的是，他走后报社在没有增人的情况下还是照办下去，且比原来毫不逊色。可以想象，老褚那"超负荷"的双肩上，又加上了多少斤两了。他似乎是压不垮的，但这样下去他迟早又会被压垮的，真希望这个问题能及早引起有关方面的注意。

周报每期一篇的“阿昌逛书市”也值得说说。偶尔写篇把，乃至隔三差五地写一篇并不稀罕，可赞叹的是他居然能数年如一日，每周写一篇，而且从不间断，这就不能不让人产生疑问：他在百忙之中，何以能抽出时间来写文章的？他那源源不断的新闻出版、图书发行方面的信息又是从哪儿获得的？他写的文章不长，言之有物，有的放矢，从这些短评里，亦可看出他对我国的书报出版事业的拳拳赤子之心。不止一个人与我有同感：老褚虽是正处级干部，但书生气十足，不像个“干部”。他的思维方式、谈话方式、行为方式与通常所理解的“干部模式”相距太大，倒与书生，甚至书呆子更接近些。他说话讷讷，易羞赧，想对他表示一点点“意思”，他像避瘟疫似的，脸都吓白了。他来南京出差过一次，想请支持他报的老作者吃一顿饭，地点啦、人选啦、价位啦，与我左商量右商量，仿佛遇到了一个大难题似的，其“举轻若重”的程度，与他为文的“举重若轻”恰成鲜明的对照，真是不可思议！在当今社会，一个堂堂的正处级主编，纯粹为了工作请吃一顿，用得着如此“抖”么？可是他实在拙于此道矣。改革开放之后，有许许多多知识分子走上领导岗位。有的一旦当上领导，或是立马“脸”就“变阔”，或是慢慢变“色”变“质”，满身官气，甚至堕落了。像老褚那样，当了那么多年的领导还保持了浓厚的书生气，实属少见；我想知识分子出身的领导干部尽可能地保留一些书生气，不仅可爱，而且对社会也有益。

文人学者的书房里书堆得满坑满谷，我见得多了，但书报堆得像老褚办公室那样惊人，本人则是第一回见到，也坚信此生也是仅此一回了：打开他的办公室门，眼前便是一个书报仓库，稍加辨别，能看见在书报之间有条夹缝，容一个人走近窗口，想必拐个弯便只有放一张办公桌和一把座椅的地方了，但站在门口是看不见的，因为视线已全被书报挡住，换句话说，老褚是在书山报海的空隙中工作的，我不敢想象，在这间空气很不流通的“办公室”里连续工作十二个小时，如何受得了？

老褚是中文系科班出身，博览群书，长年办报，不仅中文功底扎实，知识面亦广；他能每周不间断地写出一两篇（他在其他杂志也开有专栏）文章，可见他思维敏捷和自身的创造力度了。所以每次我看见他忙上忙下地干事务性工作，特别是在这次书展上，他泡在一个个摊位前与工作人员洽谈业务时，我是很为他有些惋惜的。我想，老褚如不在眼下这个工作岗位上为这份报纸呕心沥血的话，也许他也著作等身成大名人大学者了。这就是所谓的奉献精神吧。因此可以说，成了大名的文人学者是不该骄傲自满的，他们之所以能高高在上，是许许多多像老褚那样的默默奉献的人用双手把他们擎托起来的。

以上所写的，都是我的所见所闻所思，我得不到有关老褚的更多材料，不知他的身世、经历、家庭、爱好、特点等等，我想他有更多值得称道的事迹被淹没了，他自己不说，无人知道。在上海召开的《蒙田随笔全集》新书发布会上，我乘隙向老褚的同事问了一下有关老褚的情况，他限于场合，只是简短地对我说：“他真不错，从早工作到晚，又不贪，这把年纪也升不上去了……”没有歌功颂德的溢美之词，没有慷慨激昂的评功摆好，但这几句说得很随意的话，却引起我心灵强烈的共鸣。

不知为什么，我总把老褚和徐虎自然而然地联系在一起，可见他们必有内在的相同之处；我想除了敬业和奉献精神而外，便是持之以恒地做好事的韧劲与毅力吧。十分有趣的是，他们的外形也很相像：老褚也架一副眼镜，头发也是油光光往一边梳，也是矮墩墩胖乎乎的，头也稍大，脸也稍白稍胖——活脱一个书生模样。

（原载《新闻记者》1997 年第九期，后收入作者随笔集《生活笔记》，华夏出版社 1997 年 11 月版。）

在风雨中不随风而动

——《文汇读书周报》原主编褚钰泉的风雨十六载

李福莹

上世纪八十年代初，《文汇报》开辟“书亭”专栏，介绍书的信息。1983年前后，“书亭”从小专栏变成了《文汇报》一个“读书与出版”的版面，这个版是《文汇读书周报》的前身。1985年，《文汇读书周报》正式创刊。二十年来，它成了国内一份拥有专业水准、在书界具有大影响力的读书版面。曾一手将其带大的老主编褚钰泉如今已年过花甲，谈起当年的《文汇读书周报》一往情深，他说，尽管当时只有四个版面，形式简陋，但内容却很活泼和丰富，有书评、荐书、漫画、读者来信、短评等等，信息量很大……

当《文汇读书周报》成长为一个二十一岁的英俊青年时，一手将其带大的老主编褚钰泉已年过花甲。对于一辈子跟读书打交道的褚钰泉而言，《文汇读书周报》就像一个孩子，他牵着它的手，整整走过了十六年。

上世纪八十年代中期，因为缺乏其他纸媒读书版的陪伴，《文汇读书周报》曾一度孤独地做着读书人与书“中间人”的角色。二十多年后的今天，让褚钰泉感到高兴的是，各媒体的读书版已经像雨后春笋般冒了出来。

不过，褚钰泉仍觉得，读书版还应该增多，地位还要得到提高。搞读书版的编辑记者们要坚持自己的理念，不违心，不浮夸，不误导，“在风风雨雨中不随风而动”，纯粹地为读书做点事情。

专为广大读书爱好者

摸着《文汇读书周报》1985年创刊号发黄的纸页，看着业已模糊的铅字油墨字迹，褚钰泉似乎又回到了那个年代。

早在上世纪八十年代初，身为《文汇报》编辑的褚钰泉，出于个人爱好和对出版界的关注，弄了一个名叫“书亭”的专栏。“它在版面上仅占非常小的一块，主要是介绍书的信息，内容也零零碎碎。”在当时不大注重读书版的时代，褚钰泉精心地经营着这块自留地。

1983年前后，“书亭”从小专栏变成了《文汇报》一个“读书与出版”的版面。在其他纸媒几乎没有读书版面的时代，“读书与出版”引起了中宣部的注意。当时，中宣部为此专门发了一个内容为“加强书评工作”的文件，特别表扬了褚钰泉所编的这个版面，这个版就是《文汇读书周报》的前身。

《文汇读书周报》1985年试刊号上的“致读者”这样写着：“它乘着‘大鼓劲、大团结、大繁荣’的东风来到你们中间，将为丰富您的生活作一点贡献。”尽管明显带着时代的痕迹，但它的“专为广大读书爱好者、尤其是青年同志出版的”创刊宗旨，却一直延续到今天。

做“书市漫步”的阿昌

在今天看来，当时的《文汇读书周报》是很简陋的，全部用铅字排版印刷，一共只有四开四个版面。尽管形式简陋，但内容的活泼和丰富却让褚钰泉十分自豪。“有书评、荐书、漫画、读者来信、短评等等，每个版面都要放六七篇文章，信息量很大。”

褚钰泉讲了一件小事：对武侠小说在当时很有些不同看法，《文汇读书周报》为此特别开辟了一个专栏，欢迎读者展开争论。在现在看来，这似乎有点不值一提，但在上世纪八十年代中期，该做法的确较为勇敢和创新。

“报纸一定要有自己的声音。”这是褚钰泉一贯的坚持。从《文汇读书周报》创刊，他就琢磨着怎样定位报纸的言论。“我想以读者一分子的角色，对书、对出版界、对文化现象发表言论。”褚钰泉给自己起了个老百姓都很容易接受的名字——阿昌，开始捉笔在“书市漫步”专栏发表言论。阿昌一出场，反响就十分强烈，关键是读者觉得这个“阿昌”会说话、敢说话，别人不敢骂的，阿昌却敢批评几句。

褚钰泉说，“阿昌”这个名字，在当年还闹出一个笑话。他在“书市漫步”中曾就某事批评了上海新华书店，这让该书店领导极为恼火，跑到报社一定让褚钰泉“把阿昌找出来”，要跟他打官司。当褚钰泉笑着说那个“阿昌”就是自己时，与其相交多年的书店领导非常吃惊，化怒为笑，把“跟阿昌打官司”改成了“请阿昌吃饭”。

当年，《文汇读书周报》还搞过一个“湘版读书俱乐部”。上世纪八十年代中后期，出版界的湘军和川军是公认比较好的。《文汇读书周报》与湖南的几家出版社联合起来，定期把书推荐到上海，并请像余秋雨这样在当时较为活跃的作家撰写书评、交换看法，不仅出版社很欢迎，读者也非常喜欢。

读书版应有自己的风骨

《文汇读书周报》把书与读书人的“中间人”的角色，做得渐入佳境。在褚钰泉主编《文汇读书周报》期间，发行量最高时曾达到近十万份，这对一份只谈读书的报纸而言，实属不易。而广告量，却被他控制得很严格，很多人由此评价，褚钰泉没有经济头脑。但褚钰泉却说：“我宁可多发几条稿子，也不愿意让无聊的广告挤占版面。”在他眼里，报纸应该拥有自己的风骨。

从一件小事，可以看得出褚钰泉的想法。一次，褚钰泉到浙江嘉兴做报纸的发行工作时，听朋友讲起朱生豪的夫人宋清如就住在嘉兴。朱生豪是我国第一部外国文学全集《莎士比亚全集》的翻译者，国内知名翻译家。他去世之后，宋清如一直住在嘉兴市一幢破旧的祖屋里。当时，曾有个外国访问团要来看望宋清如。当地政府顾及形象，给她提供了一座崭新住处，却被宋清如拒绝了。褚钰泉听了这件事后，对宋清如十分钦佩。

后来，又闻及宋清如想出版自己与朱生豪之间的情书，被出版社要求付几万元费用。褚钰泉十分气愤，便写了篇文章将此事在《文汇读书周报》上捅了出来。“没想到文章发表后，这本《宋清如书信集》竟有多家出版社争着出版。”褚钰泉认为，报纸的读书版要想做点事情，应该有自己的文化理念，才能在风风雨雨里不随风而动。

褚钰泉认为，现在图书市场泡沫化很厉害，有个别出版社不负责任地出版文化垃圾。与此同时，国民阅读率也在降低，读书版此时应该起到知识推手的作用。作为读书版的编辑记者，首先要兴趣广泛，虽然无法做到什么书都能看，但一定要找到权威的人，获取正确的书评信息；对于“关系书”，编辑记者最好拒绝，万一拒绝不了的，在报纸上说话分寸也要磨掉一点，什么“全国最好的书”之类的话要少说一点，别去误导读者；对于某些大作家的书，觉得不好就说不好，千万别怕得罪人说违心话，少做伪读书人。

一定要看看本报《阅读周刊》

当褚钰泉带着《文汇读书周报》走进九十年代，某一段时间，他发现报纸媒介的读书版像雨后春笋般一个接一个地冒了出来。“《中华读书报》《中国图书商报》虽然诞生在我们之后，但发展却非常快。”褚钰泉介绍，除了专业读书报纸外，其他大众报纸的读书版刚推出来时，一般只有新书的消息、简单的书评，直到进入二十一世纪，各读书版的思想性专题才加强。

熟悉褚钰泉的人都知道，他与巴金的私交非常好。但在巴老晚年，很多报社的读书版都向巴老要稿子，褚钰泉却放弃了这个念头。“我知道巴老身体不好，再向他开口要稿，于心不忍啊。”即使这样，巴老在晚年写的《怀念曹禺》等几篇文章，仍让女儿亲手送到褚钰泉那里，由《文汇读书周报》发表。

退休后的褚钰泉十分关注各报读书版的发展。比如《中国青年报》《广州日报》《新京报》的读书版，《深圳商报》的“文化广场”等都让他印象颇深。当得知了本报的读书版《阅读周刊》时，褚钰泉感觉很好奇，说自己在上海不大容易看到《深圳晚报》，叮嘱记者一定收集几份《阅读周刊》给他寄过去。

褚钰泉理想中的读书版应该办得像“法国电视书评”：只要介

绍一本书，明天就会影响到这本书的销量。“因为它完全脱离炒作的商业气息，纯粹地在做‘读书’，才能获得民众的如此信任。”褚钰泉说，在中国，办读书版应该雅俗共赏，除了让文人、学者看之外，还应让更多读者找到自己的兴趣点。阅读对人的生活是十分重要的，读书版就是个“中间人”，以“职业读书人”的角度，让更多人因为接触书的信息，从而喜欢书，接着就去读书。

记者手记

放下电话，记者才发觉左手已经麻了。心中不禁一阵愧疚，不知已六十二岁的前辈能否吃得消将近两个小时的电话采访。

尽管未与褚老师谋面，但我已经感觉到了他的谦逊、平和与慈爱。采访时，在具体说到某个人的名字时，为了准确，我会跟他核实一次，他却有点过意不去：“我普通话讲得不好，难为你了。”采访结束时，记者一再向他道谢，他却说：“客气了，客气了。”他一再强调，他是跟我聊天，不是采访，最好不用写出来。他说，能跟晚辈聊聊读书版，是件很愉悦的事情。

除了读书版，褚老师跟我谈了许多他的人生经历，他对后辈的坦诚和毫无保留，让我感动不已；而他身上十分纯粹的书生气，更令人钦佩。他说，自己在《文汇读书周报》时，有人问他：“其他报社主编都有小汽车，你怎么不买一部啊？”褚钰泉说，他在《文汇读书周报》的十六年，每天早上九点进报社，一直待到晚上十点以后才回家，要部汽车干什么呢？

退休之后，闲不住的褚钰泉是《书城》杂志的执行编委之一，接着又主编《悦读MOOK》，与退休之前一样，还在做与书有关的事。褚老师说，会给我寄一本《悦读MOOK》，并愿意听听年轻人的意见。

我的一位同事，曾与褚钰泉共事过一段时间。她说，那时褚是她的领导，她与褚钰泉办公桌面对面，褚钰泉爱书如命，每有一部书就放到后面的书架上。后来，他的书就像一面墙那么高。“我坐在他前面，总担心那面书墙会不会倒下来。”尽管书如此之多，当褚钰泉要找某本书时，总能一下子摸到书的大概位置，马上就能找到那一本，也许这就是作为书与读书人“中间人”的敏感吧。

（原载《深圳晚报》2006 年 11 月 20 日）

折芳馨兮遗所思

不了解历史的民族是没有希望的民族。此语不假，鉴古所以知今。弄不清历史真相，不知道何去何从，又怎能阔步向前，创造未来呢？一个无视自己历史的民族，不可能对未来有理性的追求。要准确地洞察历史辨别真伪，并非易事。这需要严谨的史学家们的不懈努力，需要勇于说真话的过来人、知情者提供种种史实。当事人能如实地把经历付诸文字，积少成多，去粗取精，人们便能从这些点点滴滴的材料中，找到一些历史发展的轨迹。

——选自褚钰泉主编《悦读》“卷首语”

折芳馨兮遗所思

——褚钰泉的理念与《悦读》的风标

李建军

杂志是表达理性观察和批判性言论的重要平台。如果说，报纸的任务是提供新闻，那么，杂志的任务则是提供思想，即致力于对问题的发现和沉思，致力于追求经得住驳诘的深刻。它通过理性的表达，培养读者的现实感，激活他们的思维，吸引他们介入到关注现实和变革现实的活动中来。杂志是衡量一个时代的进步和文明状况的尺度。在一个充满活力的精神健全的时代，杂志通常是个性鲜明的，生气勃勃的，充满创造的热情和能力。

在一个文化秩序混乱的时代，在一个精神空间逼仄的时代，要想办一份真正意义上的杂志，无疑是一件戛戛乎其难哉的事情。因为，这不仅需要管理部门的理解、包容和支持，而且，还需要一个高素质的主编。《悦读 MOOK》之所以成功，正是由于它既占地利，亦得人和，有二十一世纪出版社这个可靠后盾和张秋林先生的有力支持，又有褚钰泉先生这样一个有抱负、有热情、有眼光的不可多得的好主编。可以想见，倘若再得了二十世纪八十年代的“天时”，那么，它一定会拥有更多的读者，会收获更多的掌声和鲜花。

在中国五花八门、令人目迷的杂志中，《悦读MOOK》粲然绽放，卓特秀出，成为当今中国屈指可数的优秀刊物之一。它是由MAGAZINE-BOOK合成一个新词，叫MOOK，属于所谓的“杂志书”。在近十年时间里，它一共出版了四十四卷，不多，也不少。虽然限于特殊的出版方式和发行方式，它没有传播到更多读者的手里，没有产生本该更大的文化影响，但是，它也获得了成功——凡读到它的，没有不赞赏的。

那么，《悦读MOOK》到底是一份什么样的杂志？编者的理念和归趣是什么？它显示着什么样的特点和格调？又为我们提供了什么样的经验和启示？对一个文化贫乏的时代来讲，回答这些问题，就意味着寻找一面可以对照的镜子，就意味着获得鼓舞自己的力量。

一

褚钰泉先生的办刊理念和文化主张，既见之于他每一卷都精心结撰的“卷首语”，也见之于他劳心费力所组织和编辑的每一篇文章。如果说，“卷首语”还只是他的“言”，那么，每卷所刊发的文章，就是他的“行”，就切切实实地体现并确证着他的编辑宗旨和文化理念。

那么，作为主编，褚钰泉先生最关心的，是哪些问题呢？从他的“卷首语”里，我们所看到的，是什么样的精神立场、价值理念和文化主张呢？或者说，从文化的意义上来讲，我们可以看到的，是一个什么样的主编形象呢？

书籍是人类智慧无可替代的储存器，是人类文化主要的承载体，是人类在精神意义上的共同的祖国。一个国家的未来，很大程度上，就决定于其国民对知识的渴望程度，对读书的热爱程度。一个不读书的时代，是不正常的；一个人们普遍不爱读书的国家，是没有前途的；一个焚烧书籍、关闭学校、迫害知识分子的国家，则不仅没有前途，而且必将因其严重的犯罪行为而遭到天谴。

所以，褚钰泉先生最关心的问题，首先就是读书；念兹在兹的，就是劝人读书。屈子辞云："何昔日之芳草兮，今直为此萧艾也？岂其有他故兮，莫好修之害也！"对今天的人来讲，"好修"的一项主要功课，应该就是读书。然而，当下的"不爱读书"的时代病，却让褚钰泉先生忧心忡忡。他办这份杂志的重要目的，就是要在一个阅读面临严重威胁的娱乐化时代，培养人们对书籍阅读的热爱，为人们提供有价值的阅读文本和读书信息。在《悦读 MOOK》第一卷的"卷首语"中，他表达了这样的忧虑："当今，书的数量与日俱增，而人们对书的兴趣却日渐减退。纷扰的世界、诱人的网络、嘈杂的电视，无休无止的吃喝玩乐……消耗了人们太多的时间和精力。捧着书本认真阅读的人愈来愈少，这是莫大的遗憾！须知，书本较之网络、电视、玩乐给人更多的享受。"为了培养人们对书籍的热爱，培养他们的阅读兴趣，使他们成为热爱阅读的人，"《悦读 MOOK》将带你走进茫茫书海，我们将请一些学者和专家帮你指津，请一些书界人士为你剖析书坛风云，使你从中获得大量信息，还能饱览各类书籍的精彩片段，一册在手，尽情享受读书的乐趣。"他这样为《悦读 MOOK》定位："这是一本有关书的书，杂志的特点是'杂'，应尽量想读者之所想，提供读者之所需。在内容上努力做到丰富多彩，触角广泛，以助读者在愉快的阅读中增长智慧，加深对人生和社会的理解。"（《悦读 MOOK》第二十六卷"卷首语”）他甚至用孟德斯鸠张大其词的话来劝人读书：“读书对于我来说是驱散生活中的不愉快的最好手段。没有一种苦恼是读书所不能驱散的。”（第三卷“卷首语”）古人关于读书的格言，更是他劝学的“支援意识”：“记得汉代桓宽在《盐铁论》中说过：‘多见者博，多闻者智，拒谏者塞，专己者孤。’多读些书，总是有益的！”（第四卷“卷首语”）

阅读本质上是一种健康的生活态度和积极的生活方式，是人们获取精神力量和心灵智慧的途径。它不仅有助于改变人们内在的精神气质，而且还有助于人们认识生活和世界，有助于人们摆脱内心世界和外部世界的封闭状态和愚昧状态。一切有价值的阅读，都指向对现实问题的关注和焦虑，都指向对历史的认识和思考，都指向对真理和意义世界的探询。就此而言，书籍是永远不灭的灯火，而阅读则是趋向光明的自我启蒙。

启蒙是褚钰泉先生的精神立场，也是他自觉承担的文化使命。他提倡启蒙性的写作，鼓励启蒙性的阅读。奥地利作家茨威格说：“书是进入世界的入口。”在《悦读MOOK》第二卷“卷首语”中，他对这句话做了精彩的引申：“世界是美丽的，也是混沌的。只有书本才能让你置身其间，克服时间和空间的局限，真正辨别世界的真谛。”杂志的一个重要功能，就是启蒙，就是为读者提供可靠的知识和判断，引领他们认知世界，认识灾难发生的原因，探求文明生活的可能。褚钰泉先生在第四十三卷“卷首语”中说：“‘明鉴所以照形，往古所以知今’，《悦读》是一本以文史见长的杂志书，我们较为侧重刊登一些回忆、纪实、传记类文章。在编辑本卷的过程中，想起《贞观政要》所言：‘后之视今，亦犹今之视古’，那么，从今天的一些社会状况，能否推断若干年后国家状况的一二呢？”

人们根据现实预测未来的能力，很大程度上，就决定于对具有历史感和求真精神的书籍的阅读。

阅读具有激活并强化记忆的功能。一切积极意义上的写作和阅读，都是寻求真相，捍卫记忆，拒绝遗忘的文化手段。在充满灾难和悲剧的现实中，谁知道真相，谁记住了一切，谁就有可能在未来拯救自己。在褚钰泉先生看来，对于像“文革”这样的巨大灾难的认识，对于严重的“封建影响”的了解，最终都依赖于可靠的叙述和读者的阅读：“只有通过大量的事实，当事者真实的回忆，才有可能痛定思痛，提高认识，肃清流毒，汲取教训，在实践中不再重蹈覆辙。”（第二十七卷“卷首语”）一年后，他再次说道：“一个没有记忆的民族是没有希望的民族，一个没有历史的民族是没有未来的民族。希望有更多的有心者能做些拨乱反正的细致工作，把真实的历史留给后人。”（第三十一卷“卷首语”）这样的话，他从来就不怕三复其言。他反复告诫人们，不要为了一己私利而文过饰非，而大搞“历史虚无主义”，因为，在他看来，真相和记忆，即未来和希望：“人类的发展史告诉我们：任何失忆的民族都是没有希望的民族。忘掉自己的历史、对自己的历史充满误解，这于一个国家、民族是很可悲的。历史学家不能为读者讲述真实的历史，帮助他们了解自己的过去，这是最大的失职。……（历史学家的）任务还很艰巨，对历史采取虚无主义的人，他们还会掩盖真相，随意诠释，动辄给一些讲真话的文章和著作扣上帽子、贴上标签。其实这些人很蠢，历史的潮流滚滚向前，谁又能阻挡得住呢？”（第四十四卷“卷首语”）这段发在《悦读 MOOK》最后一卷上的文字，具有“文化遗言”般的沉重性质和深长意味，既可看作褚钰泉先生对自己的编辑理念和精神立场的重申，也看作他对这个世界最后的殷切希望和谆谆告诫。

在“卷首语”中，我们还可以看见褚钰泉先生自己独特的气质和文风。他的文字，严谨而又热情，温和而又尖锐，克制而又坦率。他的“卷首语”介绍每一卷的内容、主题和看点，也表达编者自己的意见和主张。有的时候，褚钰泉先生的“卷首语”简直就是标准的杂文，纵横捭阖，神完气足，妙论迭出。例如，在第二十卷“卷首语”中，他将反思的锋芒指向刚刚过去的 2010 年：“这一年有太多让人捉摸不定的事情。从初春起，天气就像脱缰的野马，一会儿冷，一会儿热，暴风雨、强震、严寒、酷暑接踵而至，常使人弄不明白究竟生活在哪个季节。怪异的气候也振荡了经济，弄得地球村的居民都忐忑不安。过去我们好些同胞一直无忧无虑，仿佛自己是生活在‘一枝独秀’的土地上，打开电视，看到的是歌舞升平；走在街头上，到处是洋店名、品牌的广告；欣赏文艺节目，剧中人似乎都不食人间烟火；一个又一个盛会，没有哪一个国家可以比拟的豪华奢侈场面，令人如醉如痴……然而，到了 2010 年的年底，人们不觉惊醒，我们的现实生活中还有着许许多多令人忧虑的问题啊！”在第三十三卷“卷首语”中，他将批评的锋芒指向消费时代的“当代英雄”郭敬明：“他的粉丝主要是十八岁以下的少女少男，在他的作品和出版物中，宣扬名牌，宣扬享乐、宣扬奢侈是永恒的主题。今天不少青少年自小就懂得追求名牌，羡慕享乐的生活，而漠视精神陶冶、道德上的教养和追求。郭敬明之功似莫大焉！”最后，他尖锐地批评了郭敬明“顺从、借势、勤奋而聪明”的“成功秘诀”。在第三十六卷“卷首语”里，他受讲述“个人史”的“热点”触发，质疑了“朝三暮四”的“教科书”，肯定了“个人史”在还原真相方面的意义和作用，进而指出，“通过各种媒体，把那些个人的真实的回忆保存下来，可以说是对人的尊重，对历史的尊重，也是对历史的负责”——通篇一气呵成，痛快淋漓，很有杂文之风。这样的“卷首语”，你在别的杂志上，很少看到。

二

对重大问题的关注和反思，是知识分子的责任所在。一个优秀的主编，必以严肃的态度关注那些与人们的福祉密切相关的大问题；一份优秀的杂志，则应该刊发那些具有深刻的问题意识和尖锐的批判锋芒的作品。如果说，“国家不幸诗家幸”表达的是眼泪浇灌灵感，苦难激活诗情的真理，那么，同样，一份杂志的价值和影响力，也有赖于它体会人类不幸的敏感和承载世间苦难的自觉。

作为主编，褚钰泉先生有着敏感的苦难意识，有着成熟的问题意识和强烈的责任意识。在《悦读 MOOK》多姿多态的文章后面，有一个“吾道一以贯之”的灵魂，那就是，通过反思性、批判性和启蒙性的话语建构，帮助读者揭去一层一层的遮蔽物，为他们寻求照亮心灵的精神光芒。褚钰泉先生关注当下簠簋不饬的权力腐败，关注极端功利主义的教育异化，关注空气、土壤和水质等多方面的环境污染，关注医疗、福利、食品安全等种种民生问题，也关心那些由历次“极左运动”导致的巨大的历史灾难，关注那些在这些灾难中被迫害的人们的不幸境遇，以及他们终生难以治愈的精神创伤。然而，青年一代却对现实问题漠不关心，对历史灾难所知甚少。这种万事不关心的严重的“精神冷淡症”，令他十分焦虑和担忧：“如今有个现象值得注意，近二三十年、四五十年发生的事，在不少青年人的脑海里几乎一片空白，什么‘文化大革命’啦，‘反右运动’啦，‘大跃进’啦……一问三不知。前不久与上海一家重点大学的几位老师聊天，据说该校一位文科博士最近问导师：林彪是何许人？一些青年人，说起 LV、iPod，说起‘超女’、‘快男’，口若悬河，滔滔不绝。……不了解自己的先辈，特别是自己的父辈是如何走过来的，其中有哪些经验教训可以吸取，也许就不可能坚实地走下去。”（第六卷“卷首语”）为了帮助读者了解“经验教训”，他就特别留意组织和编辑那些反思历史灾难和现实问题的稿子。关注迫切而重大的问题，关注社会性灾难和悲剧，既是他贯穿始终的编辑理念，也是《悦读 MOOK》在内容上的一个显著特点。他知道“历史”总是狡猾地隐藏自己，美化自己，甚至公开进行“欺诈”——为了说明这一点，为了“给我们增长一些见识”，他特地从俄罗斯科学家尤里·谢尔巴特赫的《欺诈术与欺诈心理》中，摘了一篇长长的文字出来，还给它拟了个很抢眼的题目：“‘历史’对人们的欺诈”。谢尔巴特赫认为，所谓“历史”大多是由“杜撰、谣言、恶意预谋、模糊传说、阴谋、自我表白与为数不多的真实事实掺合在一起的奇怪的混合物”，所以，“留给我们的选择只有收集尽可能多的不同作家关于同一事件的证据，以便今后将它们进行对比，努力找出真实的历史”。褚钰泉先生显然认同这种观念。在编辑《悦读 MOOK》的时候，他显然有“收集”证据、努力求真的内在自觉。

在四十四卷的《悦读 MOOK》里，你会发现，研究俄苏的政治、经济、历史、文化和文学等问题的文章，尤其是研究“前苏联”腐败和“解体”问题的文章，几乎每卷都有，数量甚多。究其原因，盖在于“大哥小弟”之间的关联性，实在太密切了。在二十世纪的漫长时间里，在政治、经济、意识形态、文化教育、文学艺术等几乎所有方面，中国都受到了“前苏联”的巨大影响，以至于简直可以这样讲：没有“老大哥”的支持，就没有“小兄弟”的今天；没有前者的巨大影响，就没有后者的严峻现实。

在第七卷《悦读 MOOK》里，至少发了两篇与苏联相关的文章：一篇是蓝英年介绍大艺术家罗斯特罗波维奇遭受迫害的人生际遇（第四卷所载鲲西的《大提琴家罗斯托波维奇之死》，谈论的也是同一个人），一篇是虞非子叙述帕斯捷尔纳克被“卡”的尴尬。第九卷发表了至少三篇与俄罗斯有关的文章，其中蓝英年的《苏联文学的主流、潜流和逆流》尤其值得一读——作者介绍了苏联文学的复杂构成和严重异化，尖锐地批评了《钢铁是怎样炼成的》隐瞒“大饥荒”的悲惨真相，美化千疮百孔的现实，“丑化、诋毁”乌克兰人民，以及艺术上“结构杂乱、文字蹩脚”等问题。第二十卷所发表的徐振亚的《俄国文学与殖民主义》，一面详尽地介绍了美籍波兰裔学者爱娃·汤普逊的《帝国意识：俄国文学与殖民主义》，同时，也通过对资料的充分占有，从中国的角度，揭露了俄国殖民主义侵略的滔天罪行：“斯大林时期使中国失去的领土超过沙皇时期，也就是说，从沙俄到苏联，从我国掠夺了大约三百四十万平方公里的土地，几乎等于现在俄国领土的百分之三十七。”什么“国际主义精神”，什么“无产阶级利益”，都不过是他们进行殖民掠夺的冠冕堂皇的遮羞布罢了。在第二十四卷里，发了至少两篇与俄苏有关的文章：雷巴科夫的《〈沉重的黄沙〉面世记》和黄玮町的《苏联如何走向亡国亡党》。在第四十一卷里，至少有四篇文章是关于苏联的：一篇关于《钢铁是怎样炼成的》的，一篇关于高尔基的，两篇是介绍奥克莱利《苏联的最后一天》的。对于那些具有重要史料价值和深刻的反思性的著作，褚钰泉先生甚至反复在《悦读 MOOK》上予以推介，希望引起读者的注意。例如，《悦读 MOOK》先后就发了至少两篇文章，介绍雅科夫列夫的“绝唱”《雾霭——俄罗斯百年忧思录》，对其中的“关于苏联严重腐败现象的片段”，属意尤多。

“忘记过去就意味着背叛”。这句话貌似深刻，其实含混其辞，语焉不详。什么样的“过去”不能忘记呢？苦难的历史不能忘记。所以，在“过去”的后面，还应该有两个核心词，那就是“灾难”和“苦难”。是的，忘记它们，不仅意味着背叛，还必然导致更大的灾难。正是基于这样的理性认知，对于中国的历史灾难，例如“反右”、“大跃进”、“大饥荒”和“文革”等巨大的灾难和浩劫，褚钰泉先生就特别关注。他在《悦读 MOOK》上，发了大量叙述“人祸”的回忆录、传记和访谈等实录性文章，借以帮助今天的读者了解真相，把握未来。

几乎每一卷的《悦读 MOOK》，都要发表与“文革”等重大事件有关的文章。以第二十卷为例，就有至少六篇文章涉及到了“文革”，还有三篇“历史往事”，也间接地从“发生学”的角度讨论“文革”。其中，袁鹰的《那年八月》，从亲历者的角度，以自己在《人民日报》耳闻目睹的细节，描述了“血腥的黑色八月”里发生的政治风暴，再现了“文革”初期北京知识界所遭受的摧折，所经历的磨难，并通过深刻的反思昭示后人：“没有民主和体制监督严格约束，而容许个人独裁专行、号令天下；没有依法治国切实执行宪法保障公民的自由和权利，而容许少数人无法无天、为所欲为，就难以保证十年浩劫不会以新的形式重演，真到那天，我们的国家和民族就难免不沦于万劫不复的惨境。时至今日，难道还有人愿意看到那旷世大悲剧重演吗？”此后，2012 年 8 月，他又写了一篇题为《毋忘“文革”》的长文（第三十卷），倡议“建立博物馆”、“撰写血泪史”、“创建‘文革学’”、“进入教科书”、“广树纪念碑”。

在这类文章中，王学泰的《鸿爪掠影》和巫宁坤的《从半步桥到剑桥》，也都因其叙写充满传奇色彩的遭遇，因其提供了大量异乎寻常的细节，而给读者留下深刻的印象。

在关于苦难的叙事中，范玮丽所写的两篇文章，也很值得关注。在“反右”和“文革”中，杨宪益一家“白虎星照命”，遭遇极为悲惨。在发表于第十七卷的《烨·一九七九·耀眼的火光》中，作者平静而真实地记录了荒谬时代的精神折磨，如何给杨宪益的才华横溢的儿子杨烨造成巨大的伤害，如何导致了他内心的崩溃，使他最终在绝望中选择点燃汽油自焚；发表于第二十四期上的《风暴初起时——“文革”中的杨宪益和戴乃迭》，也是一篇从容委婉而又志思蓄愤的好文章。

褚钰泉先生对生态灾难和环境安全特别关注，组织并发表了大量与此有关的文章。在对人与自然的关系的理解上，他显然倾向于接受“天人合一”的环境保护理念，而反对破坏环境的“人定胜天”的傲慢态度。所以，他就特别留意那些关于人为原因导致的生态灾难问题的文字，收集和发表了不少关于土地污染、空气污染、食品安全的文章和信息。比较起来，他对不科学的“水利工程”灾难，更为关注。关于黄河流域水库建设所造成的生态灾难，他先后摘发或全文发表了吕铮的《三门峡水库的教训》（第二十一卷）等多篇的文章。长江流域尤其“三峡工程”，更是他关注的焦点。通观四十四卷《悦读 MOOK》，关于“三峡工程”的文章，殆有数十篇之多。从第一卷开始，“三峡工程”就被褚钰泉先生置放到焦点位置。在第一卷 “特别关注”栏目里，他摘编了三篇文章：一篇是从李鹏的《众志绘宏图——李鹏三峡日记》中摘来的，回答“三峡工程是如何定下来的”这一问题；一篇是《三峡工程 百年论证》，是他自己梳理资料，整合出来的；第三篇《今日三峡》，是从《中国国家地理》上转载的地质专家范晓的文章，作者试图用大量的数据和事实，说明“三峡工程”业已带来严重的地质灾害，“2003 年 7 月 12 日上午，三峡库区二期蓄水仅一个月后，千江坪山上出现裂缝。当晚九点，滑坡上的三金硅业公司的厂房因变形已啪啪作响，墙上的裂缝迅速拉大。”不仅如此，三峡水库还诱发了多起小规模的地震，作者进而指出：“无论如何，三峡水库的诱发地震问题都不能让我们高枕无忧。随着三期蓄水的临近，影响水库诱发地震的砝码也会增加，更严峻的考验还在后面。”后来，2014 年《中国国家地理》杂志又邀请著名地质学家范晓重返三峡考查，褚钰泉先生及时注意到了这一信息，并在第三十七卷摘登了范晓记写这次考查结果的《今日三峡》，向读者揭示了三峡工程建成后的诸多异变：库区的“植被生长节律被打乱”，而长江的“水情、水境、水景方面发生的巨变依然让人触目惊心。你看到的不是一条江，而是死水无澜、一片茫茫，如果没有过往船只掀起的波浪，根本无法感受水的流动”。不仅如此，蓄水之后，当地的气候也变化很大，“现在夏天更热了，冬天更冷了”。

到第七卷，褚钰泉先生又在“书海巡游 · 特别关注”栏目，转载了汪永晨发表于《随笔》杂志的题为“今日三峡”的文章，介绍了作者通过实地考察和向专家咨询获得的信息和结论：三峡工程有利有弊，但是，下游水位下降、鱼类洄游受阻、鼠患成灾、库区污染等消极后果，尤其值得注意。作者最后提出了“河流健康”的概念，显然是对未来的水利工程建设的一种含蓄的谏言。在这篇文章之后，褚钰泉先生还从《财经》杂志链接了一篇题为“三峡工程对洞庭湖、鄱阳湖的影响”的文章，算是对《今日三峡》一文内容上的补充和观点上的支持。

此后，又在第十一卷发了常红晓、欧阳洪亮的《长江三峡现状》；在第十七卷刊发了陈绥台的《对三峡工程的表决》，并以“相关链接”形式，介绍了《前水利部长钱正英的反思等二则》；在第十九卷刊发了汤耀国的《李锐和三峡工程》；第二十四卷又从作家出版社出版的《清华百年风雨实录》中摘发了李志伟所写的《黄万里与张光斗的“决斗”》；在第三十一卷刊发了陈启文的《长江上的大型水电站》和朱幼棣的《长江生态系统的渐变与突变》；第四十卷摘发了李锐口述的《我知道的三峡工程上马经过》；在第四十一卷“书海巡游·国情点滴”栏目中，转发了《新世纪》刊登的《金沙江的悬河与地震》和《中国国家地理》上刊登的民间生态保护组织——“绿色江河”负责人杨欣的《保护长江生态的最后底线——留住烟瘴挂》，前者试图说明水坝与地震的因果关系，后者则出于“保护长江的最后底线”的目的，反对在长江上的第一个大峡谷“烟瘴挂”建设水电站。

总之，作为一个充满济世情怀和忧患意识的知识分子，褚钰泉先生关注那些与国家和人民的福祉密切相关的大问题，也努力为人们认识和解决这些问题，付出自己的热情和努力，提供自己的知识和判断。

三

就风格来看，作为“杂志书”，《悦读 MOOK》有着书的端庄，却端庄而不枯索；不乏杂志的妩媚，却妩媚而不浮艳。它像茂陵的卧虎一样浑朴，像初秋雨后的空气一样清新，像路转溪头忽见的旧时茅店一样亲切。它严肃而有趣，将内容的丰富性和深刻性，与表达上的趣味性和可读性，近乎完美地结合了起来，从而形成了一种独特的风标与气质。

一份好杂志的风貌，最终体现为一种优雅而亲切的文风。这种文风自然、朴实，而又优美、蕴藉；它绝不故作高深，绝不以艰涩来遮掩思想的贫乏和情感的苍白；它含着个性的锋芒和冲决的力量，但绝不颟顸和恣纵。在我看来，《悦读 MOOK》就是这样一份高品位的杂志，这样一份让人喜爱、让人期待的杂志。每次拿到新的《悦读 MOOK》，我都有一种很迫切的阅读冲动，总是要先粗粗地翻一遍，再细细地读一遍，其中的好文章，还会反复品读。

《悦读 MOOK》引人入胜的阅读吸引力，首先来自于它丰富的内容构成。如果说，现在很多杂志最大的问题，是内容的苍白和无趣，那么，《悦读 MOOK》最大的特点，就是结构上的丰富性与合理性，以及趣味上雅俗共赏的多样化与吸引力。

在编辑第一卷的时候，褚钰泉主编设置了十四个栏目，计有“书市热点”、“读书一得”、“书界人物”、“先睹为快”、“书海指津”、“读书词典”、“海外书情”、“热点档案”、“特别关注”、“畅所欲言”、“图与文”、“书坛巡游”、“作品简介”和“养生之道”。从第二卷开始，他对栏目不断进行调整，改变了先前较为琐碎和拘泥的分类，最终确立了“特稿”、“人物”、“海外见闻”、“议论纷纷”（依次有过“议论风生”、“自由谈”、“随笔”等栏目）、“域外风”、“书与插图”、“艺苑寻踪”、“海外书情”、“书海巡游”（在这个大栏目下，又有“有此一说”、“历史往事”、“国情点滴”、“人物志”、“四面八方”、“信息荟萃”、“读者点题”、“艺苑杂谈”和“文物与考古”等子栏目）等相对稳定的栏目结构。在这些栏目中，“世说闲批”和“忽然想到”所发的陈四益和黄永厚的文章与漫画，“书与插图”中汪家明关于外国文学的系列文章，“老照片札记”所发的冯克力的图文并茂的文章，“艺苑寻踪”中胡建君的文章，“艺苑杂谈”中彭小莲的文章，“人物”中李兆忠、朱鸿召、徐兆淮、徐振亚等人的文章，都很有特色，很有看头。

“特稿”作为《悦读 MOOK》最为重要的金牌栏目，从第二卷开始设置，一直保持到最后一期。这个栏目所发表的文章，都很有分量，或内容深刻，启人心智；或意味深长，耐人咀嚼；或锋芒毕露，促人省思；或词采飞扬，使人称赏。其中蓝英年的《苏联文学的主流、潜流和逆流》（第九卷），骆玉明的《〈.枯树赋〉的解读及其他》（第十二卷），王得后的《鲁迅和孔子，谁可以信奉》（第十五卷），王水照的《钱锺书先生横遭青蝇之玷》（第十六卷），胡平的《南方大山间的小小苏联》（第十七卷），萧延生的《不应该遗忘历史》（第十八卷），李洁非的《往事：一九七八》（第十九卷），袁鹰的《那年八月》（第二十卷），云也退的《被黜的青年——从一九四九年到世纪末的中国相声》（第二十二卷），傅国涌的《辛亥百年变局》（第二十四卷），高华的《创建中国现代民族独立国家》（第二十七卷），陈铁健的《得失之间——写蒋介石人生的一本新书》（第二十八卷），赵园的《私人财产、公物在“文革”中》（第三十八卷），陈铁健的《李新与〈中华民国史〉》（第四十二卷），石钟扬的《寻真无悔仗铁肩——陈铁健先生学术素描》（第四十四卷）等，都属于不可不读的好文章。这些文章的作者，年岁或有少长，性别或有不同，大都属于自己专业领域的权威专家。其中最年轻的，大概要数 1979 年出生的云也退了。他年岁虽少，却颇谙为文之道，行文水流云卷，词采粲然可观，笼相声诸家于文内，挫幻化百年于笔端。卒章显志，曲终奏雅，他以这样一段文字，来作收煞："解放后的相声，事实上从来没有得到过真正的解放，不过，这不能抹去它留下的吉光片羽的精彩。我们不一定要在茫茫海洋里寻觅伊卡洛斯冰冷的身躯，但不妨记住，太阳是怎样灼烧了他们的双翼。"无尽的沧桑和悲凉，满怀的无奈和辛酸，尽皆凄凄然溢于言表，叫人无法不感慨系之。

资中筠先生刊发在"特稿"栏目的三篇文章，尤其值得关注。在《关于中国社会转型的历史思考》（第二十三卷）中，她有理有据地解释了"前三十年"和"后三十年"的关系，并对"举国体制"、"奇迹论"、"外国人为什么唱赞歌"和"改革的方向"等问题，谈了自己独到而深刻的看法，在她看来，"如何建立一个公平、正义、可持续发展的社会，从这个角度出发，来讨论中国应该走什么道路，应该用什么模式来发展，我觉得比较符合事实，也符合逻辑。"《人性·文化·制度》一文（第三十一卷），则深刻阐释了人性的复杂内涵、文化的特性与共性、制度与政治文化、政府与国家、法治与人治之间的关系，分析了妨碍文化繁荣的因素以及人类共同面临的问题——"人性、制度的异化"。她说，以"爱国"、"革命"和"信仰"以及其他种种"群体的利益"的名义残害对手，还有一定的道义的号召力，并告诫人们："什么时候群体之间的道德标准和个人之间的道德标准一致起来，人类可望达到持久和平。但是留给人类的时间也不多了。"《中文是一种文化底蕴》（第三十八卷）是一篇影响很大的文章。在这篇文章中，她结合自己的成长和学习经历，回答了"中国人为什么要学好中文"这一问题，阐释了中国文学的忧患意识、渴望和平、关心民瘼、香草美人喻君臣、逃离官场的隐逸情怀等特点，并得出了"古文不可不读"的结论，认为这种熏陶可以增进人们对自己民族的深厚的家国情怀，同时，她也提醒人们，要有理性而开阔的文化态度，并援引西南联大教授皮名举的一句话——“不读中国历史不知道中国的伟大，不读西洋历史不知道中国的落后”，来提醒人们对自己热爱的东西，也要有理性的批判态度。

杂文也是《悦读 MOOK》的一个亮点。“议论纷纷”等栏目所发的邵燕祥、王得后、郭启宏、述弢、虞非子、伍立杨、林冠夫、陆谷孙、王培元、魏文辅、舒簾等人的杂文，往往能要言不烦，一针见血，颇得“鲁迅风”的风骨和神髓，洵为当代杂文“苍头特起”之异军也。

伍立杨的《突兀奇出的史论》（第六卷），篇幅虽小，但所见者大。《南明史》作者苛责贤者，以为倘若史可法们的道德足够“完美”，“南明根本不会灭亡”。然而，在伍立杨看来，一个王朝政权的朽坏和瓦解，最终决定于“制度”，而不是个别人的“道德”。郭启宏的《也谈“不须放屁”》（第四卷），针对谈论“不须放屁”的《回味无穷》一文，旁征博引，以俳谐的笔调，批评了觉得“不须放屁”四个字“回味无穷”和“回肠荡气”的谬说和怪论，认为一个人是否敢于“大俗”，“关键在于话语权是否在握”：“于是乎有一种前无古人的霸气荡乎胸臆，天低吴楚，眼空无物，顾盼自雄，说甚是甚，无人敢撄锋镝、批逆鳞，于是乎雅语说得，粗话也说得，言人所未敢言者是创造，言人所已言者是超越，呀呀，吐口唾沫一个丁儿！‘不须放屁’属此，廖、乔诸作也差近。”好语如珠，气势如虹，纵横捭阖，所向披靡，读来使人痛快淋漓，直欲浮一大白。邵燕祥的《历史功过论》（第三十七卷），由“千秋功罪，谁人曾与评说”发端，从大处着眼，站在历史的高度和人民的立场，得出了“历史的功过，将由全体公民来评说”的深刻结论。

在这些杂文中，以鲁迅为话题者，不少；以鲁迅为精神旗帜者，更多。王得后的至少三篇杂文，都与鲁迅有关。早先，他在2011年第一期的《同舟共进》上发了一篇题为《鲁迅不想当皇帝》的文章，引起很大的反响；越一年，他旧话重提，写了《再说鲁迅不想当皇帝》（第二十五卷），继续申论鲁迅不愿做皇帝的理由：他“最不愿使别人做牺牲”；“皇帝已经不是人”；老百姓以“愚君政策”来对抗皇帝的“愚民政策”，他不愿被愚弄；皇帝作为“猛人”总是被同一伙人包围，到死才能摆脱出来。王得后为鲁迅辩护，但却不是在浮面上就事论事，而是能透过一层，发蒙解惑，每有使人豁然彻悟之效。鲁迅的《死》常常被当作遗嘱来解读，虽然也有人因为他的拒绝“收受任何人的一文钱”，而诋毁鲁迅缺乏正常的人情，破坏了什么“悼念伦理”，但是，一般来讲，大家也都觉得很正常，更何况，那破折号后面还有一句补充呢。然而，王得后的《鲁迅遗嘱第一条》（第四十一卷），却如老吏折狱，老手斫轮，硬是从风平浪静的文字下面，看见了汹涌的暗流，听见了喧豗的狂涛。他从鲁迅的《日记》里，看到了鲁迅对“赙”的态度，从鲁迅的多处议论中，从这“第一条”里，看见了他的“本意在改革，在移风易俗，改变中国人几千年来举丧送礼的文化传统”。然而，冯雪峰建议加上去的破折号后面的“但书”，却完全改变了鲁迅的初衷，将一场正常的葬礼，转化为政治的角力，最终，“改变了问题的性质”，为了“政治”，而牺牲了“文化改革”。

陈四益的《名人之累》（第三十二卷），是对“云南红塔集团院子里”鲁迅塑像石座上镌刻的一段话的驳议。为了替自己的生意鼓吹和招徕，烟草公司对伤害鲁迅健康的劳什子大吹大擂：“他的烟如同他的消瘦、坚毅的脸庞，如同他的文章与笔，这就是他与烟草的共生的关系。”这一通信口开河的高论，不仅事理不通，文理也很是捍格。陈四益层层逼近，侃侃而谈，最终说明，所谓“烟草”，实在就是夺去鲁迅生命的罪魁祸首；关于鲁迅，“不同人”和“不同集团”，往往为了自己的利益，或以“烟草”，或以别的名堂，谬托知己，妄加评骘，歪曲事实，大言欺世，“造成一连串的误读”。

像“红塔集团”一样，章含之对鲁迅的“误读”，也是出于私心和私利的目的。在晚年所写的回忆录中，她硬是要将鲁迅对章士钊的批评，阐释为一场“误会”，并为乃父“叫屈”，甚至表达了迁怒鲁迅的不满情绪。舒簾的《鲁迅“骂”章士钊是“误会”吗》（第十一卷）反驳了章含之罔顾事实的曲意回护，并引用胡适批评章士钊“变成了一个反动派”的话，来证实鲁迅的正确，进而指出：“鲁迅、胡适与章士钊之间的激烈斗争，实在是两种政治力量、两种思想力量的较量，具有深层的文化意义，绝不是私怨所致，不存在‘通情达理’不‘通情达理’的问题。”作者的击断，一语中的，说得实在是很对的。

《悦读 MOOK》信息量最丰富的部分，在“书海巡游”。从比重来看，这个栏目占了三分之一左右的篇幅。这是主要由褚钰泉先生自己来承担的一个板块。没有足够大的阅读量，不可能完成这个栏目的编辑任务。要从中外的浩如烟海的出版物中，发现并选择出那些值得推荐给读者的信息，这意味着对主编的体力和耐力的考验。看这个栏目，你不能不佩服褚钰泉先生的眼光和毅力。在中国，几乎没有哪个杂志，能像《悦读 MOOK》这样，给读者提供了选择如此精严、形式如此多样、读来如此有趣的“书海”信息。

在这些栏目之外，还有不上“目录”、隐藏在书中的“补白”。

这些看似无足轻重的“补白”，显示着褚钰泉启蒙的自觉和过人的识力，也向读者传递着极为重要的信息：例如，在第二十卷第十四页的《朱德的兰花》，就告诉人们，在个人迷信的语境下，高级领导人之间的关系，也是极为扭曲的，缺乏对同志最起码的尊重；第四十三卷第四十二页的“补白”，则从毛岸英的角度，揭示了所谓个人专断，早在1949年之前，就已经很严重了。

屈子在《离骚》里说：“余既滋兰之九畹兮，又树蕙之百亩。畦留夷与揭车兮，杂杜衡与芳芷。冀枝叶之峻茂兮，愿俟时乎吾将刈。”为了向人间撒播精神的芬芳，褚钰泉先生孜孜矻矻地在《悦读MOOK》这块园地里植兰树蕙。现在，这园子里，已经是一派枝叶峻茂、姹紫嫣红的绚烂景象。屈子辞又云：“乘赤豹兮从文狸，辛夷车兮结桂旗。被石兰兮带杜衡，折芳馨兮遗所思。”我们每个读者，都是褚钰泉先生的“所思”；每当我们打开《悦读MOOK》的时候，就会收到他所馈赠的“芳馨”。我的这篇单薄的文字，也算是献给他的一瓣心香，一枝“芳馨”。

随着褚钰泉主编的猝然辞世，《悦读MOOK》也定格在了第四十四卷上。但是，有这四十四卷在，褚钰泉先生就永远活着。一切美好的事物，都是不朽的纪念碑。《悦读MOOK》将使它的创造者，获得世人由衷的感谢和长久的怀念。

2016年3月14日，北京平西府

读《悦读》随感

王学泰

从七月底到八月中在同仁医院作针灸，由于大夫医术高明，就诊者很多，每天都要花很长的时间耐心排队挂号和候诊。此时就以《悦读》为伴，消磨时间。不料越读越有感触，便随手简要地记在书眉上，有暇整理成文。所涉及的文章不少是熟人或师友的作品，引文中一律称名道姓，临文不讳，尚祈鉴谅。

讲人道先从对“坏人”开始

王培元的《百姓的苦与公卿的苦》中的所引资料，虽然大多也知道，但经作者的编织，读来还是感到痛楚。现在年轻人戏论史书，每好讨论“你愿意生活在哪个朝代”？实际上，如果做老百姓、特别是当农民，哪个时代都差不太多，真是“兴，百姓苦；亡，百姓苦”。当年胡适提出“五鬼乱中华”，呼吁中国人发展教育，赶走“五鬼”（贫穷、疾病、愚昧、贪污、扰乱）；梁漱溟驳斥胡适说“五鬼”皆因帝国主义，胡适反问道，难道帝国主义没来之前，老百姓生活就很幸福么？问得梁漱溟张口结舌。

大乱一来，玉石俱焚，不仅民不聊生，公卿贵人也没有好果子吃。“内府烧为锦绣灰，天街尽踏公卿骨”，这是韦庄《秦妇吟》中最尖锐的诗句，使得公卿们很没面子，弄得韦庄也以此佳句为讳。朱元璋做了皇上以后，也曾以忆苦思甜的方式，诉说元末战乱给全民带来的苦难。他说，我亲眼见到各个阶层的百姓全家在战乱中流动，“所存眷属众多，遇寒朔风凛凛，密雪霏霏，饮食不节，老幼悲啼，思归故里，不可得而归。不半年，不周岁，男子俱亡者有之，幼儿父母亦丧者有之，如此身家灭者甚多矣”（《大诰》三）。两千年来太多的战乱，太多的苦难，使得人们对生命、对苦难麻木起来。受罪、受苦、不得好死等只要没有摊在自己的身上，都是漠然处之。

严格来说“文革”不能算“动乱”，那是一场有精密部署的政治运动。其目的就是要“触及”人们的“灵魂”。在主持者看来，被整的人，皮肉不受点苦，哪能触动灵魂？因此，参与运动的中国人充分调动了聪明才智，用了许许多多人们想象不到的手段折磨他们心目中的“坏人”，甚至为了满足折磨人的心理需求，随意制造出一些“坏人”。此文中叙述刘少奇、彭德怀、吴晗、罗瑞卿、张志新、林昭等人所遭受的苦难，真是令人发指，感到这是大悖人道的。因为他们好人遭难，分外令人愤愤不平，认为极不人道。我们换位一想，如果他们都是“坏人”，这样对付他们就人道、就正确吗？

长期以来，我们把人道看为一种工具和手段，对战俘实行“人道主义”是为了争取敌人、瓦解敌人。我们看重的是“目的”；工具、手段可以随时调换，原则是“即以其人之道还治其人之身”。换句说只要认定了他是“坏人”，怎么对付他也不为过，因为我们总是宣传“坏人”对“好人”的残酷，其言外之意就是我们也可以这样来对待他们。其结果我们都看到了。这样反复来去，把人恶性（或说兽性）都调动出来了，什么残酷的、不仁的手段都能拿得出来，许多都超出了人的底线。我认为评判一种社会行为，不要老听当事人所说的“目的”，因为目的可以编造，应该多看看他们行事的手段。目的往往是抽象的，而手段是实实在在的；未有野蛮的、无耻的手段能够达到文明目的的。当年斯大林审判布哈林，布哈林是经过多次革命考验的老革命家，居然也因为要维护共同得来的“伟大的事业”承认自己是德国间谍，他不想一想，斯大林用那样卑鄙的手段来对付他，还有什么“伟大的事业”？

当前社会中，“四气”泛滥——浮躁之气、猜忌之气、暴戾之气、痞棍之气。有的人归咎于改革，实际上大多是“斗争时代”的产物。阴谋诡计、刀光剑影、鸡争鹅斗，不仅分裂着社会，也在毒化人们的灵魂。经过三四十年，人们终于认识到“人道”以及其背后的博爱思想对国人的重要。对好人讲人道现在没有分歧了，其实对“坏人”也要讲人道，而且讲人道应该从“坏人”做起。不仅“坏人”与好人之间没有严格界限，更重要的是不讲人道，戕害的是自己。那种动不动就把“妓女”、“小偷”弄来游街的，不仅戕害了主持者自己，也毒害了广大的看客。

我们为什么才追求真理?

读了陈四益的《想起胡绳》，其中有一段很有趣。陈先生问胡绳：“当年你们都是反对钳制舆论的先锋。那时你们确信思想不能查禁，真理不能封杀，它必然会赢得群众。所以尽管政权在国民党手中，报刊也大多在他们手中，你们除去思想与自信，两手空空，但无所畏惧。为什么现在政权在共产党手中，报刊也在共产党手中，反而好像缺乏了当年的自信？对那些不乐意听的话，难道不能用说理的方法，而定要用查禁的方法？”胡回答“现在不同了”。“现在掌权了”。“掌权了，就怕乱”。“当初乱，是乱了国民党”。我们从胡绳先生回答的思路很容易看出，当初的“反对钳制舆论”，打破思想禁忌、去追求真理的目的就在于“乱了国民党”，是为了夺取政权；那么自然反观现在的“反对钳制舆论”的人们，认为其打破思想禁忌的目的也在于“政权”了。其实这是许多国人的思路。我们为什么追求真理？它是价值理性，还是为实现某种目的的工具？

人类追求真理的热情，源于对自然和社会奥秘的好奇。虽然自古以来的经世致用的观念往往对学者有影响，但大多的青年人出于上进求知的热忱，才那样积极去探索。当年“乱了国民党”云云只是一些从事政党组织者们的想法，至于当时的广大青年未必作如此想。就连胡绳本人当年也未必如此，这只是他对“钳制舆论”一种辩解。在上位者是不相信有单纯追求真理的？还是为了打压异己的意见故意把真理追求者说成有政治目的呢？

政治家、革命家为什么都专横?

作者讲完了当年的热情追求真理的青年变成赞成“钳制舆论”的当权者以后，又讲了鲁迅《文艺与政治的歧途》一文。鲁迅说文艺家不安于现状，革命家也不安于现状，政治家维持现状，前两者曾一起改造现状，受到政治家的打压，待革命成功了，革命家变成了政治家，文艺家仍旧不安于现状，因此就会受到以往的革命家、现在的政治家的“排轧”乃至“割头”。好像有点道理。其实这个问题的关键是文艺家与革命家虽然都不安于现状，但两者表现是不同的。文艺家只是写一写，或说一说；而革命家是真刀真枪。只有极权社会的政治家才把两者等同起来。维持现代社会主要方法是“法治”，哪能凭政治家的“喜欢不喜欢”决定文艺家的存留？鲁迅说的革命家、政治家对文艺家的专断不是由于他们有真理、得人心，而是因为他们有权力，或说有暴力工具。人类文明的历史就是不断从丛林走出的历史，如果革命不能把文明程度提高，那么它与以前造反、改朝换代有什么区别呢？

最洋与最土的结合

读胡平《南方大山间的小小苏联——“苏维埃运动”侧影》我觉得第四段两句说得最到位：“最洋的与最土的结合；最富先验性的和最富本能性的结合”。近百年来，革命运动闹得最厉害当属湘赣两省。为什么？原因很多，如贫困、阶级矛盾尖锐、割据势力强，山区与半山区的封闭性等等，其中还有重要的一点，很少有人说，就是游民众多，形成了各式各样造反活动，有形式不同的，但不属于政府管辖的武装集团（比如客家大族多有武装）。江西省是中原（包括安徽）地区遭受天灾人祸以后的流民南下的第一站，从江西有的辗转到福建、广东、湖南、南洋，有的就在当地沉积下来。用专门从事赣南地域研究的黄志繁的话说这是个“贼”、“民”难分的地区（见《“贼”“民”之间——12—18 世纪赣南地域社会》）。这个地域的人造反精神、主动进击精神强。台湾学者龚鹏程原籍江西吉安，也就是毛泽东诗词中所说的“十万工农下吉安”的吉安，也是苏维埃活动中心。他在《侠客行》中写父亲口述中的老家也是充满江湖豪侠之风的地方，当地“杂有许多武犷豪侠之气。因为乡居朴鄙，为了争资源、斗闲气，村子间经常械斗，教打习武之风甚盛”

（《侠的精神文化史论》）。湖南东部可视为江西的延展，太平天国之后，特别是曾国藩等解散湘军以后，游民组织遍地，山、堂、香、水林立。底层社会有很强的力量。湖南闹灾时“吃大户”就是极平常的事，不待有“农民运动”。写于二十世纪四十年代的《白石老人自述》中说到他湖南湘潭老家百姓生活之苦：“逢到灾荒，就没有饭吃，为了活命，只有去吃富户一法。他们去的时候，排着队伍，鱼贯而进，倒也很守秩序，不是乱抢乱撞的。到了富户家里，自己动手开仓取谷，打米煮饭，但也不是把富户的存谷，完全吃光，吃了几顿饱饭，又往别的地方，换个人家去吃。乡里人称他们为‘吃排饭’。但是，他们这一群去了，另一起又来，川流不息地来来去去，富户存的稻谷，归根结蒂，虽没吃光，也就吃得所剩无几了。”这说的是清朝光绪二十几年的事，离湖南农民运动还有三四十年。农民之所以有这样威力，一是传统，二是乡间有“破靴党”。齐白石说这是“不安分的读书人”实际上就是有点文化的游民（我称之为“游民知识分子”），这些组织性的活动都是他们组织的。《湖南农民运动考察报告》原稿中也把“踏烂皮鞋的、挟烂伞子的、打闲的、穿绿长褂子的、赌钱打牌四业不居的”游民视为“革命先锋”，他们就是齐白石所说的“破靴党”。游民希望社会动乱，所谓“乱世英雄起四方”；游民具有主动进击精神，敢于“得出手时就出手”。历来所谓农民起义都得有游民做领导和中坚（如明末的李自成、张献忠，清朝的洪秀全），他们有丰富的社会经验，有临事应急的手段。而农民大多是宗法农民，他们受着宗法、土地和行政的多重束缚，如果没有游民的领导和鼓动，天灾人祸之来，他们只有等死的分，这也是为历史证明的了。从陈胜吴广开始，这二位不就是失去宗法和土地的游民，为人佣耕；他们经过游荡，开阔了眼界才会说出“苟富贵，毋相忘”、“燕雀安知鸿鹄之志”、“王侯将相宁有种乎”；才会神道设教、才会用各种手段鼓动人们去冒死“举大事”。湖南、江西近百年一直处在动荡之中，就与两省多游民有关，因此说第二次国内革命有“最土”的一面。然而这次革命运动毕竟与以往底层社会的武装反抗不同，它的指导思想（也就是领导人的指导思想，它也未必灌输到每个参与者的头脑里去了）和启动经费却来自遥远的异邦——苏联，而且连名字——苏维埃都是从那里照搬来的。据说（见张国焘《我的回忆》）当地老百姓不懂得“苏维埃”到底是什么意思？有聪明人解释说：“我们这里最早打天下做皇帝是苏兆征，他战死了，苏维埃是他儿子，这是太子继位。”可见不论多洋的东西，到了老百姓那里，他们自有“最土”的解读方式，这种解读扎根于社会现实生活，来自他们所受的文化熏陶。

毕竟是书生

年轻时读钱锺书先生的小说《围城》、《人·兽·鬼》和散文集《写在人生的边上》，就惊叹钱先生如此年轻（写这些作品时他只有二三十岁）就如此洞悉世事人情，令人生畏。说好听点是“世事洞明皆学问，人情练达即文章”；说难听点，不免有些老奸巨滑。后来又读《宋诗选注》论杨万里诗说：“读者只看见他潇洒自由，不知道他这样谨严不马虎，好比我们碰见一个老于世故的交际家，只觉得他豪爽好客，不知道他花钱待人都有分寸，一点儿不含糊。”觉得钱老太精了。可是读了《钱锺书邀请钱穆：尴尬与无奈》，我觉得钱先生毕竟还是书生。他懂得的那一套并没有熟练地应用到生活中去。例如请钱穆事明知被利用，还是被拖下水。毛泽东在《别了司徒雷登》中高调表扬了两个死人，厉声痛骂了两个活人。骂的人中钱穆就是一个。五十年前，他的老师吕思勉（从钱穆当年返校讲话中可见他与老师感情之深）劝他回来，他都婉拒。而且二十世纪八十年代，钱穆的侄子钱伟长正当红时，那时钱伟长是民盟副主席、政协常委，而且叔侄两人感情很深，钱伟长的名字都是叔叔钱穆起的，为什么不叫钱伟长写这封信？岂不更合适？另外我想起二十世纪八十年代胡乔木请钱先生替他改诗，钱先生真的给他改了，而且改得很多，最后还经过李慎之先生的斡旋。这都显示了钱先生不世故、书生气的一面。我想钱先生是这样的人，这套世故，他都懂，但书生气还是支配了他，使他很难实践。

冯亦代先生

读虞非子的《有一种痛死不瞑目》我也感到一种痛。去年章诒和先生在《南方周末》发《卧底》之前曾给我打电话，说及《悔余日记》和冯亦代先生事。当时我也大吃一惊，因为我与冯先生也有一面之雅，他给我的印象是那么平和淡定。上世纪六十年代，冯先生住西城前纱络胡同三号外文局宿舍时与我的发小好友胡天培是同院邻居，天培常常对我说及冯先生（他称“冯伯伯”）。一九八〇年初，我写了一篇批评郭沫若先生《李白与杜甫》的文章——《关于〈李白与杜甫〉的一些异议》。天培说“拿给冯伯伯看一看”。我们一同到了三不老胡同的冯家。冯先生戴一顶蓝毛线软帽，面色白皙，在我心目中是位典型的江南文人。后来这篇文章发在他主持的《读书》一九八〇年第三期上，这是我在粉碎“四人帮”后发的第一篇文章，给我记忆极深刻。后来《读书》杂志又一直赠我，从一九八〇年代直到现在，持续三十余年，也属冯先生间接之赐吧。我对冯先生是很感激的。然而，诒和兄来电谈到冯先生在她家卧底事，声泪俱下，在电话的一端都能感受到痛苦给她带来的冲击。她反复说：“一个读书人怎么能够这样干事呢？”我也找不出一句适当的话安慰她，只好说：“何必用他人的错误惩罚自己呢？”说老实话，我对冯先生这样有名的文化人的作为也感到难以理解。此后，天培也给我打过电话。他说，“过去我老疑惑不解的事，现在豁然而解了。一九六〇年代很长一段时间内，我很奇怪冯伯伯怎么老来打电话呢？现在弄清楚了，是向组织汇报情况。”前纱络胡同三号院只有一个电话，这个电话就安在胡天培住的房间的门口，我也用过这个电话。天培打电话很方便，出门就打，冯先生要打电话还要走段路。那时除了达到一定级别的官员外，私人没有电话，冯先生汇报公事也得用这种缺少保密性的电话。

文人与知识分子

《悦读》一连发了几篇谈类似问题的文章，如王晓渔《在非常年代维护常识底线》，苗振亚《读书人的故事》，林谷的《从抢记王芸生临终回忆说起》都涉及到文人与知识分子解放前后的生活与思想问题。

我提一个大家都知道、但自解放以来很少用的概念——文人，并用这个概念来定义解放前活跃在各大城市的文化人。文人这个词是宋代产生、明代成熟的一个群体。这个群体到了民国期间有了新的特点，他们多来自于背叛宗法家庭的逆子（如《家》中的高觉慧）或是出身于贫寒家庭（如蒋光慈、萧红等）的闯荡者。这些青年知识人大多对现实不满，有理想、有追求。但他们脱离了家来到上海一类大城市后，面临的第一个问题却是生存。如果有家里寄钱（如高觉慧就用哥哥高觉新寄来的钱）还好办，如果没有这种支持，他们只好自己去挣钱，而挣钱之道绝大多数是卖文、做文人（郁达夫小说《春风沉醉的晚上》就是写落魄文人的卖文生活）；有艺术才能的则投入娱乐圈（如聂耳）。这种挣钱方式是极不稳定的，因此文人们热衷搭帮结伙，以互相提携。比如组织社团，办同仁杂志，阔一点的办书局、出版社等，其第一目的就是为了生存，当然也不排斥有宣传自己的理想的意思。如果此时有现成的组织找到他们，又与自己志趣相投，自然更是积极投入。文人们有的选择了国民党，有的选择了共产党，他们一般都是党内的活跃分子。那些对政治不感兴趣，整天讲哥哥妹妹的一类人，自己抱团，成为鸳鸯蝴蝶派，如陈蝶衣、包天笑、陈歌辛等。因此文人对组织有较强的向心力，并爱搞小圈子，不同的圈子之间容易争斗（创造社、太阳社围攻鲁迅就是一例），而且无不以革命进步自诩，视他人为落伍反动。文人的理想和追求多流于感性，因此容易激进，容易接受革命，也容易颓唐。

知识分子，这是个新词，指自从西学传入，特别废科举、兴学校以后培养出的有专长的知识人，这是过去所没有的。这些人上承传统的士人的风范，还受到西方价值观的影响，因为当时的学校就是以传授西学为己任的。知识人有专业，比较容易获得稳定的工作，如在学校教书，在工业、商业、金融系统工作，包括一些从事技术性工作的公务员等。他们各有专长，凭本事吃饭，对于所谓组织、集团很少有依赖（国民党执政之时，也有许多从事技术工作的公务员不愿意加入国民党）。他们各自专注自己的学问，虽然不能说他们完全没有小圈子，但其主要精力还是在专业上。他们大多有家有业，生活安定，不愿意把精力浪费在鸡争鹅斗上。他们也希望社会进步，但多持理性态度。被热衷革命的人们视为改良主义。

二十世纪中国的政治组织大多有严密的组织规则，再加上“从一而终”的传统观念，加入组织者的后半生基本上就被决定了，而文人浪漫性格与奇情幻想往往会影响他们的坚定性，何况他们在统一的严密组织中又往往有自己的小集团呢？因此在解放前看来很进步、很革命的文人在解放后挨整最多、最严厉，下场也最悲惨。

解放后，“文人”这个词不用了，统称“知识分子”，如果分析起来文人的思考方式、行事的方式还是与其他领域的知识人有很大区别的。文人的改造与其他领域的知识分子改造也有不同，他们往往是内部先斗，一拨整另一拨。《武训传》、“胡风集团”、“丁陈集团”（丁玲、陈企霞）、冯雪峰、“二流堂”等事，虽然都有后面的大政治背景的操作，但也不能说与其内部小集团完全无关。在这个基础上，文人一批一批倒下，最后用“三十年代文艺黑线”这个名义把加入共产党和跟着共产党走的所有文人一锅端了。思想活跃的文人老党员夏衍先生从监狱出来后把过去的《剃头歌》改为《整人歌》：“闻道人须整，而今尽整人。有人皆可整，不整不成人。人自由他整，人还是我人。试看整人者，人亦整其人。”我听老所长许觉民先生说：“夏衍告诉我，上世纪七十年代，他和周扬都关在秦城，‘文革’末期，两人同时得到释放通知，夏衍高高兴兴收拾行李就要走；周扬不肯走，要再呆几天，总结坐监狱的思想收获，向毛主席汇报。”从这个小例子可见夏衍先生还是文人，而同他属于一个小圈子的周扬已经完全“布尔什维克化”了。冯亦代先生的想法与做法和最终的痛苦是不是与他徘徊于周、夏之间有关，如果他彻底成了周扬或夏衍都不会如此痛苦了。

各个行当知识分子解放后的思想改造则比较难，那时与主流思想构成冲突的主要思想也来自这些人，特别是高校知识分子。他们还有与主流思想意识争夺青年学生的问题。因此，解放初期对他们的改造（主要是打压“自以为高贵”的气焰）主要是依靠广大思想进步的青年，那时青年也感到自己被重视是时代的使命，对于自己的老师、长辈是不假辞色的。他们忘记了在以往的学生运动中，这些老师是如何保护青年学生的了。北大的乐黛云先生是汤用彤先生的儿媳，我们从她的自述中可以感受到那个时代自认为的革命青年在对知识分子改造的中坚作用。后来的“卑贱者最聪明，高贵者最愚蠢”的讨论，“拔白旗、插红旗”的轰轰烈烈学术批判运动（当时就有人批判号称“万能科学家”的钱伟长是最无知识的）都是以这些知识分子为标靶的，而批判的主力就是当时的青年学生。当然后来这批革命知识青年也成了资产阶级知识分子、成了“臭老九”。不过到此也就成了知识分子“改造”的最后一幕。

组织观念

关于冯亦代先生的文章中有的提到了组织观念。中国有组织起于民间结社，组织完备、规则严密当属天地会。清末反清志士各种地下组织如光复会、兴中会、同盟会组织规则大都模仿天地会。因为是地下组织，对于叛离者惩罚特严，有“三刀六洞”之说。但这毕竟是落后的组织形式，其松散性是难以克服的。于是孙中山组织中华革命党时有向领袖宣誓效忠和按手印的规定，但遭到内部许多人的反对，很难贯彻。无论革命家还是政治家对于追随者的第一要求就是听话，孙中山想出这些招数就是解决这个问题的。后来，他向苏俄学习，按照列宁主义原则改造国民党，这个问题才有个基本解决。说“基本解决”，就是说国民党是个老党，孙中山不可能彻底解决这个问题。国民党只能算半个列宁主义政党，因为它保留私有制和不能放弃各类有产的支持者。这些就形成派别之争。它的党内派别之争简直是个死结：领袖与下级，也不可能做到如身使臂、如臂使指那样。而共产党是完全按照列宁主义原则建立的新党，按照共产国际要求办事，其有力量就来之于组织的力量。二十世纪四十年代以来刘少奇负责党务，很强调组织观念，所以他写了《论共产党员的修养》，教育如何当好党员，其关键在听组织的话。当时有"宁犯政治错误，不犯组织错误"之说。"文革"中虽然狠批过这句话，那是为了夺刘少奇的组织上权力，但战胜了"错误路线"后，人们还是为自己站对和没有站对路线（也就是跟对组织）而担忧，因而有"受不完的蒙蔽站不完的队，做不完的检讨流不完的泪"的顺口溜，希望能够跟对人，站对路线。那是歧路多亡羊的时代，谁也没有天眼通，因此只能抱恨终生，或以"受蒙蔽无罪，反戈一击有功"自慰。当天下安定，没有那么多纷争的时候，平民百姓、普通党员总算盼来了盛世，此时只要跟紧领导、相信上级，严守规矩就可以了。冯先生懂得这个道理，他临去时还说："有些事到死也不能讲。"这就是严格的组织观念。这很对，不应有痛苦了，但他始终没有摆脱文人本色，所以他痛苦之极。

做人的底线

王晓渔提出了"常识底线"，其实更重要的还有一个做人底线。其实中国两千多年来，我们是有个做人底线的。比如不能告密，特别是朋友之间、师友之间，背师卖友，是为人所不齿的，这已经成为价值理性。例如在"一二·九"运动后，宋哲元派宪兵进清华大学抓捕幕后策动的共产党员，姚依林在冯友兰家藏了一周（见凤凰台所作《水木清华九十年》）。冯先生政治上当时并不倾向共产党，也不一定支持那次学生运动，但他作为老师应该保护学生、作为知识人不能告密，这就是他的价值理性，所以他毫不犹豫地这样做了。可是近几十年来，把阶级斗争、无产阶级专政、政治视为唯一价值，其他都是工具。“文革”前学校老师参与整学生、校长向公安系统建议抓学生。一九五七年整的“右派”学生，一九六三年到一九六六上半年各高校整的反动学生，许多老师都参与了，这一点我有亲身体验。其中汇报、告密、栽赃、陷害种种令人不齿之事都有，行同鬼蜮。人们一提起这些，当时参与者都还振振有词，我们向资产阶级作斗争有什么不对？保护学生是学校的职责之一、不能告密卖友等等过去视为绝对价值的，现今在阶级斗争和政治打压之下变得一文不值。这种价值一元化所造成了无数悲剧，冯亦代先生在快到生命的终点的时候，仍然痛苦万分，因为他还没有解套。我以为在非战争的正常时期谁也无权以任何名义对他人下秘密的绝对命令。因为“秘密的”就不能保其正义，不是正义命令，就有不遵守的权利。

其实价值是多元的，统治者、社会管理者也自有其价值，但不能要求每个民众都凛遵这种价值。《三国演义》华容道关羽义释曹操。按说曹刘对立，不共戴天，作为刘备的部下应该劫杀曹操，但关羽宁肯冒死也要放了曹操。几百年来读者认同了这种“义释”，尽管加了一些命定论的解释。其原因在于老百姓肯定作为一个人应该知恩报恩，滴水之恩当涌泉相报。曹操可能有罪于汉室，甚至得罪了天下人，更是刘备的敌人，但是他对关羽是有恩的。别的人都有权利杀曹操，唯独关羽没有。小说作者设计了这个情节（历史上无其事），就是要讲明人们之间的关系上不仅仅有“敌我”关系，还有许多关系，而且各有其价值。这个故事也表明关羽即使与刘备亲如手足，但刘备的价值也不能完全取代关羽的价值。试想，如果关羽把曹操抓来向刘备献功，他还能被称为“千古完人”、还是“亘古一人”吗？

人类为什么要有一些价值理性存在，根本目的还是使人们能够融合成为社会，使得正常的社会生活得以进行。例如诚信就是做人的底线、基本价值，因为没有它，人际关系不会和谐，社会运转不能正常。我曾经听说过一个笃守诚信的故事，这不是古人的“抱柱信”，而是今人替他人受难的故事。一九八一年，我到永州参加柳宗元研讨会，遇到山西大学的姚奠中先生，姚先生为人古朴诚笃，给我留下很好的印象。后来从永州去柳州的路上，山大的一位老同志对我说起姚先生事，使我很敬佩。“老先生替别人戴了二十年右派帽子。”我很奇怪，政治帽子还有替别人戴的？山大同志解释说：“姚先生解放前参加共产党领导的学生运动，曾被当时政府通缉，很革命。一九五七年整风时，领导让他组织和动员老教师中的民主党派成员鸣放。他认真组织，积极动员，与会者很热情，提了许多意见。不料后来，这些意见大多被视为‘右派’言论。领导问他这些都是哪个人说的，是反动言论，要进行反击。这使得姚先生不解了，不是说言者无罪，闻者足戒吗？他在组织会时也曾向与会者许诺过，自己不能不讲诚信，于是他把这些言论都揽在自己的身上。”于是他倒霉了二十多年，这在当时也属特例，但可见带有传统士大夫风骨的知识分子把“诚信”看得多么重要。维护做人的底线比“常识底线”更重要。

王晓渔文章中谈到一些老人（黄苗子、文怀沙、冯亦代、杨宪益）的区别，其实北京文化界六十五岁以上老人都知道，杨宪益大节炳炳，自不必说；文先生那点事，大家也都知道，只是心存忠厚，不愿意说罢了。李辉年轻，做了一回说国王什么也没穿的小男孩。不过他的许多说法也不完全准确。

在法律面前人人平等

张建魁《揭开秦城监狱的面纱》、章功《贪腐官员的服刑地》让我知道了许多过去不知道的事情。我们现在是在建设法治社会，法治中很重要的两条就是在依法办事和法律面前人人平等。“贪腐官员”一文中说对于关押在秦城的前高官，除牢房较大外，还有“写字台、卫生间、坐式马桶、洗衣机”，身体欠佳的“饮食可一日四餐，用餐标准和费用由国家规定和支付，家属也可以私下打理”。“监狱虽有统一的囚服，但这里的囚犯一般可以不穿”。当然这些远远不是全部。就这个问题我曾经请教过法律专家，问他们法律上是否有这样的规定？他们都说没有。那么这样做了是没有法律依据的，然而大家对此也没有特别的反感，好像高官进了监狱已经很委屈了，这样宽待一些，也是人情之常。当年对待国民党高官、日本战俘中的高官，不是也这样吗？我以为当时那样做属于对敌斗争的一部分，实施的是政策。政策的灵魂就在于区别对待；现在是依法治国，其灵魂在于人人平等。

前两天看凤凰台播的《走读大中华》，记者采访了原来的红塔集团董事长、现在的种植冰糖橙能手褚时建。这位老人在玉溪烟厂效力十八年，为国家贡献的利税高达一千四百多亿。因为贪污一百多万，一九九九年被判为无期徒刑，被剥夺政治权利终身，后被减刑为有期徒刑十七年，二〇〇二年春节被保外就医。在这八年中他又创造了一个奇迹，身为七八十岁的老人，承包两千四百亩地种橙子，种出了高档的冰糖橙，而且大幅度提高为果园干活的一百多户农民的收入和生活水平。他的成就是令人尊敬和钦佩的。关键是，他的减刑和“保外就医”在法律上存在着瑕疵。按照法律规定判无期徒刑，一般是八年改判，即服刑八年后，如表现良好改判为有期徒刑二十年或十八年，而且是由改判时计算刑期。保外就医一般是服刑满了刑期一半之后，由犯人提出，医生证明，法院批准。从这些法律程序看，褚时建案处理是缺少法律依据的。因为褚时建老人保外就医表现良好而独特，引起媒体的关注，宣传他的事迹，我们才得知这一切。其实许多贪官判刑很重，如在当地服刑，他又有较好的人脉，很多不久就“保外就医”，默默地享受其幸福生活了。总之只要不判死刑，立即执行，高官们不管判刑多重，大多住不了多长时间。这些除了少数相关人士外，为大多数人所不知，也无由关注这是否合法。像褚时建这种有特殊贡献或特别经历（如对人类有贡献的大科学家）的人们，高龄时犯法，在法律上应有一定救济措施，以酬谢他过去的贡献。中国古代刑律上有“八议”之款（议亲、议故、议贤、议能、议功、议贵、议勤、议宾），当然这包含着社会不平等因素，造就了一大批特权阶层，但其思路还可以参考。

（本文原载《悦读 MOOK》第十九卷）

《悦读》出版三十卷专家学者座谈会纪要

本文主要据座谈会现场速记稿编辑整理而成。

因本次座谈会时间有限，一些与会专家学者在会上未及尽言或发言，会后特提供了书面稿，后刊于2013年5月15日《中华读书报》，现将这些稿件分别插入相应的速记稿中，以“书面稿”标示。

——编　者

时间：2013年3月3日

地点：北京皇家大饭店

褚钰泉：我们开会。首先感谢大家，今天是礼拜天，大家能放弃休息来参加我们这次座谈会。这个会实际上我们早就想开了，《悦读》刚创刊的时候，我们就想到北京来向各位请教。但是这个杂志出版以后，我们觉得很多地方编得不够好，也不好意思上北京。时间过得很快，一下子三十卷都出版了，三十一卷也印出来了，我们不上北京来就更不好意思了。最近大家都很忙，但二十一世纪出版社觉得无论如何要在这个春天把这个会开了，到北京来向大家请教。

参加今天会议的都是当前在北京、在全国文化界非常有名的学者。各位都认识了，我就只介绍一下出版社的人。江西中文天地传媒有限公司副总经理，二十一世纪出版社社长、总编张秋林先生，二十一世纪出版社副社长、副总编熊炽，副社长林云，还有这本书的责任编辑张海虹，熊炽也是这本书的责任编辑。这本书装帧得很美很漂亮，这是由徐泓担任美编的。这个会他们都很重视，一行人都到北京来参加会议。

我就是喜欢书，第一是创刊《文汇读书周报》，之后就是编了这本《悦读》。我们编辑部人很少，应该是全国最小的编辑部了，就是一个人在干。另外还有一个特约编辑，在座的好多人都认识，叫何倩。编辑部小有利有弊，弊就是工作压力比较大，利就是编辑部思想高度统一，用不着为一篇稿子反复开会，我们觉得是好的，觉得应该向读者推荐的，我们就登。还有一个很大的优点，就是我和出版社的领导在理念上都比较一致，这个杂志就比较容易办。

为什么要办《悦读》呢？我们的目的一个是扩大视野，让读者看一点他们应该看的东西，应该看到的好的文章。另外我们也要寻求真谛，让大家能够在这里听到点真话，看到点真相。为了这个目的，我们来编这本杂志书。做到这一点，一个是要有良知，一个是要有眼力，要依靠很多读者、朋友。我们开这个会的目的，就是研究怎么样进一步提高《悦读》的质量。我们希望这个会成为一个起点，之后的《悦读》质量会有进一步的提高。

接下来请二十一世纪出版社社长、总编张秋林致辞。

张秋林：很高兴在《悦读》出版三十卷之际，在北京举办这样一个专家学者座谈会。今天到会的专家学者可以说是中国学界各个领域的翘楚，名家云集，胜友如云，使我们的这个座谈会蓬荜生辉。二十一世纪出版社是一家以青少年出版为主的……

褚钰泉：我再讲一点，《悦读》为什么要在二十一世纪出版社出呢？可能大家不是很了解。在少儿出版领域，二十一世纪出版社在全国是领先的，张社长是这个领域中的领军人物，搞儿童读物、青少年读物的，很多人都知道他。他当初用十万元起家，通过二十七年，现在资产达到三亿元，年销售码洋达到八亿元，这在全国都是很少见的。

张秋林：二十一世纪出版社主要是以青少年读物为主的出版社。我们当时有一个理念，二十一世纪出版社要建立一所没有围墙的学校，为每个孩子的健康阅读、快乐成长提供精神食粮，孩子们都可以在我们这里找到最适合阅读的图书。我们为什么要出版《悦读》？首先，虽然我是从事儿童出版的，但我本人有人文出版的情怀，确实想为人文出版做点事情。我们早在 1995 年就出版过《画说〈资本论〉》，后来把这个版权输出到了台湾，这也是一个成人读物。第二，我们找到了很好的主编——褚钰泉先生。当年他在办《文汇读书周报》的时候我们就认识，他从《文汇读书周报》这个岗位上退下来之后，想办一本人文的杂志书，我觉得很好。我觉得他办报选稿的眼光和鉴赏能力，非常适合办这样一本杂志。这本杂志虽然有些尖锐，但是分寸拿捏得很好，确实在读者中的影响力还是很大的。第三，二十一世纪出版社也在试图拓宽自己的出版范围，在社科人文出版方面我们也在布局。我们在北京建立了社科人文的出版中心，我们正在着手组建的二十一世纪出版社集团，社科人文也是重要的领域。今天，《悦读》三十卷的出版也走过了六七个年头，希望通过这次座谈会，聆听各位专家学者的意见。虽然这本杂志书办得很不错，但质量上还是有提升的空间，希望大家给我们指导。

谢谢大家。

褚钰泉：因为时间比较短，大家随便讲。

董秀玉：褚钰泉点名我讲，他是我几十年老朋友，讲是一定要讲的。本来应该让资中筠先生先讲，她也是我的老师。

首先我非常非常敬佩《悦读》杂志的这种文化坚守。这些年，出版行业繁荣发展很快，大家可以看到各种各样的读物，各种各样的封面，各种各样的题材，很漂亮，但是对文化的坚守越来越弱了。而《悦读》坚持办到了三十卷，坚持办了这么多年，认认真真地思考，认认真真地办刊，这一点是最基本的，也是很难做到的。我昨天晚上想了想，我要向褚钰泉致敬，也要向张社长致敬。二十一世纪出版社是少年儿童读物的出版社，本来没有涉及过这个领域。之前我没有和张社长见过面，但是他的英明神武在业界是很有名的，他的出版眼光和经营智慧都很好，抓的选题也很准。但我没有想到二十一世纪出版社发展这么快，有这么厉害。而且张社长能够把一部分精力用在《悦读》上面。培植一个读书的杂志真的很难，这些年我们都看到中央电视台、北京电视台的读书节目在往后挪，最后挪到晚上十一点半；原来十七八家电视台都有读书节目，现在只有一两家了。这是我要向他们致敬的原因。

第二是这本书很有思想性。当时我们的《读书》杂志在陈原先生的领导下有一个很重要的思想，就是读书的人不要死读书，要有想法，要有理念，要有思想行为中心。我看这本《悦读》觉得很亲切，它透过书思考了很多问题，有很多很好的文章。还有关于城市化、政治体制改革等等很多问题都在它的思考范围里。我觉得一本杂志能够突出思想性，而且坚持不懈，这也非常重要。《悦读》里面有很多很好的文章，我就不说得很细了。

《悦读》有很多思考创新，让我很有兴趣。有一篇文章叫《有钱人很疯狂》，它下面马上链接了两个，一个是中国的富人，一个是中国的穷人。这是一个新的思路，一种新的编辑方法。数字媒体(应该是全媒体时代)来临了，纸媒就有一个渐变的过程。这个链接很棒，读者正好需要这样一些资料的补充。《悦读》“补白”把一些微博放进去，这也是一种创新的思路，一种大的开放性的思路。不是说纸媒今天马上都变成电子刊物，但这个变化确实也非常快。我们看到腾讯最近把很多一流刊物都放到一个平台上，而且可以一边下载一边看，这是一个发展的必然趋势。现在纸媒的发展过程中，有一些思路可以使得读者有更多的收获，我觉得这是很好的一件事情。

有一点建议，希望《悦读》能够多推荐一些关于书的书评，特别是关于中国的书。我们过去买不到书是因为没有书，现在则是不知道选什么书。一年将近四十万种图书，大家在叫着我们是世界第一。是第一了，但哪些书是好的？哪些是真正值得看的？我都不清楚。有些作者我们了解，我们可以按图索骥。但是很多好书不见得是名作家写的，有些新晋作家也有很多好的思想、理念和学问，读者很难找到。我们还可以找出版社、找作者，但是一般读者很难找到那些好书。图书杂志怎样多一点图书评论和推荐，这是为读者所关心的。现在杂志里关于国外图书的介绍还不少，但是关于国内图书、关于书的导航的，《悦读》可以再加强一点。

我在做一个东亚出版人会，他们提出评选每一年最好的书。这太难选了，选出来可能有些片面。现在我看一些关于书的杂志，这方面的介绍不够。希望《悦读》越来越为大家喜欢。

我再说说褚钰泉。他是我很佩服的。从创办《文汇读书周报》到《悦读》，他一直是一个很平实、很朴素，但冷静思考的人。这样的人已经很难得了。所以我一直从心底里很尊重他。从《悦读》的“卷首语”里，我可以感受到他的思考、他的愤怒、他的关切。他是一个有理想、有理念、有追求的文化人。这样的人在当今社会里弥足珍贵。

蓝英年：这本刊物办得非常好，刚才董先生也说了，能够把握好分寸、比较接近真实。我老想这个事，《悦读》实际上很多人不知道。我与保定、大连的朋友讲，给他们这个书，他们都觉得非常好。但是在保定、石家庄、大连都买不到这个书。你要是订的话，邮局也不给订。好书要给人看，必须要流行。我觉得发行是个很大的问题。如果说发行量能增大的话，这个书会影响更大。在内容上我就不说了。发行这个环节，褚先生他们还注意不够。

【蓝英年书面稿】

上世纪九十年代以前，我极少写文章，只翻译作品。从苏联教书回来，两位故友鼓励我讲讲对苏联文学的反思，于是我写了《冷月葬诗魂》和《重提贝利亚》。一篇投给《读书》，另一篇交给到北京出差的《文汇读书周报》的编辑。而《文汇读书周报》正是如今《悦读》主编褚钰泉主持的报纸。《重提贝利亚》是一篇与我们对贝利亚通常看法不同的文章。我们知道的贝利亚是他与赫鲁晓夫争夺权力失败后赫鲁晓夫炮制出来的贝利亚，我所写的是真实的贝利亚，这位褚钰泉主编竟整版发表，对我是极大的鼓舞。还是可以不写套话，多少按自己的意思写文章，我又重新拾笔写起文章来，渐渐成为《文汇读书周报》的撰稿人。

如今褚钰泉以一己之力编辑《悦读》实非易事。能办得有人看，抢着看，自己看完转借给别人看，就更非易事了。《悦读》的文章解答了我不少疑问，开卷有益，连《悦读》的补白也能开阔思路。我唯一操心的就是《悦读》的发行渠道，我知道很多人想读却找不到，我的两份《悦读》总被来做客的人“借走”。我不好意思老找编辑要呀！

李洁非：这些年一直没有和褚先生见面。我也是非常非常敬重他。我不太会说话，也不知道应该说什么，就表示一下我希望看到什么样的文章吧。

第一，我希望看到语文好的文章。但是这个“好”字就比较难说了。我个人认为，在汉语这样一个概念下，文人的东西比白话的好，民国的东西比当代的好。可能某种意义上，港台的东西也比大陆的好。当然这得有一些特定的限制。我只是觉得我们的语言被破坏得比较厉害。希望看到大家在写作时，在语言上多下功夫。我们都会觉得自己很下功夫，但最重要的是有一定的功夫。

第二，我想看到的是那种陈述事实的文章。我们是搞文学批评的，过去都是读诗读小说。我现在已经不喜欢读那种东西了，几乎不读。我现在要读的是什么东西呢？就是很熟的材料。有的时候，党的文件读起来都比读小说精炼，因为能够看到很干的东西，能够接近事实的东西。《悦读》和《炎黄春秋》是我现在所爱读的。

我还有一个观点，我们不要急着去评价。当然，我们写文章都会有观点，但是我们在表达这些东西的时候，我更希望是一种说理的，不要强词夺理。所有的话都从材料中来，尽量用说理的态度，这也是我希望看到的文章。当然如果有一篇文章，这三个方面都能够具备的话，这是非常了不起的。其实只要在某一个方面能够做得比较好，我觉得就不容易了。

【李洁非书面稿】

就像歌理应乐听，画理应美目，提笔写作的人，总该在语言上讲究。言而不文，行之不远。文章之谓，“异色成彩之谓文，一色昭著之谓章”，总之是美的意思。古人不论写什么，哪怕一张便条，都当文章来写。这个“文章”意识，现在已消失得差不多了，似乎特定文体才应作为文章来讲究。其实我们读民国时期梁启超、胡适、鲁迅、蒋廷黻乃至郭沫若等好些人的学术著作，都注重笔墨。后来中国大陆以外的学者，像黄仁宇、唐德刚，一边做学问、谈见解，一边也不忘文字，通过良好的有教养的文字，显示一个知识分子应有的精神向度。

近一百年，中国一直有一个对自有雅正文化传统的破坏过程，高潮就在“文革”。现在高潮虽然过去，但因为涤荡太狠，造成很多惯性。这当中，汉语是重灾区。眼下汉语的粗俗、粗鄙、粗糙，有目共睹，美恶文野，似乎没人在乎，对母语不存敬惜。语言是文化载体，是礼义廉耻或一国民众精神伦理的具体形式，是社会根柢。古时讲敬惜字纸，就因认识到它们是文物风流所系。我们书写汉字、运用中文，总要心怀敬诚，务求精美。《悦读》的文章，往往有真知灼见，文字普遍也不错，但还可以更好，比如有意识地办成注重和讲究语言的刊物，为挽回民族语言质地树立一面旗帜。

林东海：我看到背板上写着“开拓视野，寻求真谛”，这八个字很像《悦读》这个刊物的宗旨。这个刊物能不能坚持三十年？因为这个刊物和别的刊物有点不一样，要坚持说真话，写真实，求真理。在现在这样一个社会风气下，说假话的很多，卖假货的很多。在这样一个情况下来追求真，真的是很难的一件事情。求生存，不容易，求发展就更不容易。这个刊物是一个高品位的文化刊物，它和一般的大众消遣读物还不一样，但它又不是一种高档次的学术刊物——如果是学术刊物，倒可能不会办得这么活跃，这么有生气了。

褚钰泉电话里和我讲，是不是写一篇谈谈几十年来学术的状态。我说学术不好说。因为我们现在的学术，怎么说呢？一说就得罪一大片。我看钱穆写的《中国思想史》，从古代写到近代，他说没有思想。他说海峡彼岸不去说它，大陆根本就没有思想。在台湾，他也认为，包括胡适这些也说不上。他说，没有办法，总不能空着吧，就写了一章孙中山，拿来代表近百年的思想。我看到他这一章的时候，很有感慨。回想起来钱穆是不是对大陆有偏见？细细一想，想了很多所谓的思想……我们的问题到底在哪？这很值得我们深思。

去年去见了周有光，一百零七岁能够和我对答如流，年岁这么大的老人能够对这个社会看得这么清楚，佩服。咱们这个刊物也一直在寻求真理。我希望这个刊物能够唤起一批能够独立思考的人，能够冷静思考一下我们中华民族现在的思想在哪儿。这个刊物有可能起到传播思想种子的作用。……我希望《悦读》就这么慢慢地、循序渐进地坚持下去。这是我个人的一个看法。

王学泰：我们这些作者都有点朝气，虽然老，资先生还是很有朝气的。所以我觉得《悦读》不缺少朝气。

现在给一些刊物写作，老年人比较多的，我知道的有《随笔》杂志。但刊物要有一些朝气，有些事情也该闯一闯。去年北京比较火的文史类刊物里有一个《文史参考》，发行量十七万。这个刊物老年人看得比较少。现在年轻人的刊物一出手就是几十万册。我老伴买了一本《独唱团》，发行量超过四十万册。……现在办杂志，要有点朝气，不要老考虑老人，也要考虑年轻作者或者新作者。作者面应该扩大一些。年轻作者和我们想法不太一样，不太喜欢，但并不等于没有市场，并不等于不正确。

我曾经写过一篇文章，我说 1960 年高中毕业，从学问上说，是最没有学问、最没有出息的一代。为什么最没学问呢？我们上学的时候教材换了，政治课是宪法课，语文课分文学和语文两门。在 1957 年前还是不错的，1957 年后就变了，还有各种运动，没有时间读书。就连那些积极分子都没时间读书，我们就更没有时间读书了。我们那一代是被耽误的一代。看到年轻人在成长，我很高兴。我觉得将来中国是要比现在好。但是中国现在背的包袱太沉了。这个包袱，1975 年邓小平说过，积重难返，积几千年之重和积几十年之重。所以我们的一些写作，包括一些关注的现实问题，必然会碰到一些障碍，或者要出一些问题，这是不可避免的。都这么大岁数了，爱怎么着怎么着吧。我一个同学上次吃饭时问我，写作有什么诀窍？我说你七十多岁还考虑怎么写，那你干脆什么都别写了。到了七十岁就应该想写什么写什么，想怎么写就怎么写。这也是老年人的一种权利。

周有光先生今年一百零八岁了，他想怎么说怎么说。他每一句话说出来都非常真实，他是一个祥瑞。李泽厚先生说过他是祥瑞。如果我是国家领导人，我会把他视为不世出的人。中国记载这么多年，哪有一百零八岁还能写东西，能写几十万字还能出书的……这样的人是祥瑞。

我觉得周先生这样的人要国家来关注，如果国家不关注，我们这些民众就要关注他。叟言无忌，就讲到这里。

【王学泰书面稿】

说《悦读》“三十而立”恰如其分。作为一本综合性的杂志书，《悦读》做到了“杂”，但这“杂”不是杂乱无章，而是条贯分明，丰富多彩。它以随笔杂文为主，内容涉及到文学、历史、哲学等方面。所发的文章大多是有品格、有文采、有趣味的，不仅值得阅读，而且有收藏价值。从创刊到现在的每一本，我都珍藏着，一期不缺。

《悦读》给我留印象最深的是它所刊登谈历史掌故的文章。像《毛泽东的最后岁月》《改变中国历史的一夜》（1976年10月6日抓捕江青）《南方大山间的小小苏联——“苏维埃运动”侧影》《西南联大五十载纪事》《俞平老杂忆》《想起胡绳》《钱锺书邀请钱穆：尴尬与无奈》等都给我留下很深的印象。对有争议的热点问题，编者也很重视，例如《丧家狗——我读〈论语〉》，以及关于三峡、鲁迅精神、网络文学、春节晚会、档案解密等问题都吸引过各界人士的注意，《悦读》也不失时宜地刊登过综述或不同观点的文章介绍给读者。这些文章开拓了读者的视野。

资中筠：首先，《悦读》这个杂志是一本很少有的杂志。我有这样一个感觉，我收到各种各样的杂志有几十种，我大体知道在人文社科思想方面的刊物是怎么样一个情况。我觉得其实好的东西还是不少，刚才提到的《文史参考》，还有《炎黄春秋》，各有各的特色。自从老褚办《悦读》以来，我觉得是越办越好。《悦读》的特点是什么？特别的兼容并蓄，什么样的文章，小文章、大文章，思想性、历史性、现实性的都可以容纳，但是又不杂，都是围绕着开拓视野、寻求真谛这样一个宗旨。像《悦读》可看度这么高的杂志，很难得的。另外，刚才提到中国有没有思想的问题。假设中国根本没思想的话，杂志就根本不会有，它是无源之水，巧妇难为无米之炊。根据我的感觉，特别是这些年来，最近的几年，中国的思想还是很活跃的……年轻人在网上就可以看到好多这样的东西。人家从网上传给我的一些东西是相当不错的。那些不知名的年轻人的东西，我也不知道是谁写的，因为都用网名，有的写得相当犀利，能看出来读书不少……

杂志办得怎么样，就要看能不能坚持你的宗旨，能够根据这个宗旨搜索到很广泛的很有深度的东西。《悦读》在这方面，这些年越来越好，在视野开拓和知识丰富、思想的容纳性方面都相当不错。我自己有这样的经验，和很多杂志打交道都要讨价还价，他们总说这句话得拿掉。这样的经验我有很多，我也很体谅编辑的苦衷。但是有些报刊的自律性太强，肯定这句话不会得罪的，但是他就是不敢。……所以杂志主持人的判断力非常重要。像老褚这样一个有经验的老编辑，自己也有理念，这样的判断也很重要。我不是说他就应该什么都不管，按照我自己最欣赏的，或者我们应该爱说什么说什么。他不能你爱说什么我就全登，他要保持存在。但是在保持存在的前提下，有没有眼光，能够做到多大？……主编的眼光和经验很重要，但是最重要的还是要有一个理念，不是我只要安全就行了，那就什么都没有了。这一点上，我给老褚给予很高的评价。我经常问他们，怎么会在江西有这样一个开明的能够容得下这些东西的出版社。我们希望国家不要人治，而要法治，但是在小的单位就是人治。褚钰泉离开了《文汇读书周报》，我觉得《文汇读书周报》的水平就下降了，就不是那样了。他跑到这里办这样一个杂志，这个杂志就起来了。我常常看到一个出版社或者一个文化单位，只要换一个人，慢慢就不行了。实际上，在小范围里都是人治，就看你这个人怎么样去做了。这个杂志在保持一定的知识、思想、品位、理念方面，体现出来的眼光和视野，就是看这个主持编辑部的人，包括那些年轻编辑们。大家都有同样的理念，包括出版社的负责人，再加上老褚这样的主编，这些都是非常重要的。所谓思想性，就体现在这个方面。

我们往下看的话，我觉得希望还是很大的。根据我的接触，我觉得这些年思想越来越多。我在家里找上门来的人不少，二三十岁的，三四十岁的。我就怕死水一块，而现在是浪潮涌动……所以不要妄自菲薄，说大陆没有思想，我不太同意这些方面。……上世纪八十年代就有一股涌动，那是在真理标准的讨论之后，解放出来了。那个时候就很活跃。八十年代活跃的青年现在都六十多岁了。我们现在办这么一本杂志，能够搜罗社会上比较代表时代前进的思想，把这个用足，把现在这个能够保持存在的前提下，往前走，我相信像老褚，像大家，都有这样的理念。

《悦读》范围非常广，这个很好。我常常从里面得到各种各样新资讯，新奇的同时又有深度。《悦读》也能够容得下比较长的文章，对作者有足够的尊重。我常常很生气，就是人家对我不尊重，也不和我商量，就改掉了文章或者就删掉了。编辑好像有极大的权力似的。这个杂志好像对作者很尊重的，要改要删都要作者同意才行。希望大家爱护这本杂志。

我们希望《悦读》的发行量能够更多。刚创刊时真的谁都不知道，现在已经慢慢有人知道了，能够更多地做一些促销的工作、宣传的工作更好。我也同意维持质量比发行量更重要，因为是一个细水长流的工作。

我就先谈到这。

郭启宏：我讲一个事。有一年我回老家开会，带着《悦读》去的。我没有看完，朋友就拿去看了，后来传来传去，我再找没有了。他们讲特别有启发，没有见过这样的杂志。这个杂志我觉得是一个启蒙读物，我们现在很需要启蒙。我来早了一会儿，看到资先生的一篇文章，感觉很受益。

另外一个讲是怎么做的问题。我觉得还是顺其自然，润物细无声，也不必过于宣传，我认为没有必要。好的东西放在那里，酒香不怕巷子深。有人专门找《悦读》来读，告诉我三联书店有卖的，我说我有。原来很多东西是抢着看的，现在有什么东西？

陈四益：这个刊物得到的好评很多。我自己遇到的事情，一个是丁聪先生的夫人一看这个杂志就说好，说以后能不能再给我。我说我收到后就再寄给你。她现在是一个忠实的读者。还有一个做过一地级市的宣传部部长，自己也写小说，他把历次政治运动都写进去了，他太太是苏州大学的。我开始给他们看，他们说哪里可以订，能不能再给？我说我这里有的我就给，后来小褚他们给寄了。这两位都是文化层次比较高的。

后来沈阳一个朋友过来，年纪也不小了，到北京来看病，看到这个杂志说，这个杂志好，差不多每一篇我都看。现在这个杂志口碑不错，看到的人喜欢的也蛮多。现在发行有点困难，第一不是杂志，杂志可以走邮局。杂志书邮局不认可。另外你在书店卖，现在铺的面并不广，如果能够做到每一个省会城市，经济比较发达的城市都能够代销，这样比较好一些。

【陈四益书面稿】

英语的“MOOK”本来就是“杂志”与“书”两个单词的拼接。顾名思义它应当兼具二者的特点。简略地说，它既有杂志的“杂和快”，也有书籍的“深和久”。

我以为《悦读》是其中的佼佼者。我喜欢《悦读》，一是因为它的大气，所载虽多属人物、文史一路，但议论不离现实，思考的也非那些闲适玲珑的小趣味，读来于我心有戚戚焉。二是它的驳杂，内容的多样性是杂志不同于书的一面。《悦读》每期的“海外书情”与“书海巡游”，每则文字皆短而选择皆精，即便“补白”也不是信手拈来，看得出编者的匠心，于开阔眼界，了解舆情大有裨益。三是编者眼光的广阔与锐利，能抓住社会遭遇问题的种种症结，从各个侧面加以解析，给读者多方面的启发。四是文风平实晓畅，文章大多深入浅出，就是一些考证性文字也读来兴味盎然，这在今日也是难能的了。一本杂志书有如一桌菜肴，荤素、咸淡、凉热、干湿、大小、色泽、配料都要得宜，才能成其佳肴。当初在学校听陈望道先生讲美学，以为美就是“繁多的统一”。于《悦读》，我亦作如是观。

徐庆全：刚才资先生说褚老师编刊物，对作者非常尊敬。他对比他年轻一些的人也很尊重。这也是我们办刊的原则。我记得刊物对作者这么尊重的好像还没有。褚老师给我发邮件，我回复说，你以一人之力在办这个刊物，确实办得非常好。

二十一世纪出版社能够有这么一本思想性比较强的书，非常有益。刚才资先生讲办刊物是人治。一个出版社的总编辑，到一个刊物的总编，代表的是一个刊物的风貌，这个我非常同意。褚老师原来办《文汇读书周报》，我一直是忠实读者。原来就看《文汇读书周报》《南方周末》和《北京青年报》。褚老师是办报出身，现在办刊，有一种人文关怀和思想延续，只有这样的人才能办出大家喜欢读的刊物。

我提点小小的意见。每期《悦读》我最喜欢看的不一定是大文章。一些补白的东西、花边的东西特别好看。能不能把摘的东西注一个出处，有些东西我没有看过，但是没有出处，我们就不好用。这样对学者、读者，有些愿意刨根问底的可以找这些资料来看。

陈四益：读《悦读》才知道，一个编辑能干多少事。

资中筠：其实我觉得好的编辑就是可以一个人干的。原来我在美国所的时候，《美国研究》就是一个编辑干的。如果是两个人问题就大了，老是意见不一致。就是一个人在选稿，一个人在做具体工作。像老褚这样有经验的就是这样。除了选稿之外，一个好编辑能够有一批好的作者，有人脉。这些都是可意会不可言传，没有办法说的，叫作润物细无声的状况。办好一个刊物，一本书，一个杂志，就是靠人治。

董秀玉：一个刊物的风格，就是主编的风格和理念。如果各种理念搭配在一起就完了。

资中筠：另外他还能够团结很多作者。团结作者的面越广，这个刊物就越丰富。

汪家明：我来参加这个会，也有好几种身份，也是同行，也是编辑，也是作者，更多的还是朋友，相信大家都是一样的。我与褚钰泉相识是在二十三年前，那一年《文汇读书周报》发表了一篇《为〈老照片〉鼓掌》，这对我们是莫大的帮助。山东画报出版社当时寂寂无名，《老照片》当时知名度也不高，这是第一篇评论的文章。之后与褚钰泉有了电话交流。《文汇读书周报》我每期必读，其中有一个延续了十几年不断的专栏“阿昌逛书市”，文字短小精干，对图书极其敏感，正是褚钰泉的手笔。这张雅致可读的四开报纸也堪称奇迹，浸润了太多褚钰泉的心血，有着浓浓的书卷气、高雅的气质，兼顾思想性、艺术性。

我与褚钰泉第一次见面是在1998年1月，我去上海为创办《老漫画》探访崔少昌先生，之后约好与褚钰泉见面，当时还有他的广告部主任陈蔚。我们策划了一个广告样子，一个一百八十字左右的短文放在《文汇读书周报》上。我怕褚钰泉担心干巴巴的广告会影响品位，所以每一篇广告都很有可读性。

褚钰泉离开《文汇读书周报》之后，创办了《悦读》杂志，也是几经坎坷。辗转来到二十一世纪出版社，在张秋林社长的支持下才稳定出版至今，也有五六年了。起初他找我说，能不能找人帮忙设计一下。因为在三联，我请宁成春先生来设计。宁老师是设计界的权威，人又厚道认真，设计的结果各方都满意，基本沿用至今。和褚钰泉见面聊天的时候，我曾无意间和他说，从小搜集外国小说插图的事情，他就建议我写给《悦读》。我当时也没有当真，太忙了，虽然是自己喜欢的事情，但是也没有时间做。他就记住了，三番五次约我写稿，真是盛情难却。写了一篇，发在第八卷上。之后不断约稿，我自己都无法想象已经连着写了五年，写了二十五篇了。前年复旦大学出版社建社三十周年，褚钰泉建议出版我的《难忘的书与插图》，所以就变成了书，也是由宁成春设计，居然卖得不错。

我举这个例子不是说我的文章好，而是了不起的编辑是如何约稿的。褚钰泉这样的编辑让你无法拒绝，只有俯首听命。冯克力是一个很懒散的作者，居然也能按时交稿。褚钰泉和作者交往的职业功力是让人望尘莫及的。《悦读》办得好，和主编的功力是密不可分的，我总结是立意高远，视野宽阔，待人诚恳，做事认真。古人说，为了白雪的美丽把栏杆涂成红的，为了鸟的美丽把树枝做得舒展一些。褚钰泉表现出的正是为人作嫁衣裳的职业素养，也是能够俘虏作者的原因所在。

【汪家明书面稿】

一本刊物，恰似一个人，总有自己的个性。《悦读》的个性，我认为首先是含蓄的历史感和鲜明的时代感。含蓄和鲜明、历史感和时代感，看着是矛盾的，可是恰恰就结合在《悦读》身上了。为什么说她“含蓄”？主要是作者的表达方式。一是，这些文章中没有过于情绪化的东西，甚至不明确表态，虽然内在观点是不容置疑的；二是，文字简洁朴素，内容深入厚重。用更少的文字讲述深厚的内容。为什么说它有鲜明的时代感呢？这些文章涉及的事件虽已过去很多年，却都是今日读者仍旧十分关心的，对现实有直接的借鉴意义。

《悦读》个性的另一方面，是摇曳多姿、错落有致。内容虽偏重历史，但涉猎极广，凡政治、经济、文化、艺术、生活等无所不包，栏目轻重均衡，文章篇幅则长短兼顾，重视“卷首语”和补白，虽然自称 MOOK（杂志书），其实是规范而严谨的期刊。如今，期刊泛滥，办刊随意，这样规范严谨的期刊已经很少见了。

冯克力：我接着刚才家明讲的说。褚老师前两天和我说要开这样一个会，希望我能过来参加一下。我今天来参加这个会，确实觉得自己收获很大。我今天和褚钰泉老师干的是一个事，我们在山东画报创办《老照片》的时候，第一个为《老照片》鼓掌的就是褚钰泉老师，现在他自己也主持出版一本杂志书，这个事情可以传为佳话。

【冯克力书面稿】

一种读物，总是要表达点什么。到底想表达什么，对于主事者来说，至关重要，也是一种杂志或读物的“魂”之所在。《悦读》能做到“博而不杂”，便得益于主办者的洞明与坚守。《悦读》的内容很丰富，历史、政经、文化，中外古今，无所不涉，文章的体裁也五彩纷呈，从洋洋万言的长篇，到百十字、几十字的补白，看似很驳杂，但读物的主旨与追求却十分鲜明。

我自己也在主持一种杂志书，略知其中的甘苦。互联网空前的普及，对像杂志书这类随机、消闲性的阅读构成了很大的冲击。

如今没有什么信息和观点是网上看不到的，并且由于网上发布基本没有审查的门槛，不受什么限制，信息无所不有，观点则锐之又锐，似乎更能吸引人们的眼球。像《老照片》当年一面世就创下二三十万册发行量的情况，在互联网空前普及的今天，恐怕已很难再现。然而，如今杂志书虽然受到互联网的冲击，但只要选准了定位，生存的空间还是有的，关键是要清楚自己要干什么，要牢牢守住自己的那个“魂”——就像《悦读》正在做的。

陈铁健：非常感谢让我参加这个会，听到了很多很好的见解。

我跟《悦读》的接触也就是一年半，我看了这个书之后就想，为什么我之前不知道有这么一本好书呢？非常偶然的机会，褚钰泉给我寄了这样一本书，到上海我们长谈了一次，我对这个人、对这本书就有了好感。他让我给他写文章，我就很愿意。有些刊物他请你写文章，拿去之后，不经过你同意改头换面给你发了。

这个杂志是书又是杂志，很杂，但是宗旨非常清晰。有的小栏目、有些补白非常重要。是人家已经写过的，但是我们读者读的范围、领域很窄，好多东西我们可以从补白中增加很多知识。原来我和黎澍办了两年《历史研究》。黎澍接管杂志之后的理念是，办一个杂志一定要有自己的特色，否则大家办的杂志都是一样的，都说一样的话，都写一样口径的文章。我们这个《悦读》杂志的特色非常好。我是研究历史的，我特别看重这个杂志文章反映的内容是不是真实的。我是从第二十二卷开始看这个杂志的，每一卷都读得很细，但没有发现这里面有伪造的东西，说假话的东西，论据都是非常切实的。无论是说理的文章，还是就事论事的文章，内容都是很真实的。民国史、党史这一段我都涉猎过，还是知道一些的。我对这个杂志的真实性是确信无疑的。我自己要写的东西，也都是要写一些小的，但绝对是真实的。

【陈铁健书面稿】

我看到这本刊物时，已是出版的第二十二卷了。捧读之后的第一印象如同惊艳之遇，相见恨晚，眷恋之情油生。封面清新，篇幅厚重，图文并茂。那枚印刷精美的彩色书签，每期各异，尤能拨起读者乐于观书的心弦。2011 年 11 月，《悦读》的主编和我在上海淮海路边一家小茶馆促膝晤谈时，他说这枚书签的设置，是想给人一点儿阅读的愉悦和兴致。

编辑主旨，以开放包容、新旧兼收为路径达致客观公正、多元竞放的目标。文章内容涉及文化、思想、艺术、社会、经济、政治，多从历史着力，不忌涉及现实。文章形式多样，有长篇专论、短篇细事，更有大量知识性、掌故性的补白，新鲜生动，闻所未闻，启人深思。与友人谈及国内文史刊物，多数读者对《悦读》尚未接触，源于发行渠道尚待改善。希望这位藏于深闺的美少女，为更多的读者知晓，并愉快地诵读着。

陈子伶：《悦读》杂志我从第一期看到现在，从《文汇读书周报》到现在，这个思路是一样的，像涓涓细雨，思想亲切。我为什么这样说呢？实际上中国传统文化里，很重要的一部分，用我们今天的话来讲，中国文化里有祖传的东西，有讲真，有讲善，对历史要讲真实。很多中国文化能够传承下来，和他主流方面的东西是大有讲究的。我们民间形成好的习惯、传统、基本道德，和这些东西有关系，做好事，做好人，讲义气。

【陈子伶书面稿】

《悦读》，可读，耐读，悦读。三读中，耐读最为不易。《悦读》相当一部分题材，可分有三：一是社会欲了解而又不清不楚不明不白的事；二是看来仿佛正确但心里存有疑惑处的观念及其理论探讨；三是新知绍介。三类题材，对应的社会阅读心理，是求实求真求知。这个“三求”，也便是《悦读》剪裁题材的标准，合则留，不合则去，所提取的文化内容，亦往往是原书的关节处，自然精彩纷呈。但探骊得珠，岂是易事。

《悦读》诸多文章耐读，让人回味，再读。细细探究，再于文章有见识，有思想。其见识或思想，基于什么？《悦读》叙事状物写人论理，有一基点，就是正视现实，尊重事实和历史，据实而论。由于思想基点正，《悦读》能眼界宽广，取材无类，更能直面现实，探求真谛，更能正视历史，辨明得失。文章多能事溯其源，物究其本。由于沿波讨源，虽幽必显，予人以警策，仿如醍醐灌顶，或探源竟委，通其流变，辨伪正纬，洞见私利潜踪，因而有益鼓荡社会正气。耐读背后，是唯实求真的思想力量，可以催人反省，求真去伪，立诚知耻培育自信。

王培元：在座的很多高人发表了很多高见。说两句，一本杂志贵在有特色，有个性。《悦读》是有特色，有个性的。除了刚才大家说到的一些特点之外，如果我要概括的话，还有两个特点。内容丰富，信息量大，这也是一个杂志的特点。希望《悦读》以后再将众位说到的一些意见和建议结合起来，办得越来越好。

【王培元书面稿】

《悦读》之所以赢得人们的喜爱，就在于它具有“阅读趣味”。这“阅读趣味”从何而来，便不能不提到它的栏目设置。《悦读》的常设栏目，竟有十二个之多，如：“特稿”、“读书献疑”、“人物志”、“议论风生”、“忽然想到”、“文坛记痕”、“悦读一得”、“书与插图”、“我和书”、“域外风”、“海外书情”、“书海巡游”等。我以为可以用八个字来概括《悦读》，即：“内容丰富，信息量大。”

内容丰富，你从其栏目设置之多，即可看出些眉目来。信息量大呢，就说“书海巡游”这个栏目吧，里边又有“有此一说”、“评论选刊”、“四面八方”、“国情点滴”等一些小栏目。而且，每一期还有为数不少的“补白”呢。这些小栏目中登载的内容和辑入的文字，大都很精短，但其提供的信息量却非常之大、非常有价值。其实《悦读》的内容还有一点更是异常可贵的，即它不是鲁迅说过的那种“二花脸艺术”色彩的刊物——“忽而怨恨春天，忽而颂扬战争，忽而译萧伯纳的演说，忽而讲婚姻问题；但其间一定有时要慷慨激昂的表示对于国事的不满”，而是一直坚定执著地拥抱和关注社会现实。它始终不渝地以自己的方式和风格，关心着国计民生，关心着世道人心。

潘振平：认识钰泉先生很早，这个刊物一直在看，有的看得细一点，有的也没有看那么细。我觉得这个刊物的特点几个老先生都说了，我也很赞成，我也没有什么更多的东西。就是一个刊物，一个人，在那里做的事。他说自己闲下来，有很好的兴趣，是很好的事情。我到六十了，退休之后，能不能干点自己愿意干的事情。

【潘振平书面稿】

当年《悦读》的封面最上方有一行字：一本关于书的书，阅读趣味尽在其中。很好地概括了编辑宗旨。说实话，我没有读过《悦读》的所有文章，一般只是挑出有兴趣的翻阅，感觉中像是定期见到一个识见敏锐、资讯丰富、谈吐风趣的老朋友，轻松而愉悦。近年来，仅就资讯获取而言，纸质图书明显处于下风，读者不断流失或老化，所以不断有人大声疾呼，将阅读定义为全民运动，请求国家行政部门出面支持。作为出版界的一员，我们自然乐观其成。但内心深处也不免担心，读书这种相当私人化的事情，如何由行政机关来推动？毕竟，读书的乐趣，在于精神层面的享受和内在修养的提升，也依赖于潜移默化养成的习惯。

现在各个出版单位都在拼命扩张，全国一年出版的新书已经有三十七万种，可是真正有价值有内涵有趣味的好书并不多见，而且淹没在茫茫书海之中，让爱书人难觅踪迹。所以，与其靠立法，靠权力部门下指标，不如采取一些切切实实的办法，为不同层次的读者提供不同类型的图书资讯，让好书在图书市场受到尊敬，让鱼目混珠者迅速淘汰，让更多人真正享受读书的乐趣。

郑　雷：我今天是来叨陪末座的，出版社是从滕王阁来的，我们是“今兹捧袂”。有一个社科院的老先生经常旅美，他说有一个东西要发表，说你帮我找一个进步刊物，我说《悦读》就可以。原来有《文汇读书周报》和《读书》，褚钰泉先生是把精神带到《悦读》里了。这个刊物代表了社会良知，大家已经说了很多，我也不多说。对于他的方式，对于整个的风格，我认为整个来说，从作者队伍到办刊方针，就我理解，我觉得是一种温润的风格。我们古代常说温润如玉，《红楼梦》里林黛玉问贾宝玉说，“至贵为宝，至坚为玉，尔有何贵，尔有何坚？”贾宝玉答不出来。这个杂志坚持理性的思考，坚持正确的价值观，这就是宝。在这样一个时代，还坚守这样一个阵地，就是它的坚。所以它是温润如玉。

《悦读》的“悦”，悦的是思想，和现在娱乐至死的“悦”是有本质区别的。这个刊物主要的特点还是坚持了一种理性的精神。理性在现在就显得非常的可贵。

顺带说一句，还包括文风。《悦读》的文风也是比较清浅流畅的。朱光潜先生说他看东西先翻翻文字，文字不行他就基本不看了。我们现在很多文字根本看不下去，伪翻译体的文风太多了。在这方面，《悦读》给我们起到了一个示范的作用。

主要的话就是这些，不耽误大家时间。

【郑雷书面稿】

MOOK是个起源于日本的新词，由MAGAZINE与BOOK两字合成。虽然较早在国内使用这个概念进行编辑，《悦读》却与国外的杂志书有所不同，在信息量之外，一直注重思想性，越办越稳定，越办越成熟，逐渐形成了自己鲜明的特色。一卷在手，就可以体会到，《悦读》的“悦”是一种智慧的愉悦、灵魂的愉悦，而与时下“娱乐至死”的各种大众文化商品的轻薄恶俗迥异其趣。

还有一个重要的表征，就是《悦读》中历史类文字占有很大的比重。契诃夫名作《打赌》里说起，一个因和人打赌而自行监禁在小屋里的律师为了解闷开始读书，最初读的是消遣性的小说之类，后来便开始阅读历史、语言和哲学书籍，最后读到神学和宗教，终于悟彻了尘世生活的虚幻。由此不难看出，历史是通向精神天国的重要阶梯。从已经出版的三十卷《悦读》中，可以十分清晰地感受到这种历史意识、这种救世热忱。《桃花扇》第一出《听稗》有云：“一声拍板温而厉，三下渔阳慨以慷。”这两句话，《悦读》足以当之。钱锺书先生论文论史，有“善运不亚善创”（《管锥编·左传正义》四六）之语，准乎此，我们也可以说“善编不亚善撰”，希望《悦读》能几十年如一日长久地“善编”下去，后先相继，为垂绝的中国文化留下最后的根脉与未来的生机。

【王得后书面稿】

三四年前，我的大师兄蓝英年老跟我称赞《悦读》和她的主编，拜读而又拜读，的确是好。前年，陈四益先生又提到：你可以给《悦读》写点稿子呀！手头刚好有一篇稿子，就冒昧投给了《悦读》。主编第二天即复示：我喜欢鲁迅。下期刊用。愉悦之情，不言而喻。

我觉得《悦读》办得好，是因为守法度、有志向、讲真话、求实学。朋友说得好：《悦读》稳健；温润如玉。有志向，这是一个刊物的指南。褚钰泉主编和他的领导——张秋林社长的志向决定一个刊物的品位和质量。在商潮滚滚，向钱看齐的今天，能不为所动，而有志于文化建设，投资出版一份高品位的刊物，是非常难能可贵的。讲真话。“真话”不一定正确，更不等于“真理”。我所说的“真话”，是心里话。这是一个知识者安身立命的根柢。也是一个社会可能改革的要件。鲁迅有言：“盖惟声发自心，朕归于我，而人始自有己；人各有己，而群之大觉近矣。若其靡然合趣，万喙同鸣，鸣又不揆诸心，仅从人而发若机栝；林籁也，鸟声也，恶浊扰攘，不若此也，此其增悲，盖视寂漠且愈甚矣。”我读《悦读》，感到作者大都说的是“真话”；而编者更能不拘一格，使《悦读》

多有异彩。最后，是求实学。言之有物，而不无病呻吟；持之有故，而不作空谈。

【李兆忠书面稿】

在众多的刊物中，《悦读》有着特殊的意义和价值。它实际上是由一个人独立编成的，主编的眼光、学养、操守、人脉、办刊经验，还有他的敬业精神，使它具有不同寻常的价值与品位，在中国阅读界乃至知识界占据一个醒目的位置，而二十一世纪出版社为它提供了坚实的平台，可以抵抗意外的风浪。《悦读》的存在，在某些方面（指它的自由与独立的品格）令人想起民国时期的刊物，为中国社会转型时期如何办刊物，提供一种宝贵的范式，值得好好总结。

《悦读》是一本有灵魂、有格调、风格平实、雅俗共赏的刊物，它的最大价值，我以为在一个真字。近代以降，西力东渐，中国文化遭遇三千年未有之变局，震荡、冲突、分裂、躁进，最后陷于文化虚无主义的困境，关于历史的讲述，更是迷雾重重，似是而非。因此，正本清源，还原历史的本来面貌，就变得十分迫切。贯穿其中的一条红线，则是对中国当下社会现实的高度关注，体现出一种可贵的精神担当与强烈的忧患意识。对于普通的民众，它具有极好的启蒙作用，对于知识者，它能激发思想，促使人们更加深入地反思历史，正视现实，思考未来，对社会的文明进步起着积极的推动作用。我相信，《悦读》的价值将随着时间的推移而愈加彰显。

【李建军书面稿】

一份好杂志的风貌，最终体现为一种优雅而亲切的文风。这种文风自然、朴实，而又优美、蕴藉；它绝不故作高深，绝不以艰涩来遮掩思想的贫乏和情感的苍白；它含着个性的锋芒和冲决的力量，但绝不颟顸和恣纵。在我看来，《悦读》就是这样一份高品位的杂志，这样一份让人喜爱、让人期待的杂志。每次拿到新的《悦读》，我都有一种很迫切的阅读冲动，总是要先粗粗地翻一遍，再细细地读一遍，其中的好文章，还会反复品读。在多姿多态的文章后面，有一个“吾道一以贯之”的灵魂，那就是，通过反思性、批判性和启蒙性的话语建构，帮助读者揭去一层一层的遮蔽物，为他们寻求照亮心灵的精神光芒。

外在的装帧、设计和印刷，也是构成杂志风格的一个方面。高品位的杂志具有秀外慧中的品质。所谓“秀外”，就是说，从外在形态来看，它具有令人愉悦、爱不释手的美感。《悦读》就属于这种“长得很好看”的杂志。在一大堆花花绿绿或者面孔呆板的杂志里面，它挺然秀出，显得分外妩媚。在胶胶扰扰的日子里，有《悦读》不负相期，如约而来，不亦乐乎！

【黑马（毕冰宾）书面稿】

自从看到这本杂志，我写书评时都会不自觉地使用“悦读”二字，比如说某本书是劳伦斯研究的悦读文本，就是说这样的书虽然是研究类专著，但却不属于那种佶屈聱牙、引经据典的学院式文风，而是有美文韵致的文学研究文本。早年读杨绛的文学论集《春泥集》就感到那是将学问写成美文的文本，一直推崇备至。

《悦读》的主编还很注意关注我们这些作者的博客，居然偶然发现我为作家萧也牧的悲惨遭遇唏嘘感叹的一小篇博文，就启发我好好写一写这位文学前辈。于是我竟然一连数日埋头于萧也牧的生平历史中，写出了一篇长文，释放了心中长期的块垒。这种跨界写作是我一个意外的收获。希望这本杂志书能吸引更多领域的人来进行跨界写作，尤其在我们这个缺乏真正独立的文化和文学批评的时代，我们需要用有趣、俏皮、机智的写作对时下文化和文学现象进行理性的讽刺和鞭挞，这才是我们这个时代所需要的批评精神，而这样的文字也才称得上“悦读”。

褚钰泉：时间很晚了，有些朋友没有发言，我们之后再交流，最后请张社长再讲几句。

张秋林：今天我们开了一个高水平的出版座谈会，专家们的真知灼见给我留下了非常深刻的印象，使我从中学到了不少东西，受到很大的鼓舞。首先非常感谢专家们对《悦读》质量的肯定、表扬。确实这本杂志被二十一世纪出版社坚持做下来不太容易，特别是褚老师一个人办这样一个杂志更不容易，我们会继续按照我们既定的思想深度和人文关怀、品位，把《悦读》越办越好。

大家提了很好的意见和建议，希望我们《悦读》杂志里多采纳一些年轻作者的稿件，当然我们很多老专家，思想很年轻，确实很有朝气，更多的在这里采用一些年轻人的稿件，也是我们要努力的。还有一个是在杂志里，更多一些对书的评价和介绍，多选择一些有价值的书来介绍，增加杂志的信息含量，这都是很有益的建议。

讲到发行，确实从二十一世纪出版社来讲，在少儿读物出版发行上能力比较强，社科方面发行比较弱。为此，我们在北京建立了社科发行的分公司，将来《悦读》的发行也是可期待的。我们相信杂志的发行量也会因此有很大的提升。

刚才郑雷讲到，《悦读》坚持社会的良知，坚持理性的思考和正确的价值观，这的确也是我们的追求。我们会把《悦读》办得更好。

再次感谢各位专家学者莅临我们的会议，谢谢！

《悦读》历卷要目

本要目收入褚钰泉先生创办并主编的《悦读》凡四十七卷的主要原创稿件，编目按原目录排序；其中文汇版三卷以“前一卷”至“前三卷”标示，二十一世纪版《悦读MOOK》则以“卷一”至“卷四十四”标示。

前一卷　（2003年1月）

王元化　致吴步鼎的七封信

何　倩　读青年王元化给学生的一组信

徐中玉　如何“正确对待”

赵长天　和智者对话

钟叔河　勾起我回忆的《童年与故乡》

柳鸣九　读蒙泰涅《随笔集》

潘凯雄　名人·足球·“绯闻”

何满子　出这些玩意！为什么？

仝　敏　风格独特的作品

前二卷　（2003年5月）

前三卷　（2003年8月）

卷　一　（2006年9月）

卷　二　（2007年1月）

红　娟　张秋林：京赣两地擒“贼”记
朱　正　谈谈《鲁迅全集》第六卷
孙　展　说不尽的“大历史”
——记《万历十五年》的出版
朱　门　禁书书目过眼录
林　凌　陈寅恪遗稿重见天日记
维　谦　《静静的顿河》著作权问题水落石出
萧文泉　燕卜孙在中国
述　弢　赫鲁晓夫遭遇“宫廷政变”

卷　三　（2007年5月）

王元化　读熊十力札记
王水照　千年叩问：欧阳修的两次文字风波
丁国强　《论语》何以成为心理健康指南？
——读《于丹〈论语〉心得》
严博非　请读马克·里拉！
翁义钦　在厄运面前
舒　籐　做一个好市长的启示
刘　擎　近年西方知识界热点掠影
伊　人　喜闻新人向孔子“宣誓”
——谈孔子“出妻”及其他
虞非子　一盘没有下完的棋
徐缉熙　绛珠之泪
鲲　西　俞平老的暮年生涯

卷　四　（2007年8月）

卷　五　（2007年11月）

鲲　西　　海藏楼日记拾零（续篇）
林　鸥　　在犹豫中查禁的《新红楼梦》
萧文泉　　金戈铁马两河间
姚燕瑾　　天使之城的瑰宝——踏访美洲第一个公共图书馆
郭启宏　　寻访斯坦倍克
唐利军　　《维特》背后的故事
余　斌　　《色·戒》续“考”
王得后　　孔子说得，李零辈说不得
李云雷　　曹乃谦，中国最一流的作家？

卷　六　（2008年2月）

张秋林　　出版是什么？
蒋锡武　　王元化与京戏
黄　裳　　俞平老杂忆
朱维铮　　关于马一浮的“国学”——答王轫先生
傅国涌　　火一样燃尽自己的师复
虞非子　　就是好来就是好
郭启宏　　话剧《李白》琐记
伍立杨　　突兀歧出的史论
黄友斌　　由商到文 且商且文
林东海　　转型期的文化心态——从“于丹现象”说起
林冠夫　　历史上的三位后主
伊　人　　孔子痛感于“好色者”
萧文泉　　通向民主的论辩之道

述　弢　　桃李春风忆故人 —— 记刘媛娜先生

司徒伟智　　我见过的金性尧先生

绡　红　　邵洵美即兴写就《游击歌》

吴永平　　楼适夷在"反胡风运动"中

张宗子　　嫉妒是真正的坚持？

　　　　　—— 读《追忆似水年华》随笔之二

徐缉熙　　秦可卿其人

李春阳　　哪有你这样你 —— 木心诗歌评议之一

卷　七　（2008年5月）

谈蓓芳　　章培恒先生和《中国文学史新著》

资中筠　　上世纪五十年代初识印度

陈四益　　"照猫画虎"之类

郭启宏　　少小忆趣

古　今　　非常岁月的生存实录

清园飞鸿　　韦卓民先生致王元化书简

夏　烈　　类型文学：下一站的天后？

钟桂松　　"强求一致，反伤团结" —— 从三封信看茅盾

伊　人　　从孔府买了本有意思的书

朱　正　　《查太莱夫人的情人》和我

黄　可　　谁首先使用"漫画"一词

杜　鹃　　六十年前的一本禁书

巫宁坤　　花开正满枝 —— 汪曾祺辞世十周年祭

张瑞田　　一九四三年傅雷致黄宾虹书

卷　八　（2008年7月）

卷　九　（2008年10月）

王得后　《鲁迅译文全集》终于出版了

李兆忠　解读丑陋的日本人

徐缉熙　“海棠诗”与“菊花诗”

陈四益文　黄永厚图　力格尔龙

汪家明　高加索故事（二）

萧文泉　一个俄罗斯人在中国

黑　马　霍嘉特：回顾《查太莱夫人的情人》审判及其文化反思

述　弢　他们为传播“秘密报告”付出了极其沉重的代价

卷　十　（2009年1月）

梁　捷　全面衰退的长周期刊刚刚开始

黄　霖　将《金瓶梅》当作反腐经典来读——从陈独秀到毛泽东

蒋　凡　《苏报》案及章太炎与吴稚晖争讼始末

邵靖宇　时尚和风气的演变

朱　正　“史人”“妄人”曹聚仁——且说他《鲁迅评传》的硬伤

林冠夫　诗非工具　——有感于一种非诗观念侵入诗的领域

傅国涌　“昌明教育平生愿”——张元济与商务印书馆

林之鹤　“知足常乐”话吾师——写在巫宁坤教授米寿之际

虞非子　从“神鹫”到“蝴蝶”

郭启宏　可怜几许文抄公

卷十一　（2009年3月）

舒　簾　　鲁迅“骂”章士钊是“误会”吗

林　凯　　诽谤的帽子

陈四益文　黄永厚图　　一个颇具才干的小人

谢天振　　人格光辉永存 —— 贾植芳先生去世一周年祭

邵燕君　　我是一个“愤怒的作家”，我写的是“苦难文学”
—— 杨显惠和他的“命运三部曲”

徐缉熙　　说说《芙蓉诔》

汪家明　　历险者肯特

萧文泉　　索尔仁尼琴最后的工作

卷十二　（2009年6月）

骆玉明　　《枯树赋》的解读及其他

钱伯城　　关于大字本诸话题

徐振亚　　陀思妥耶夫斯基的转向

李建军　　为了凭吊的重读

胡　平　　“湖南农民运动”考

钟桂松　　一九四九年：茅盾与张元济的一段新缘

李兆忠　　泪水浸泡的世界

虞非子　　想起了爱伦堡同志……（外一篇）

郭启宏　　读史笔记

林冠夫　　说中国筷子

吴　亿　　可怕的忽悠

李　庆　　思想和往事 —— 忆王元化先生

陈四益文　黄永厚图　　神仙局

卷十三　（2009年9月）

夏　烈　　网络文学第十一年：我的思考和亲历

舒　英　　知识的殿堂

卷十四　（2009年12月）

蓝英年　　话说张东荪

傅国涌　　胡氏三兄弟的科学报国梦

　　　　——兼说“中国科学社”

钟桂松　　琐忆徐肖冰

吴中杰　　萧军与王实味事件

杨　苡　　半个世纪之前的奇遇

蔡登山　　《夜上海》的词作者范烟桥

范　泓　　郭廷以与近史所的故事

徐兆淮　　学部大院里的“文革”旧事

述　弢　　那短暂的大好春光

郭启宏　　真情无矫饰

李书磊　　新北京寻旧书记

陈四益文　黄永厚图　　讲一回真话、行外说房

陆谷孙　　向编刊人进一言

虞非子　　斯大林“最后的慰藉”（外一篇）

邵　建　　“政治伦理”中的一段历史故实

朱　正　　再说一点《傅斯年全集》的缺陷

汪家明　　瓦尔登湖畔的梭罗

萧文泉　　巴黎的明日之光

卷十五　（2010年2月）

王得后　鲁迅和孔子，谁可以信奉？

李洁非　江青与“文艺革命”

朱　正　鲁迅的美国朋友伊罗生

王学泰　鸿爪掠影（二·上）

陈　虹　寻人启事

蔡登山　红颜未必祸国

——也谈“赵四风流朱五狂”的朱湄筠

李兆忠　移根的代价与收获——陶晶孙的世界

陈四益文　黄永厚图　想起胡绳

虞非子　有一种痛死不瞑目

林　谷　从抢记王芸生临终回忆说起

林　凯　我的疑问与思考

王晓渔　在非常的年代维护常识的底线

汪家明　傲慢与偏见

舒　簾　谁是告密者：舒芜？胡风？

蓝英年　果戈理没结婚

萧文泉　孟什维克的路线

黑　马　细读霍嘉特《查泰莱夫人的情人》一九六一年版序言

刘春水　美国印象三题

卷十六　（2010年4月）

王水照　钱锺书先生横遭青蝇之玷

严　锋　孤独的力量

伊　人　　我更喜欢教育成年孟子的孟母

李建军　　当代文学：基本评价与五个面影

邵燕君　　文学的危机与文坛的分制

丛治辰　　“八〇后”写作观察

陈四益　　老故事

虞非子　　吴晓波的“独特性”

朱　健　　遭遇宋江

施康强　　安逸成都

王培元　　百姓的苦与公卿的苦——夜记之三

蓝英年　　走近高尔基

萧文泉　　异域奇观

黄源深　　印在十澳元纸币上的作家

汪家明　　被遗忘的偶像

傅国涌　　“良医良相尽”：张耀曾的最后十年

范　泓　　易君左其行其状

张　仃　　它山画语

李兆忠　　中国现代美术的“守护神”——缅怀张仃

灰　娃　　与张仃共同生活的日子

卷十七　（2010年6月）

胡　平　　南方大山间的小小苏联——“苏维埃运动”侧影

朱维铮　　乾隆与“伪孙嘉淦奏稿案”

孙玉祥　　钱锺书邀请钱穆：尴尬与无奈

朱鸿召　　冼星海，延安文艺创作的异数现象

蔡登山　沪上才子·歌词大佬的陈蝶衣

范玮丽　烨·一九七九·耀眼的火光

述　弢　告别革命

王学泰　鸿爪掠影（二·下）

陈四益文　黄永厚图　由此及彼

虞非子　去日苦多最离骚

郭启宏　观剧渝州未尽春

苗振亚　读书人的故事

维　谦　神话与现实

维　舟　评刘浦江著《松漠之间》

梁　捷　粮食越多越饥饿?

周鸣之　永远活在青春里

刘温克　语谶虽真终是梦

——梁启超《新中国未来记》漫笔

张定浩　见之于纸牍——《清末民初人物丛谈》小议

田方萌　走出气候变化的囚徒困境

徐缉熙　合理性的缺失——《红楼梦》后四十回解读之三

汪家明　描写邪恶的巨著

萧文泉　文明之治

卷十八　（2010年8月）

萧建生　不应该遗忘历史

朱维铮　毛奇龄与清代文字狱

林　凯　对作家与革命的反思

郭启宏　重读曹禺

陈四益　不算昭雪——丁聪生前未结的一桩公案

张惠卿　我所知道的李正文（上）

李建军　蒋子龙的风度

陈　虹　一本残缺的日记

章小东　寻美之路

陶恒生　南洋的“京派文人”连士升

何　蜀　以文会友忆芝琛

杨　苡　半个世纪前的烟云

述　弢　你单纯得像一条清澈见底的溪流——哭巧珍

章洁思　复兴西路卫乐公寓

居　士　一名优等生的幸福生活（续）

虞非子　暮霭中，那一条铁壳船

陆谷孙　随感三篇

（修改后的“发刊辞”、“围剿”可悲、墙兮归来）

朱　健　感念两则（托尔斯泰随想、感念绿原）

王培元　黑衣人鲁迅

汪家明　昨日的世界

萧文泉　倘若伯希和没有去敦煌

卷十九　（2010年10月）

李洁非　往事：一九七八

王学泰　读《悦读》随感

朱鸿召　江青在延安的幸福生活

徐庆全　　周扬与丁玲（上）

黄源深　　《许国璋英语》和许国璋教授

张惠卿　　我所知道的李正文（下）

俞润生　　一封信·一张便笺·一本书·一颗心

　　　　　　——巴金与《文教资料简报》的情谊

高　信　　尺素温情

　　　　　　——书信里的华君武先生

陈四益文　黄永厚图　　就事论事

施康强　　诗意的颠覆

海　禾　　似曾相识的花样

潘向黎　　为了永远不告别

成　艳　　那些人，那些书，那些事

　　　　　　——围绕“大象人物书系”的点滴往事

汪家明　　神示的篇章

宋　词　　可怜一片桃花土——读《影梅庵忆语》

徐缉熙　　关于《红楼梦》的结构

冯克力　　几幅“不宜发表”的照片

萧文泉　　知识分子的世纪

沈　迦　　英伦“寻宝”三记

卷二十　（2011年1月）

袁　鹰　　那年八月

李建军　　索尔仁尼琴的审判

李兆忠　　技与道

卷二十一　（2011年3月）

卷二十二　（2011年6月）

卷二十三　（2011年9月）

卷二十五　（2012年1月）

卷二十六　（2012年3月）

卷二十七　（2012年5月）

萧文泉　　近代史中的老牌《申报》
汪家明　　悲剧的诞生
彭小莲　　为什么《一次别离》获奖

卷二十八　（2012年8月）

陈铁健　　得失成败之间——写蒋介石人生的一本新书
李洁非　　史传是思想认识方式
林　韵　　繁花，总被风吹雨打去
　　　　　　——《文汇报》美学讨论漫忆
徐庆全　　“高、饶反党集团”的一点启示
李建军　　王实味与鲁迅
钟桂松　　茅盾与张道藩的一段往事
王培元　　《马思聪蒙难记》重版记事
陈徒手　　傅鹰：“中右标兵”的悲情
章廷桦　　我女儿的朋友都是我的儿女
　　　　　　——访杨绛先生
陈万雄　　三十年河东，三十年河西乎
　　　　　　——德国法兰克福书展杂谈
汪家明　　冰岛渔夫
萧文泉　　现代人的共同追求
述　弢　　赫鲁晓夫的趣闻轶事
张耀杰　　辛亥革命的史料新编
吴俊忠　　记忆何以要捍卫
　　　　　　——读《捍卫记忆——利季娅作品选》

彭小莲　《决不让步》在寻找什么
冯克力　曾被归入“敌档”的照片

卷二十九　（2012年10月）

郭启宏　于是之与北京人艺“小作协”
朱鸿召　徐佛观，国民党少将观察员的延安观
张耀杰　冰心的文坛是非和选择记忆
陆谷孙　为构建钱锺书学术体系作贡献
陈　虹　陈白尘与《人民文学》
——读父亲于“文革”中的“认罪书”
范玮丽　“我不是红学家”
李兆忠　张仃拜师齐白石
蔡登山　吴稚晖与章太炎何以成死对头？
李传玺　抗战前期的傅斯年与胡适
陈四益文　黄永厚图　时风所趋
陈万雄　何炳棣教授《读史阅世六十年》出版缘起
汪家明　卢梭先生
萧文泉　历史有规律吗？
述　弢　从雅科夫列夫向科尔总理索要“战争赔款”说起
黑　马　劳伦斯与伦敦：此恨绵绵
彭小莲　《武训传》留下的记忆
冯克力　曾经的“蜜月”

卷三十　（2012年12月）

卷三十一　（2013年2月）

虞非子　卢新华的“泥牛”及其“变形”

——历史的吊诡与见鬼：以当事人关于《伤痕》发表前后的回忆为例（之一）

巫宁坤著　巫一丁译　从半步桥到剑桥

王圣贻　铭心的光泽

徐庆全　“逍遥者”章立凡

李兆忠　且听逝去的贵族风流遗韵

——读《我额头青枝绿叶——灰娃自述》

蔡登山　翁同龢与张荫桓之间

陈四益　信仰的隳败——读《僧家竹枝词》

陈万雄　《敦煌石窟全集》出版的故事

邰浴日　在布拉格参观一家博物馆

陈铁健　豫中行记痛

伊　人　鲁迅贬损辛亥革命？

汪家明　肖洛姆–阿莱汉姆

萧文泉　西方历史中的秘密会社

卷三十二　（2013年4月）

开拓视野　寻求真谛

——《悦读》出版三十卷座谈会

胡　平　伟大的事物，可能是危险的事物

——中国农业合作化始末

王得后　“三个和尚没水吃”的生存困境

陈铁健　真实是历史学的生命

王培元　儒教·儒教社会主义·儒教大宗师……

虞非子　“小职员”、“小阁楼”与“骨鲠在喉”

——历史的吊诡与见鬼：以当事人关于《伤痕》发表前后的回忆为例（之二）

刘世龙　关于历史记忆与城市历史建筑遗存的命名

陈四益　名人之累

茅海建　陈宝箴之死

钟桂松　丰子恺与翻译

汪家明　不死的《死魂灵》

徐　珏　新一代农民工：中国的现实和未来

维　舟　医学史背后的中国社会

翁义钦　纳粹焚书——危险的信号

萧文泉　为何要审判伽利略

彭小莲　电影，另一种选择的可能

卷三十三　（2013年8月）

朱鸿召　梁漱溟两访延安论国是

李建军　混沌时代的泪与死

李美皆　被历史选择的角色：“清污”中的丁玲

巫宁坤　我所认识的乔志高

林　韵　唐振常先生漫忆

苗振亚　读台静农先生小记

李兆忠　传记写作的生命在于真

——关于《我的母亲杨沫》

虞非子　　“伤痕”，口述历史的一个典型

——历史的吊诡与见鬼：以当事人关于《伤痕》发表前后的回忆为例（之三）

陈四益文　黄永厚图　　题壁 / “到此一游”及国人的财富观

述　弢　　墨写的谎言和血写的记忆

潘向黎　　几遍苦　几茬罪

范伯群　　写在《述上海影戏公司创立经过》之前

——民国著名小说家、电影人朱瘦菊简介

朱瘦菊　　述上海影戏公司创立经过

萧文泉　　《大宪章》的诞生

汪家明　　一代人的情和缘

梁　捷　　印度大学里的中文系

郭启宏　　悖谬的艺术魅力——莎剧《大将军寇流兰》赏析

赵穗康　　雨点

徐　珏　　以各种视角观看历史

卷三十四　（2013年10月）

陈申申　　中美会计经验谈

黄源深　　母语的失落

——从大学外语专业轻视母语修养所想到的

王得后　　向鲁迅学习语言和文字

吴中杰　　创作方法之辩与文学真实性的流失

李建军　　混沌时代的泪与死

陈铁健　　圣洁至善的王希天

卷三十五　（2013年12月）

徐小梵　　青山七惠：你的下一站在哪里？

萧文泉　　俄美争书记

汪家明　　《莎士比亚戏剧集》的回忆

张　巍　　浅谈古籍改排简化字的若干问题

陈侃章　　西安事变相关文献的失误与文饰

彭小莲　　走进《高斯福特庄园》

卷三十六　（2014年2月）

黄鲁淳　　从一张黄炎培全家合照谈起

王学泰　　小学纪事

陈　虹　　童年啊，童年

述　弢　　刻骨铭心的饥饿记忆

陈四益　　画钟馗

唐茹玉　　真实的瞿秋白

李兆忠　　“我不是党的亲生儿子”——鲁艺时代的张仃

杜书瀛　　许觉民同志

陈光磊　　学术独立 思想自由

　　　　　——学习周有光先生的文化精神

李美皆　　丁玲的衣服与影像

李　庆　　赵景深先生的译诗、藏书及其他

萧文泉　　为了未来而保卫过去的记忆

巫宁坤　　一个美国盲人的工作

李　楠　　卧虎藏龙哈佛燕京图书馆

汪家明　　沙漠里的爱情

卷三十七　（2014年4月）

卷三十八　（2014年6月）

资中筠　中文是一种文化底蕴

（根据二〇一四年四月十三日在南京“亲近母语”论坛讲话增订和补充）

赵　园　私人财产、公物在“文革”中

朱尚同　半是欧洲启蒙精神，半是中国诗情画意

——写在三联版“陈乐民文集”出版之际

范伯群　民族美德的承传与封建糟粕的扬弃

——以中国现代通俗作家的文学观及其作品为例

杜书瀛　大人物的眼泪

傅国涌　一个青年和她的时代

钟桂松　茅盾与王云五的那些往事

陈四益　欲速则——

蓝英年　《日瓦戈医生》如何来到中国

萧文泉　以生命为代价的异议

王培元　“头巾气”与诗

黄源深　阅读，语文教学自我救赎的希望所在

汪家明　一岁的小鹿

胡建君　“我在等候太阳”——莫奈印象记

卷三十九　（2014年9月）

李建军　《史记》与中国小说的未来

吴　正　关键词：文化中国·当代·语言·教育·反思·作家·作品及其他

陈侃章　吴江先生二三事

黄鲁淳　从黄万里的一首五言律诗谈起

朱鸿召　卞之琳，求证无中生有的爱情

王得后　王瑶：鲁迅学术的传人

丁证霖　南社三刘与教育家刘佛年
——纪念刘佛年诞辰一百周年

王学泰　走过一个花甲的《文学遗产》（上）

朱　正　把自己的经历写下来

翁义钦　走进魏玛——两位文学巨匠友谊与合作的见证地

萧文泉　牛顿手稿揭秘

汪家明　巴黎的忧郁

彭小莲　《指挥家的抉择》的困惑

王培元　说廷杖

胡建君　左琴右书——文人与琴述略

卷四十　（2015年1月）

宋木文　回顾《查泰莱夫人的情人》一书的出版

李建军　《史记》与中国小说的未来

石钟扬　“将我辈以前的见解彻底推翻”
——陈独秀手札解读（之一）

范亦豪　品老舍味儿

蓝英年　一片冰心在玉壶——读曾彦修先生的《平生六记》

杜书瀛　钟惦棐同志

李兆忠　令人失望的张大千纪念馆

陈　虹　　梦弛儿

钟桂松　　茅盾和周作人的早年交往

王培元　　娜拉的命运——萧红：文学与人生

陈四益　　“高危行业”

李一意　谭长燕　　《瓷上中国》编辑日记

王学泰　　走过一个花甲的《文学遗产》（下）

述　弢　　地主在中国的宿命

萧文泉　　飞越重洋去救人

黑　马　　乡怨、乡愁到“我心灵的故乡”

——谈劳伦斯对故乡的虚构

汪家明　　爱伦·坡：上天的礼物

胡建君　　才有梅花便不同

卷四十一　（2015年4月）

胡　平　　走向丰润与雄阔

——“二十一世纪”三十年风云录

李建军　　一时的文学与永恒的文学

——应该如何评价《钢铁是怎样炼成的》

潘振平　　创办周刊的回忆（1995—2001）

何　倩　　风乍起，吹皱一池春水

陈四益　　送别严秀

傅国涌　　张季鸾：大变动时代的报人典范

张国功　　得后先生的“乡愁”与隐痛

张耀杰　　田汉与易漱瑜的生死情爱

卷四十二　（2015年8月）

卷四十三　（2015年10月）

卷四十四　（2016年1月）

徐兆淮　　一位世纪文人的珍贵记忆
　　——杨苡《青青者忆》阅读随想
李　庆　　博学的真情之人——忆吕贞白先生
钦　鸿　　旅台女作家张明的爱国之情
虞非子　　无聊读旧报（之一）
张奈玛　　关于西路军的一个细节
陈四益　　向前看与向后看
萧文泉　　梦断乌托邦
郜浴日　　东欧剧变是如何发生的?
郭启宏　　说骨（二章）
王培元　　话皇帝
汪家明　　猎人笔记
胡建君　　随意到天涯——张充和诗书画艺小记

图书在版编目（CIP）数据

天下最好的主编：褚钰泉先生纪念文集 / 纪念文集编委会编
-- 南昌：二十一世纪出版社集团, 2016.4
ISBN 978-7-5568-1601-9

Ⅰ. ①天… Ⅱ. ①张… Ⅲ. ①褚钰泉 – 纪念文集Ⅳ. ①K825.42-53

中国版本图书馆CIP数据核字(2016)第051108号

天下最好的主编：褚钰泉先生纪念文集　纪念文集编委会

策　　划　张秋林
责任编辑　熊　炽　陈珊珊
美术编辑　徐　泓
出版发行　二十一世纪出版社集团
（江西省南昌市子安路75号　330025）
www.21cccc.com　cc21@163.net
出 版 人　张秋林
经　　销　新华书店
印　　刷　南昌市红星印刷有限公司
开　　本　720mm × 1000mm　1/16
印　　张　26.75
版　　次　2016年4月第1版
印　　次　2016年4月第1次印刷
书　　号　ISBN 978-7-5568-1601-9
定　　价　45.00元
